秃发傉檀　河西鲜卑

阳武之败

乞伏乾归　陇西鲜卑

勇士城

丛书主编

周伟洲

十六国史新编

南凉与西秦

周伟洲 著

社会科学文献出版社
SOCIAL SCIENCES ACADEMIC PRESS (CHINA)

总　序

　　中国的史学传统可谓源远流长，几乎每一个在中国历史上存在过的政权，都有人为之撰写历史。中国历史上的十六国时期（316～439）[1]，虽然仅是中国几千年历史长河中的一小段，但却有其丰富的内容和鲜明的时代特点。早在一千多年前，封建史学家就撰写过十六国时期各个政权的专史（国别史），如在唐代魏徵等撰的《隋书》卷三三《经籍志二》所列遗存的"霸史"共二十七部三百三十五卷中，就有二十六部十六国国别史。其中，最著名、对后世影响最大的当推北魏崔鸿撰《十六国春秋》一百卷。可惜以上诸书均先后散佚，只是在唐宋

1　大致相当于西晋灭亡至北魏灭北凉，统一整个北方的时期，即公元316年至439年。

时期编纂的各种类书及其他史书中，有上述霸史的一些辑文。[1]

由于过去的封建史家囿于民族偏见，受传统的封建正统史学观点的束缚，视十六国为僭伪，贬之过甚。特别是隋唐以后的历代史家，认为十六国是"五胡乱华"的黑暗时期，十六国政权是"僭伪"之国，不值得为它们撰写历史；即便是撰写中国历史，对十六国也着墨不多。加之十六国时史官所撰的各国史书及隋以前有关十六国的史书，均先后散佚，后世撰写十六国国别史极为困难。

1949 年中华人民共和国成立后，中国广大的史学工作者以马克思主义唯物史观为指导，开创了中国史学繁荣的新局面。特别是 1978 年改革开放以来，国内史学研究进入一个新的繁荣时期，魏晋南北朝史研究更加深入，十六国史论著也不断问世。加之全国各地相继发掘了大批十六国时期的珍贵文物和古籍，重新撰写十六国国别史成为可能。因此，20 世纪 80 年代以来，国内相继出版了一系列十六国的国别史。

我们这套"十六国史新编"丛书，就是从 20 世纪 80 年代以来国内出版的或正在撰写的一批十六国国别史中，

1　参见 [日] 五胡之会编《五胡十六国霸史辑佚》，燎原书店，2012。

选出其中学术水平较高、大致符合国别史体例的著作编辑而成。主要包括下列著作：

1.《成汉国史》，高然、范双双著；2.《汉赵国史》，周伟洲著；3.《后赵史》，尹波涛、温拓著；4.《五燕史》，赵红梅著；5.《前秦史》，蒋福亚著；6.《后秦史》，尹波涛著；7.《赫连夏国史》，吴洪琳著；8.《南凉与西秦》，周伟洲著；9.《五凉史》，赵向群著。

以上九部著作大致涵盖了所谓"五胡十六国"的十六个国家（政权）。之所以称之为"新编"，则主要有如下原因。

第一，以上九部著作均是在尽可能收集整理有关史料及参考古今有关研究论著的基础上，完全摈弃了过去封建史家的正统论及民族歧视和不平等等等观点，以马克思主义唯物史观为指导重新审视和评述十六国历史。

第二，从前封建史家所撰十六国史，仅注重该国的政治、军事及与邻近各族所建政权的关系史，而"十六国史新编"还加强了对十六国的政治制度、社会经济、文化风俗（包括宗教信仰）及民族的认同、迁徙及融合等方面的论述。

第三，"十六国史新编"还特别注意汲取文物考古的新资料，以及中外最新的相关研究成果。

第四，"十六国史新编"采取现代通行的专著体例和形式，用章节目的体例撰写并详加引文注释，最后附有大事年表、索引等。

关于"十六国史新编"有几点说明。

首先，由于"十六国史新编"有的撰写出版于20世纪80年代至90年代初（如《汉赵国史》《南凉与西秦》《前秦史》），距今已过去三十多年，在此期间国内外有关十六国史的研究又取得了长足的进步，有众多的新成果问世。如日本学者川本芳昭撰《魏晋南北朝时代的民族问题》（汲古书院，1998）、三崎良章撰《五胡十六国的基础研究》（汲古书院，2006）及氏撰《五胡十六国——中国史上的民族大迁徙》（东方书店，2015年第三版）、日本学者编纂的《五胡十六国霸史辑佚》（燎原书店，2012）等等。中国学者赵丕承编著《五胡史纲》（艺轩图书出版社，2000）、刘学铫撰《五胡史纲》（南天书局，2001）、陈勇撰《汉赵史论稿——匈奴屠各建国的政治史考察》（商务印书馆，2009）、贾小军撰《魏晋十六国河西史稿》（天津古籍出版社，2009）及氏撰《魏晋十六国河西社会生活史》（甘肃人民出版社，2011）、陈琳国撰《中古北方民族史探》（商务印书馆，2010）及咸阳市文物考古研究所编《咸阳十六国墓》（文物出版社，2006）、郭永利撰

《河西魏晋十六国壁画墓》（民族出版社，2012）等。而这些研究成果，上述十六国国别史则已不能参考引用，只能保持其在一定历史时期中的成果及特征了。

其次，新编的九部十六国国别史，是由近十位作者撰写的，因此各书在体例、文字、着重点上，均与各个作者的专业、学养、经历等有关，故各书体例、内容的取舍、文字等各方面不尽相同，各具特色。

再次，有关十六国的历史，近二十余年来，中外学者的研究更加广泛和深入，也出现了一些不同的观点和看法，有一些与"十六国史新编"相左，甚至有相反的观点。[1]这应是学术界"百家争鸣"的正常现象。我们保留"十六国史新编"中的观点和结论，以期引起中外学者的讨论和争鸣。

最后，感谢"十六国史新编"的各位作者，感谢社会科学文献出版社欣然决定出版此套丛书。

周伟洲

陕西师范大学中国西部边疆研究院

2019 年 1 月 30 日

1　比如仅关于最基本的"五胡""屠各""羯胡""拓跋""护军制""汉化""胡化"等概念，学界均有不同的解析。

目　录

前　言

　　本书主要是叙述十六国时在西北建立的南凉、西秦
两个政权的历史。为什么要将这两个政权的历史合起来
撰写呢？第一，是这两个政权有许多相似的地方。它们
都是由在曹魏末至晋初从大漠南北迁入我国西北地区的
鲜卑族所建立；而建立这两个政权的鲜卑族都不是纯粹
的鲜卑，一是主要融合了匈奴族的秃发鲜卑，一是主要
融合了高车人的乞伏鲜卑。两个政权建立时间相差十二
年，南凉建立时间晚，存在时间也短，最后亡于西秦。
因此，它们所处的时代、整个西北地区的形势大致相同，
甚至两国的政治制度、社会性质和意识形态亦有相似之
处。第二，南凉与西秦两个政权关系密切，几乎难以分
割。它们一个在河西，一个在陇右，相距不远，而且乞
伏鲜卑最早臣属于秃发鲜卑，乞伏鲜卑建立西秦政权后，

一度为后秦所灭，乞伏氏王族投奔南凉。西秦复国后，又灭了南凉，原南凉领有的河湟之地遂为西秦所有，一直到西秦灭亡前夕。第三，有关两国史料大都散佚，要单独叙述它们的历史比较困难。基于上述三个原因，我们将南凉与西秦的历史合起来撰写。南凉秃发鲜卑迁入河西较早，而亡国在前，故先叙述南凉史，再讲西秦史。

撰写南凉、西秦历史，最大的困难是史料问题。十六国前后有关南凉、西秦的史书，即《托跋凉录》《西秦记》《十六国春秋》等，均先后散佚。目前所能见到的关于两国的史料，主要是唐代房玄龄等所撰《晋书》卷一二六《秃发乌孤载记》、卷一二五《乞伏国仁载记》和《魏书》卷九九《秃发乌孤传》《乞伏国仁传》，以及宋代司马光《资治通鉴》的有关部分。此外，还有宋代类书《太平御览》《册府元龟》等所录崔鸿《十六国春秋》的一些片断。而现存的三种《十六国春秋》均为后人所撰，只能作参考之用。同时，因两国建国时间短，存留和发掘的地上地下文物也不多。在这种情况下，我们撰写两国历史，只好利用现存的《晋书》《魏书》《资治通鉴》及北宋类书所引的《十六国春秋》了。《晋书》载记三十卷，是"兼引伪史十六国书"，故在十六国史书散佚的情况下，此书就成了最重要的资料。北宋司马光等修《资治通鉴》时，崔鸿撰《十六国春秋》及《纂录》可能还存在，故《资治通鉴》保存了许多《晋书》载记中没有的资料，也可作信史引用。至于《太平御览》等类书引《十六国春秋》的资料，除个别字句有错讹外，均系《十六国春秋》或《纂录》原文，它们也是本书所据的主要资料之一。

由于南凉、西秦两政权是由我国古代鲜卑族所建，故我们首先从民族史的角度，分别探讨了秃发、乞伏鲜卑的来源、迁徙及融合情况；叙述了他们建立政权的背景和经过，两国与邻近各政权的关系，以及它们盛衰的历史。最后，对两国的社会政治制度、社会形态和意识形态也作了一些探索。由于资料缺乏，作者水平所限，本书存在问题很多，望专家、读者不吝赐教。

周伟洲

一九八四年五月

南凉篇

第一章
秃发鲜卑与河西鲜卑

一　秃发鲜卑的来源及其向河西的迁徙

公元 4 世纪初至 5 世纪 20 年代是中国历史上处于分裂割据的"东晋十六国时期"。在北方，由匈奴、羯、鲜卑、氐、羌（即所谓"五胡"）等少数民族及汉族，先后建立了二十多个政权，最主要的有十六国。所以，人们又称当时中国北方是处于"五胡十六国"时期。这十六国当中，就有由秃发鲜卑族在西北河湟等地建立的"南凉"政权。

秃发鲜卑是中国鲜卑族的一种，是从鲜卑族中的拓跋鲜卑分出来的一支。《晋书》卷一二六《秃发乌孤载记》、《魏书》卷九九《秃发乌孤传》及《太平御览》卷一二六引崔鸿《十六国春秋·南凉录》[1]等记载甚明，云：

---

[1]　崔鸿系北魏时人，曾撰《十六国春秋》一书，今佚。现传世有三种不同的《十六国春秋》，均非原书。宋代《太平御览》等书引有此书，故一般引用崔鸿书均转引自《太平御览》等书。

　　秃发乌孤，河西鲜卑人也。其先与后魏同出。八
世祖匹孤率其部自塞北迁于河西……[1]

　　既云秃发氏祖先是"与后魏同出"，则其源当与建立北魏
（后魏）的拓跋鲜卑同源。又南凉最后一个君主秃发傉檀
的少子秃发破羌，在南凉亡后投北魏。《魏书·源贺传》
记："源贺，自署河西王秃发傉檀之子也。傉檀为乞伏炽
磐所灭，贺自乐都来奔。……世祖素闻其名，及见，器其
机辩，赐爵西平侯，加龙骧将军。谓贺曰：'卿与朕源同，
因事分姓，今可为源氏。'……贺本名破羌……赐名贺
焉。"据此，知秃发破羌投魏后，太武帝拓跋焘因秃发氏
与拓跋氏同源，赐姓源氏，名贺。既然秃发氏与拓跋鲜
卑同源，那么秃发鲜卑又是何时由何地从拓跋鲜卑中分
离出来，迁至今甘肃河西一带的呢？上引《晋书》等云，
乌孤八世祖匹孤[2]，"自塞北迁于河西"。据《新唐书》卷
七五上《宰相世系表五》源氏条载："源氏出自后魏圣武
帝诘汾长子疋孤。七世孙秃发傉檀，据南凉，子贺降后
魏，太武见之曰：'与卿同源，可改为源氏。'"唐林宝撰
《元和姓纂》卷一〇亦记：秃发氏"河西鲜卑也。与后魏

1　此段引自《晋书》卷一二六《秃发乌孤载记》，余二书记载大同小异。
2　上引《太平御览》所引《十六国春秋》"匹孤"作"疋孤"。

同出，圣武帝诘汾长子疋孤，神元时率部众徙河西"。疋
孤，即秃发乌孤八世祖匹孤，他既为拓跋鲜卑诘汾长子，
故秃发氏原为拓跋鲜卑无疑。

至于秃发氏迁徙的时间，大致在拓跋鲜卑神元帝
力微之时。据《魏书》卷一《序纪》记："昔黄帝有子
二十五人，或内列诸华，或外分荒服，昌意少子，受封
北土，国有大鲜卑山，因以为号。"内云拓跋鲜卑的远祖
系华夏族祖先黄帝子昌意少子，这显然是拓跋鲜卑进入
中原后，有意杜撰的。但所记其原始居地"大鲜卑山"，
则是可信的。1980 年我国考古工作者发现了拓跋鲜卑祖
先居住的"石室"，这就确定了拓跋鲜卑原始居地——大
鲜卑山的确切位置，即在今内蒙古大兴安岭北段，以阿
里河（今内蒙古呼伦贝尔市鄂伦春自治旗所在地）西北
十公里的嘎仙洞（即拓跋鲜卑旧墟石室）为中心。[1] 以后
"积六十七世，至成皇帝讳毛立"，又经五世，"宣皇帝讳
推寅立。南迁大泽，方千余里，厥土昏冥沮洳"。拓跋
鲜卑由大鲜卑山南迁所至的"大泽"，据学者们研究，应
即内蒙古呼伦池。[2]1949 年中华人民共和国成立以来，我

1　米文平：《鲜卑石室的发现与初步研究》，载《文物》1981 年第 2 期；
干志耿等：《关于鲜卑早期历史及其考古遗存的几个问题》，载《民族研究》
1982 年第 1 期。
2　马长寿：《乌桓与鲜卑》，上海人民出版社，1962，第 243 页。

图一　拓跋鲜卑旧墟石室（嘎仙洞）遗址（周伟洲摄）

国考古工作者在呼伦池北面的完工、扎赉诺尔等地发现了一批早期拓跋鲜卑的墓葬。这些墓葬应为南迁至大泽附近，过着游牧生活的拓跋鲜卑的遗存。[1] 从宣皇帝推寅后八世，传至"圣武皇帝讳诘汾"，其父献帝邻命诘汾南移，"山谷高深，九难八阻，于是欲止。有神兽，其形似马，其声类牛，先行导引，历年乃出。始居匈奴之故地。其迁徙策略，多出宣、献二帝，故人并号曰'推寅'，盖

1　宿白：《东北、内蒙古地区的鲜卑遗迹——鲜卑遗迹辑录之一》，载《文物》1977年第5期。

俗云'钻研'之义"[1]。即是说，大约在圣武帝诘汾时，诘汾在父邻的指导下，又从大泽南迁，遭遇重重困难，始迁到匈奴故地。此"匈奴故地"，当为匈奴冒顿单于发迹的阴山一带（今内蒙古阴山山脉）。正因为拓跋鲜卑的迁徙，宣、献二帝谋划最多，故部人并称为"推寅"（钻研之意）。

秃发鲜卑的祖先匹孤是拓跋鲜卑圣武帝诘汾长子，时拓跋部已迁至漠南阴山一带。诘汾死后，《序纪》记其子"始祖神元皇帝讳力微立"。关于力微，《序纪》记载了他出生的传说，云其为诘汾与"天女"所生，有神异，故得立为首领。而作为长子的匹孤却不能继立，仅分有部众，后即率所部从拓跋部中分出。这种情况，恰与东部鲜卑慕容部吐谷浑的迁徙相似。《晋书》卷九七《吐谷浑传》记：吐谷浑原为鲜卑慕容部慕容廆庶长兄，"其父涉归分部落一千七百家以隶之。及涉归卒，廆嗣位，而二部马斗"，因此发生矛盾，吐谷浑即率部西迁阴山。所谓"二部马斗"所引起的纠纷，应是因牲畜的发展，双方争夺牧场斗争的反映。[2]史籍未记拓跋部匹孤迁徙的原因，可能大致与吐谷浑迁徙原因相同，因此这种因畜牧

1 《魏书》卷一《序纪》。
2 见拙作《关于吐谷浑的来源、迁徙和名称诸问题》，载《西北史地》1983 年第 3 期。

经济的发展而产生的争夺牧场的斗争，往往是北方游牧民族迁徙的重要原因之一。

匹孤迁徙的时间，上引《元和姓纂》云在"神元时"，即拓跋始祖神元帝力微之时。按《序纪》云力微"凡飨国五十八年，年一百四岁"；又云其在位四十二年，时是"魏景元二年（261）也"。则力微当死于晋咸宁三年（277），生于东汉熹平三年（174）。又据《晋书》卷四七《傅玄传》等记：三国曹魏的邓艾曾迁数万鲜卑于雍、凉间，其中当包括秃发部鲜卑，时在邓艾任镇西将军、都督陇右诸军事，与蜀争战之时，即曹魏甘露元年（256）至景元四年（263）之间。[1] 即是说，秃发匹孤之由塞北（即阴山一带）迁徙，当在神元帝继立之时（219）至曹魏甘露元年（256）之间。这段时间正是拓跋部神元力微在位之时。

匹孤率部从阴山一带向西迁徙，据一些史籍所载，最初可能在今甘肃河西的北面，即今内蒙古额济纳旗（居延）至宁夏的北部，以后才进一步向南迁入甘肃河西，与当地汉、羌各族杂处错居的。上引《晋书·傅玄传》记傅玄于泰始四年（268）上疏："其五曰：臣以为胡夷兽心，不与华同，鲜卑最甚。本邓艾苟欲取一

1　说见后。

时之利，不虑后患，使鲜卑数万散居人间，此必为害之势也……惟恐胡虏适困于讨击，便能东入安定，西赴武威，外名为降，可动复动。"又《资治通鉴》卷七九，晋武帝泰始五年（269）二月条记："先是，邓艾纳鲜卑降者数万，置于雍、凉之间，与民杂居，朝廷恐其久而为患，以（胡）烈素著名于西方，故使镇抚之。"下胡注："此河西鲜卑也。"关于三国曹魏时邓艾纳降鲜卑，使之迁于雍、凉二州间，与民杂处之事，《三国志·魏书》卷二八《邓艾传》未见记载。但因邓艾镇陇右，距晋泰始四年傅玄上疏不过十数年，故此事当可信。按邓艾之迁鲜卑，只有在其都督陇右诸军事任内才可行，而邓艾为"镇西将军、都督陇右诸军事"是在魏高贵乡公甘露元年（256）。[1]至元帝景元四年（263）艾破蜀，旋被杀。故邓艾迁鲜卑应在甘露元年至景元四年（256~263）之间。邓艾所迁的数万鲜卑，胡三省注为"河西鲜卑"（主要指秃发鲜卑），而晋泰始年间在秦、凉等地掀起反晋斗争的秃发树机能，即匹孤之曾孙。故艾所迁鲜卑中，当有匹孤所率的秃发鲜卑部。这样，匹孤所率的秃发鲜卑迁入雍、凉间之前，应在河西、陇右之北。邓艾都督陇右诸军事时，又将他们南迁入河西、

1　见《三国志·魏书》卷二八《邓艾传》。

陇右一带，与当地汉、羌各族杂居。

关于"秃发"一词的语源及含义，《晋书·秃发乌孤载记》云：

> 匹孤卒，子寿阗立。初，寿阗之在孕，母胡掖氏因寝而产于被中，鲜卑谓被为"秃发"，因而氏焉。[1]

据此，知"秃发"是鲜卑语"被"之义，因寿阗产于被，故用秃发为姓。"秃发"一词的原义可能有"被"之义[2]，但此词的原义不一定由上述的传说而来。据一些学者的研究，"秃发"即"拓跋"，译写不同之故。清代钱大昕《廿二史考异》卷二二云："案秃发之先，与元魏同出，秃发即拓跋之转，无二义也。古读轻唇如重唇，故赫连佛佛即勃勃，发从犮得声，与跋音正相近。魏伯起书尊魏而抑凉，故别而二之，晋史亦承其说。"钱氏之

---

1 《太平御览》卷三六一引《三十国春秋》曰："秃发乌孤七世祖寿阗之在孕也，母梦一老父被发在（左）衽，乘白马谓曰：'尔夫虽西移，终当东返，至京必生贵男，长为人主。'言终，胎动而寤。后因寝，生寿阗被中，因以秃发为号，寿阗为名。"
2 白鸟库吉用历史语言比较学的方法研究"秃发"一词，认为"秃发"一词的语源，即今蒙古语 debel，为皮外套之意。（见白鸟库吉著《东胡民族考》上编，方壮猷译，商务印书馆，1934，第 115~116 页）

说，阐明了秃发与拓跋为同一词，之所以译写不同，是因魏收撰《魏书》时，尊魏（拓跋氏所建北魏）抑凉（秃发氏所建南凉）。故分别用不同的汉字译写，唐代所撰《晋书》又从《魏书》。又《隋书》卷三三《经籍志二》记有"《托跋凉录》十卷"（书已佚），此托跋，即建南凉的秃发。此亦秃发即拓跋之一证。

那么"拓跋"或"秃发"是什么意思呢？按《魏书》卷九五《铁弗刘虎传》记："北人谓胡父鲜卑母为'铁弗'，因以为号。""北人"当指大漠南北的游牧民族，他们称胡（匈奴）父与鲜卑母所生的后代为"铁弗"。反过来，如果是鲜卑父与胡（匈奴）母所生的后代，又称什么呢？有的学者认为，就应称为"拓跋"（秃发），也就是说，拓跋的含义就是鲜卑父、胡母所生的后代。[1]除了上引《晋书》云匹孤之妻、寿阗之母为匈奴胡掖氏（即呼延氏）外，《元和姓纂》卷三胡掖氏条云："秃发思复犍娶胡掖氏，生乌孤。"以上二例均证明"拓跋"（秃发）系鲜卑父胡母所生子之意。

综上所述，十六国时建立南凉的秃发鲜卑，应源于拓跋鲜卑，其祖先匹孤为拓跋部首领诘汾之长子，约于神元帝继立之时至曹魏甘露元年之间（219~256）由塞北

---

1 马长寿：《乌桓与鲜卑》，上海人民出版社，1962，第31页。

阴山一带向西迁至今甘肃河西、陇西以北游牧。到曹魏甘露元年至景元四年（256~263）之间，镇西将军、都督陇右诸军事的邓艾，迁秃发等部鲜卑至河西、陇西，与汉、羌等族杂处。

二 晋初秃发树机能的反晋斗争

曹魏甘露元年至景元四年（256~263）之间，邓艾迁数万鲜卑于雍、凉两州，其中秃发鲜卑主要分布在河西（泛指黄河以西之地）。其居地，据《晋书·秃发乌孤载记》所记，大致是"东至麦田、牵屯，西至湿罗，南至浇河，北接大漠"。按《水经注》卷二《河水》记："河水东北流，径安定祖厉县故城西北……又东北祖厉川水注之。水出祖厉南山，北流径祖厉县，而西北流注于河水。河水又东北径麦田城西，又北与麦田泉水合。水出城西北，西南流注于河。"祖厉川即今甘肃靖远县南之祖厉河，此河入黄河后，黄河又东北流，即至麦田城，则地当在今靖远北、宁夏中卫县南。牵屯山，同书记：高平川（今宁夏苦水河）"又北径三水县（今甘肃平凉东北）西，肥水注之。水出高平县西北二百里牵条山西"。按牵条山即牵屯山，又曰笄头山，地当在高平县（今甘肃平凉）西北二百里之地。湿罗，又作"汁罗"，据《资治通鉴》卷一一九，宋武帝永初三年（422）正月条记：

"秦征西将军孔子等大破契汗秃真，获男女二万口，牛羊五十余万头。秃真帅骑数千西走，其别部树奚帅户五千降秦。"同年四月条又记："秦王炽磐以折冲将军乞伏是辰为西胡校尉，筑列浑城于汁罗以镇之。"下胡注："汁罗盖即罗川之地。"《读史方舆纪要》卷六〇河州（治今甘肃临夏）条云："列浑城，在州西南百八十里。"即今临夏西南百八十里。按罗川系契汗部所居，此部与居于青海湖北的鲜卑乙弗部相近，[1]《读史方舆纪要》所记不确，罗川应在今青海湖东。至于浇河，即今青海贵德；大漠，当指凉、雍二州北面的沙碛和草原，即今腾格里沙漠、巴丹吉林沙漠。根据以上分析，知秃发鲜卑自迁入河西后，其主要游牧地区大致在东起今甘肃平凉西北的牟屯山、靖远北的麦田城，西至今青海湖东，南到今青海贵德，北接今腾格里沙漠、巴丹吉林沙漠。

秃发鲜卑自迁入上述河西一带之后，曹魏及晋初统治者是怎样统治他们的呢？史籍没有记载。但从《晋书》卷九七《北狄·匈奴传》等记汉、魏以来，对入居内地的匈奴等各部落的管理情况，可以大略推知。内云：汉代对入居内地的匈奴，"其部落随所居郡县，使宰牧之，与编户大同，而不输贡赋"。至建安（196~220）中，曹

1　见《北史》卷九六《吐谷浑附乙弗勿敌国传》。

操曾将入居山西北部一带的匈奴分成五部，"立其中贵者为帅，选汉人为司马以监督之。魏末，复改帅为都尉"。到晋初，还有一部分入居关中的氐、羌、卢水胡等，由晋朝设置"护军"进行管理，基本上保存了他们原部落的组织。[1]

曹魏及晋朝统治者对居于河西的羌、胡，则设"护羌校尉"加以领护，而羌、胡各部仍自有部帅。《三国志·魏书》卷二七《徐邈传》记：邈在正始元年（240）以前任凉州刺史、使持节领护羌校尉，"与羌、胡从事，不问小过；若犯大罪，先告部帅，使知，应死者乃斩以徇，是以信服畏威"。至于魏末迁入河西的秃发鲜卑部，统治者对其的统治，大致同于凉州的羌、胡。

到晋武帝泰始六年（270），以河西秃发鲜卑首领秃发树机能为首的西北各族，掀起了反对晋朝的斗争。树机能系匹孤曾孙，祖寿阗死后，即统率部众，史称其"壮果多谋略"[2]。树机能等为什么要反对晋朝统治者呢？原来自曹魏甘露元年（256）司马炎夺魏政权，建立晋朝后，加重了对广大人民的压迫和剥削，使国内的阶级

1 见《邓太尉祠碑》及《广武将军□产碑》等。
2 《晋书》卷一二六《秃发乌孤载记》。

矛盾和民族矛盾日趋尖锐。比如，晋初对一般农民的剥削较曹魏初更为繁重。据《晋书》卷二六《食货志》记，曹操初定邺都（今河北临漳），"令收田租亩粟四升，户绢二匹而绵二斤，余皆不得擅兴，藏强赋弱"。到晋初泰始三年（267），则"凡民丁课田，夫五十亩，收租四斛，绢三匹，绵三斤"[1]，田租增加近一倍，户调增加二分之一。晋初以来，兵役、徭役之征也日益繁重。泰始初傅玄上疏中就说："今文武之官既众，而拜赐不在职者又多，加以服役为兵，不得耕稼，当农者之半，南面食禄者参倍于前。"[2]咸宁元年（275）傅玄子咸上言亦说："然泰始开元以暨于今，十有五年矣。而军国未丰，百姓不赡，一岁不登便有菜色者，诚由官众事殷，复除猥滥，蚕食者多而亲农者少也。……一夫不农，有受其饥，今之不农，不可胜计。"所以，他大声疾呼："以为当今之急，先并官省事，静事息役"[3]。在这种情况下，农民与地主阶级的矛盾日趋尖锐，一遇有灾荒饥馑，农民必然起来反抗。

同时，晋初统治者对内迁的各少数民族实行民族歧视和压迫的政策，使国内民族矛盾也日益尖锐。魏、晋

---

1 《初学记》卷二七《绢第九》引"晋故事"。
2 《晋书》卷四七《傅玄传》。
3 《晋书》卷四七《傅玄传附子咸传》。

统治者对入居内地的少数民族的政策：一是加以利用，使之屯田或服兵役、劳役，有时甚至剥夺他们的牲畜和财物；二是歧视压迫，视之为野蛮人，处处加以防范，所谓"非我族类，其心必异"。前引《晋书·傅玄传》记泰始四年玄上疏中就说："臣以为胡夷兽心，不与华同，鲜卑最甚。"事实真如傅玄所说的那样，迁入河西的鲜卑"必为害之势也"吗？《晋书》卷五二《阮种传》回答了这个问题。阮种说：

> 自魏氏以来，夷虏内附，鲜有桀悍侵渔之患。由是边守遂怠，障塞不设。而今丑虏内居，与百姓杂处，边吏扰习，人又忘战。受方任者，又非其材，或以狙诈，侵侮边夷；或干赏蹈利，妄加讨戮。

从阮种这番议论，知曹魏以来，北方和东北一些少数民族迁入内地，是"鲜有桀悍侵渔之患"，即与当地汉族相处得较好，很少有恃其强悍而侵夺他族、反叛朝廷之事。故傅玄所谓"胡夷兽心，不与华同""必为害之势也"之类的话，不过是汉族统治阶级的歧视和污蔑之词。而河西秃发部之所以起来反抗晋朝，主要原因正如阮种所说，是边疆官吏（所谓"受方任者"）"或以狙诈，侵侮边夷；或干赏蹈利，妄加讨戮"的结果。

事实正是如此。泰始四年至五年，时"颇有水旱之灾"，"比年不登"，引起河西、陇右地区羌、胡（包括鲜卑）的骚乱。[1]晋朝统治者如能采取一些赈济和安抚的措施，是完全可以安定局势的。可是，晋朝统治者却采取了高压的政策，激化了河陇一带羌、胡等少数民族与统治阶级的矛盾，终于酿成了长达十年、以秃发树机能为首的西北各族反晋战争。

泰始五年二月，晋朝统治阶级从河陇少数民族"必为害之势"的前提出发，为了镇压因灾荒而引起的骚动，采取了一些措施：即以雍州的陇右五郡（陇西、南安、天水、略阳、武都）及凉州的金城（治今甘肃兰州西）、梁州之阴平（治今甘肃文县）置秦州（治冀县，今甘肃甘谷东），以胡烈为秦州刺史。[2]其目的正如《资治通鉴》卷七九所说，是害怕河陇鲜卑各部"久而为患"，"以烈素著名于西方，故使镇抚之"。胡烈，字武玄，曾为魏锺会护军，参加伐蜀之役，[3]后为晋之荆州刺史，多年征战，是一个"勇而无谋，强于自用"的武夫，上任后即"失羌戎之和"[4]。也就是说，胡烈上任后采取高压手段，"妄

---

1 《晋书》卷四七《傅玄传》。

2 《晋书》卷三《武帝纪》；《资治通鉴》卷七九，晋武帝泰始五年二月条。

3 见《三国志·魏志》卷二八《锺会传》。

4 《晋书》卷三五《陈骞传》中骞与武帝语。

加讨戮",终于激发了以树机能为首的西北各族的反晋斗争。

泰始六年六月,胡烈率军攻秃发树机能部于万斛堆(今甘肃祖厉河支流北河河口),兵败被杀。[1] 时任都督雍、凉州诸军事的扶风王司马亮,遣将军刘旗救之,旗观望不进。后晋武帝一怒之下,贬亮为平西将军,将斩旗,因亮讲情,才免死。[2] 晋朝改派尚书石鉴行安西将军、都督秦州诸军事,杜预代胡烈为秦州刺史,领东羌校尉,率军镇压树机能。时树机能击杀胡烈,势转盛,石鉴命杜预出兵击之,预以为"虏(指树机能等)乘胜马肥,而官军悬乏,宜并力大运,须春进讨,陈五不可、四不须"。鉴本与杜预有私怨,于是借此遣御史用槛车送杜预于廷尉。后因杜预尚主,故"以侯赎论"[3]。石鉴后也为树机能所击败,因"坐论功虚伪,免官"[4]。七月,晋廷一方面以汝阴王司马骏为镇西大将军,都督雍、凉二州诸军事;另一方面免陇右五郡所谓"遇寇害者"租赋,以收

1　按《晋书》卷五七《胡奋附弟烈传》"万斛堆"作"万斛塠",且云"烈屯于万斛塠,为虏所围,无援,遇害"。按,《晋书》卷三《武帝纪》,《资治通鉴》卷七九,晋武帝泰始六年六月条皆云,烈击树机能于万斛堆,"力战,死之"。从《晋书》卷三《武帝纪》。
2　《晋书》卷五九《汝南王亮传》。
3　《晋书》卷三四《杜预传》。
4　《晋书》卷四四《石鉴传》。

买人心。[1]

树机能先后击败了胡烈和石鉴，影响所及，陇右、河西其他各族也纷纷响应。据《晋书·武帝纪》泰始七年四月记：

> 北地胡[2]寇金城，凉州刺史牵弘讨之。群虏内叛，围弘于青山，弘军败，死之。

所谓"北地胡"，乃是从汉代以来入居当时北地郡的匈奴、屠各、卢水胡和羯胡等，到晋时形成了一些部落集团。泰始七年，北地胡响应树机能的起兵，进攻金城郡。其首领，据《宋书》卷三三《五行志》所记：为"药兰泥、白虎文"。晋凉州刺史牵弘率军镇压，被围于青山（今甘肃环县西）。牵弘与胡烈一样，是一个专事武力，"失羌、戎之和"的武夫，[3]于是引起"群虏内叛"，"群虏"中当包括秃发鲜卑部。[4]弘最后战败而死。

1 《晋书》卷三《武帝纪》。

2 "北地胡"不是指晋初所置北地郡（治今陕西耀县）内的胡人，而是指早在汉代就入居当时北地郡（治今宁夏吴忠附近）的胡人，晋初主要聚居在安定郡（治今甘肃镇原西南），与树机能部邻近。

3 《晋书》卷三五《陈骞传》。

4 《资治通鉴》卷七九，晋武帝泰始七年四月条云："众胡皆内叛，与树机能共围弘于青山。"下胡注引《考异》云："或北地胡即树机能也。"误。

　　秦、凉二州刺史的败亡，震动了晋王朝，晋武帝在同年七月"乃下诏曰：'秦凉二境，比年屡败，胡虏纵暴，百姓荼毒。遂使异类扇动，害及中州。虽复吴蜀之寇，未尝至此。……每虑斯难，忘寝与食'"。可见，晋朝统治者对以树机能为首的反晋斗争是十分头疼的。诏令接着说："侍中、守尚书令、车骑将军贾充，雅量弘高，达见明远……其以充为使持节、都督秦凉二州诸军事"，发兵击树机能。[1] 贾充害怕出征，计无所从，并深恨推荐他出征的侍中任恺。十一月，贾充女与太子订婚，又京师大雪，军不得发，遂未西行，留居本职。[2]

　　从秃发树机能与胡烈、牵弘的交战地区来看，当时秃发部主要集中在金城郡的西北一带。至泰始十年（274）底至咸宁元年（275）初，秃发部鲜卑的势力开始向凉州、金城以西发展。[3]《晋书·武帝纪》泰始十年八月云："凉州虏寇金城诸郡，镇西将军、汝阴王骏讨之，斩其帅乞文泥等。"内云之"凉州虏"，当指秃发鲜卑部。又同书卷三八《扶风王骏传》亦记："咸宁初，

1　见《晋书》卷四〇《贾充传》。

2　同上所引。

3　《太平御览》引《十六国春秋·南凉录》及《晋书·秃发乌孤载记》云，树机能还"败凉州刺史苏愉于金山（今甘肃山丹南）"。此事不见他书记载，从整个形势来分析，此事应发生在泰始九、十年间。

羌虏树机能等叛，遣众讨之，斩三千余级。"此记与上述《武帝纪》所记似为一事，但时间相差数月，且云树机能为"羌虏"，误。《扶风王骏传》接着又记：武帝又令骏遣七千人代凉州守兵，"树机能、侯弹勃等欲先劫佃兵，骏命平虏护军文俶督凉、秦、雍诸军各进屯以威之。机能乃遣所领二十部及弹勃面缚军门，各遣入质子。安定、北地、金城诸胡吉轲罗、侯金多及北虏热囚等二十万口又来降"。关于树机能送质请降，《晋书·武帝纪》记于咸宁元年二月；《资治通鉴》卷八〇"文俶"作"文鸯"[1]，且记此事于咸宁三年（277）三月。按以上三处记载，《武帝纪》记载较确，即咸宁元年二月树机能见文俶等军云集，遂降。不久又反晋，故至咸宁三年三月，又有"平虏将军文俶讨叛树机能等，并破之"的记载，与《资治通鉴》所记相合。而《扶风王骏传》将以上事均记于"咸宁初"之下，引起混乱，但内记归降的二十万口中有"安定、北地、金城诸胡吉轲罗、侯金多及北虏热囚等"，则可补上述记载之阙。

除此而外，在咸宁元年至二年间，远在河西之西，

---

1 《晋书》卷三《武帝纪》、《晋书》卷三八《扶风王骏传》作"文俶"或"文淑"。《三国志·魏书》卷二八《诸葛诞传》作"文鸯"，注引《晋诸公赞》又作"文俶"。裴松之云鸯一名俶（见《晋书》卷三《武帝纪》，中华书局标点本校勘记）。

靠近晋西域戊己校尉治所高昌（今新疆吐鲁番高昌故城）以东，也有一些鲜卑部落反抗晋朝统治。如咸宁元年六月，晋"西域戊己校尉马循讨叛鲜卑，破之，斩其渠帅"。次年七月，"鲜卑阿罗多等寇边，西域戊己校尉马循讨之，斩首四千余级，获生九千余人，于是来降"[1]。这部分鲜卑可能是公元 2 世纪中漠北以檀石槐为首的鲜卑部落军事大联盟西部的一支。[2] 总之，自咸宁三年后，河陇各族人民的反晋斗争表面上趋于平息，实际是在酝酿着更大的风暴。

果然，咸宁四年（278）六月，树机能之党若罗拔能在武威起事，与晋凉州刺史杨欣展开了激战，杨欣战败，死于丹岭（今甘肃武威西）。[3] 晋廷大震，仆射李憙请发兵"征讨"，朝廷其他官员以"出兵不易，虏未足为患，竟不从之"[4]。次年正月，树机能就攻陷凉州，尽取凉州之地。所谓取凉州之地，仅是取凉州的主要城镇，阻断了晋与河西的交通。河西汉族官吏、豪门则多拥兵于坞堡，与树机能等对抗。据《三国志·魏书·邓艾传》记："艾

---

1 均见《晋书》卷三《武帝纪》。
2 见拙作《魏晋十六国时期鲜卑族向西北地区的迁徙及其分布》，《民族研究》1983 年第 5 期。
3 《晋书》卷三《武帝纪》、《晋书》卷一二六《秃发乌孤载记》等。
4 《晋书》卷四一《李憙传》。

在西时，修治障塞，筑起城坞。泰始中，羌虏大叛，频杀刺史，凉州道断。吏民安全者，皆保艾所筑坞焉。"内云"羌虏"即指树机能等，艾时所筑坞堡，由豪门、官吏督部曲、民众拒守，树机能等一时是难以攻破的。尽管如此，这对晋朝仍然是一个沉重的打击，晋武帝即筹咨将帅，李憙主张借自魏以来迁居于今山西的匈奴五部之众，假其首领刘元海（刘渊）以将军之号，令其率众入河西，击树机能。这是封建统治者一贯采用的"以夷制夷"的方针。可是，当即遭到另一名大臣孔恂的反对，恂对武帝说："元海若能平凉州，斩树机能，恐凉州方有难耳。蛟龙得云雨，非复池中物也。"[1]武帝才打消了用匈奴刘元海击树机能的念头。但是，河西的断绝，使武帝焦忧不安，无计可施，只好"临朝而叹曰：'谁能为我讨此虏通凉州乎？'朝臣莫对"。只有司马督马隆应声说，只要武帝能听任他选募武士三千人，即可击灭树机能，收复凉州。武帝即任马隆为"讨虏护军，武威太守"，精选武士三千五百人，给三军军资，令其西进。

同年十一月，马隆率军渡温水（即温围水，在今甘肃武威东）。树机能即遣众数万，"或乘险以遏隆前，或

---

1 《晋书》卷一〇一《刘元海载记》。

设伏以截隆后"。马隆做偏箱车，转战而前；或夹道累磁石，树机能军披铁铠甲，过时为磁石所吸，不得前；而隆军披犀甲，无所留碍，树机能军以为神助。这样，隆军且战且进，转战千余里，杀伤数千人，至武威。[1]又《太平御览》卷三〇一引王隐《晋书》亦云："马隆击凉州，恶虏断道，隆作八阵图，车营并迫，狭则木屋施轮并前，智谋纵横，出其不意，故能成功。"

马隆军至武威后，树机能部猝跋韩、且万能等率众万余落归降，马隆"前后诛杀及降附者以万计"。十二月，隆遣归降的率善戎、没骨能等与树机能大战，树机能兵败被杀。[2]至此，以树机能为首的反晋斗争终于失败，凉州复为晋所有。

以秃发树机能为首的反晋斗争从泰始六年起，至咸宁五年失败，前后共十年。从树机能反晋的起因看，他们的斗争性质最初是反抗晋朝统治阶级的民族压迫政策，具有一定的进步性。但是，随着树机能实力的增强，逐渐控制了河西后，反晋斗争的性质就发生了变化，变为秃发鲜卑贵族割据一方，与晋朝对立的性质。

树机能等的反晋斗争虽然失败了，但仍有一定的积

---

1 《晋书》卷五七《马隆传》；《资治通鉴》卷八〇，晋武帝咸宁五年十一月条。
2 《晋书》卷五七《马隆传》；《资治通鉴》卷八〇，晋武帝咸宁五年十二月条。

极意义。

首先，它冲击了晋朝在秦、凉地区的统治，迫使统治者减轻了对秦、凉地区各族人民的压榨，注意选派良吏镇守该地区等。如晋朝在镇压树机能等的期间，先后于泰始六年七月、八年四月两次减免陇右五郡或四郡"遇寇害者"田租。[1] 收复凉州后，晋朝于太康初（280）以马隆为平虏护军、西平太守，屯据西平。马隆在西平十余年"威信震于陇右"[2]。特别应提出的是，晋在击平树机能后，令"诸为奴婢亦皆复籍"[3]，即解放奴婢为一般百姓。这一措施，固然是晋武帝依汉魏成规而行，目的是增加给国家交纳租赋的编民，但对河西地区经济的恢复起到一定的积极作用。

其次，反晋斗争的失败使原来入居河西、陇右等地的鲜卑各部，势力衰弱，分处于河西各地，与当地汉、羌人民的接触、交往更为频繁，有利于各部鲜卑吸收先进的汉族文化。到4世纪90年代秃发鲜卑建立南凉，多吸收汉族豪门及俊杰之士为羽翼，统治者基本采取汉族的礼仪制度等，均与其长期与当地汉族杂居、交往日益频繁有关。

---

1 《晋书》卷三《武帝纪》。
2 《晋书》卷五七《马隆传》。
3 《晋书》卷六《元帝纪》条。

三　西晋末至十六国初期的河西鲜卑

《晋书·秃发乌孤载记》《十六国春秋·南凉录》等首称："秃发乌孤，河西鲜卑人也。"什么是"河西鲜卑"，它与秃发鲜卑又有什么关系？这是人们首先会提出的疑问。要直截了当地回答这个问题是比较困难的，因为在现存的较早文献中，"河西鲜卑"一词出现不多，除上云乌孤为"河西鲜卑人也"一句外，《秃发乌孤载记》还记乌孤立后，后凉吕光"遣使署为假节、冠军大将军、河西鲜卑大都统、广武县侯"。史籍关于河西鲜卑的明确记载仅此两条，我们只能根据这个词本身的含义，参照上述记载，加以诠释。河西鲜卑，顾名思义，应为居住在河西地区的鲜卑。此河西，是指今甘肃河西走廊的河西，也就是金城黄河之西，包括今青海湟水流域；而非指山陕黄河河套之西的河西。因为在晋末至十六国初期，与河西鲜卑同时存在的，还有所谓的"陇西鲜卑"[1]。秃发鲜卑主要居于河西，因此它应是河西鲜卑之一部，而且是其中最主要、最强大的一部。这也就是乌孤继立后，后凉封其为"河西鲜卑大都统"的原因。

河西鲜卑之名出现于何时？晋初，秃发树机能反晋

---

1 《晋书》卷一二五《乞伏国仁载记》。

前后，史籍中未见有称树机能等为河西鲜卑。时树机能先活动于陇西、安定一带，后才向金城、凉州一带发展。树机能被杀后，秃发部势力衰弱，始散处于河西。除秃发部鲜卑外，在河西还有许多其他的鲜卑部落。河西鲜卑之名，大约就在西晋末至十六国初开始出现，故秃发乌孤带领部众，重新强盛后（约在394年），后凉封其为"河西鲜卑大都统"，而乌孤也就成为河西鲜卑人了。

河西鲜卑中，除了主要的秃发鲜卑外，还有一些其他的鲜卑部落，可考的有：

乙弗鲜卑 亦称卑和虏。《晋书·秃发乌孤载记》云，乌孤继立后，曾"讨乙弗、折掘二部，大破之"。《晋书》卷一二五《乞伏炽磐载记》记有"乙弗鲜卑乌地延"；故知乙弗为鲜卑部落。[1]其居地，据《资治通鉴》卷一一一胡注云："乙弗，亦鲜卑种，居西海（今青海）。"又《北史》卷九六《吐谷浑传》后附有"乙弗勿敌国"，云在"吐谷浑北"，"国有屈海（今青海），海周回千余里，众有万落。风俗与吐谷浑同"。乙弗勿敌国显然即是乙弗鲜卑，其部有万落，一落指一帐房，相当于一户。

此部亦系由塞北迁来，《魏书》卷二《太祖纪》曾记：

---

1 《元和姓纂》卷一〇乙弗条云："前燕有高丽王乙弗利。《后魏书》云：代统部落，太武时乙弗疋随魏南迁，遂为河南人，孝文改为乙氏。"按前燕曾征服高丽，乙弗利为高丽王名，非乙弗氏为高丽人也。

登国元年（386）五月，"护佛侯部帅侯辰、乙弗部帅代题叛走"。七月，"代题复以部落来降，旬有数日，亡奔刘显"。拓跋珪即代王位，在盛乐（今内蒙古和林格尔北）一带，则乙弗部代题当在漠南，且与青海乙弗鲜卑原为同一部。代题可能为留于漠南而未迁青海者。乙弗部迁入青海的时间，可能与秃发鲜卑一样，是在魏高贵乡公甘露元年（256）至元帝景元四年（263）由魏邓艾招降，而迁于青海的。乙弗部迁入青海湖一带后，征服了该地的羌族，故史载其部众有万落之众。又因汉代称青海为卑和羌海，故史籍又称其为"卑和虏"[1]。乙弗鲜卑先后臣属于南凉、西秦、北凉，最后为吐谷浑所并。[2]

契翰 亦作契汗、唾契汗。《晋书·秃发乌孤载记》云乌孤正式建立政权之前曾说："但我祖宗以德怀远，殊俗惮威，卢陵、契汗万里委顺。"《晋书·秃发傉檀载记》云傉檀西征乙弗，有告西秦攻其都城乐都，傉檀对部众说："卿等能与吾藉乙弗之资，取契汗以赎妻子者，是所望也。"又《北史·吐谷浑传》附乙弗勿敌国后，亦记："有契翰一部，风俗亦同，特多狼。"卢陵部无考。契汗早在乌孤之前就臣属于秃发鲜卑，故亦为较早迁入河西的部落

---

1 《晋书》卷一二九《沮渠蒙逊载记》。

2 见拙作《吐谷浑史》，宁夏人民出版社，1985，第32~33页。

之一。其居地当与乙弗为邻，前引《资治通鉴》记契汗秃真在罗川，则此部当居今青海湖东。唯其是否为鲜卑部落，史无记载，但其与乙弗居地、风俗相近，可能也是邓艾时迁入河西的鲜卑部落之一。

折掘　一作叠掘。前引《秃发乌孤载记》云乌孤"讨乙弗、折掘二部，大破之，遣其将石亦干筑廉川堡以都之"。同书又记有"右卫折掘奇镇据石驴山以叛"，秃发傉檀王后亦为折掘氏。据《晋书》卷九五《郭黁传》记："鲜卑折掘送马于（赵）凝（前凉西平太守）。"《晋书·乙伏乾归载记》亦记："鲜卑叠掘河内率户五千，自魏降乾归"[1]，叠掘即折掘，叠、折一音之转，译写不同之故。据此，知折掘亦为鲜卑部落，且原居漠南、河套一带，其中一部分早迁入河西。乌孤击乙弗、折掘二部后，始能筑廉川堡。《资治通鉴》卷一〇八，晋孝武帝太元二十年七月条胡注："乙弗、折掘二部，皆在秃发氏之西。廉川在湟中。"乙弗既在青海，则折掘当在廉川一带。廉川在湟中，即在今青海乐都东北连城一带。石驴山，在今西宁北川西北。[2]

意云鲜卑　《晋书·秃发乌孤载记》云：后凉吕光封乌孤为广武郡公，乌孤"又讨意云鲜卑，大破之"。时乌

1　又见于《资治通鉴》卷一一一，晋安帝隆安三年（399）四月条。

2　见《读史方舆纪要》卷六四。

孤中心在广武（今甘肃永昌东南），意云鲜卑当离广武不远，此部亦应为邓艾迁入雍、凉的鲜卑部落之一。

鲜卑思磐部 《晋书》卷一二二《吕纂载记》云："纂番禾太守吕超擅伐鲜卑思磐，思磐遣弟乞珍诉超于纂，纂召超将磐入朝。"《晋书·沮渠蒙逊载记》亦记："蒙逊率骑二万东征，次于丹岭，北虏大人思磐率部落三千降之。"内云"北虏大人思磐"，当即鲜卑思磐，居地在丹岭（今甘肃山丹南燕支山）一带，部众有三千。

车盖鲜卑 《晋书·秃发傉檀载记》云："蒙逊大怒，率骑五千至于显美方亭，破车盖鲜卑而还。"则此部鲜卑居显美一带，显美时属南凉武威郡，在今甘肃武威西北。

麦田鲜卑 《晋书·秃发傉檀载记》云："蒙逊进围姑臧（今甘肃武威），百姓惩东苑之戮，悉皆惊散。叠掘、麦田、车盖诸部尽降于蒙逊。"麦田系地名，如上述，在今甘肃靖远北。此部鲜卑当因居于麦田而得名。

北山鲜卑 《晋书》卷八七《李玄盛传》云："初，玄盛之西也，留女敬爱养于外祖尹文。文既东迁，玄盛从姑梁褒之母养之。其后秃发傉檀假道于北山鲜卑，遣褒送敬爱于酒泉，并通和好。"[1]此事《十六国春秋辑补》卷

---

[1] 1974 年中华书局标点本《晋书》此段从"北山"处点断，于是成了"鲜卑遣褒送敬爱于酒泉"，误。

九三《西凉录》记于西凉建初二年（406），时傉檀已据有姑臧。如此，则傉檀送玄盛女敬爱应由姑臧至酒泉，其所经之北山，即今张掖以北的合黎山及北大山。从此知当时在今合黎山、北大山一带有一些鲜卑部落，名"北山鲜卑"。又《晋书》卷一一七《姚兴载记上》记：姚兴取后凉姑臧后，以王尚行凉州刺史，镇姑臧。"王尚绥抚遗黎，导以信义，百姓怀其惠化，翕然归之。北部鲜卑并遣使贡款。"内云之"北部鲜卑"当在姑臧之北，疑即北山鲜卑。

以上是可考的河西鲜卑部落，他们在秃发氏建立南凉政权的前后，大都为秃发部所役属，散居在河西。

自晋咸宁五年秃发树机能为晋马隆击杀后，秃发部复降晋，部众拥立树机能从弟务丸为首领。务丸卒，其孙推斤立。务丸卒年不详，《资治通鉴》卷一〇一"推斤"作"椎斤"，且云其卒于晋哀帝兴宁三年（365），"年一百一十，子思复鞬代统其众"。在务丸或推斤时，秃发部鲜卑在河西仍有一定的势力。《晋书》卷八六《张轨传》记：轨于晋"永宁初（301），出为护羌校尉、凉州刺史。于时鲜卑反叛，寇盗从横，轨到官，即讨破之，斩首万余级，遂威著西州，化行河右"。轨任凉州刺史，反叛的鲜卑当为河西鲜卑各部，其中也包括秃发部鲜卑在内。到"永兴中（304~305），鲜卑若罗拔能皆为寇，轨遣司马宋配击之，斩拔能，俘十余万口，威名大震"。若罗拔能，即是咸宁四年六月在武威击杀晋凉州刺史杨欣之鲜卑首领，《资治通鉴》卷八〇称其为"树机能之党"。树机能死后，拔能率部降晋，至是起兵反晋，张轨遣宋配杀之。从所"俘十余万口"这个数字来看，当时河西鲜卑人数是相当多的。

至此以后，在张氏据河西、建前凉的时期，史籍再未见记载有关河西鲜卑的活动。仅于上引《晋书·张轨传》内，记张骏曾观兵新乡（今甘肃安西东南），"狩于北野，因讨轲没虏，破之"。又记：张重华遣谢艾"军次神鸟（在今甘肃武威境），王擢与前锋战，败，遁还河南。还讨叛虏斯骨真万余落，破之"。内云之"轲没虏""虏斯骨真"均有可能是属秃发部的其他河西鲜卑部落。因为魏晋以来的史籍，一般称鲜卑为"虏"或"白虏"，而且其名也类似鲜卑人的姓氏。

第二章
南凉政权的建立

一 南凉建国前河西的形势

前秦建元十二年（376），据河西的前凉张氏政权为前秦苻坚所灭。前秦基本上统一了北方，于河西之地置凉州，以梁熙为刺史，镇姑臧。建元十九年（383），苻坚在淝水为东晋所败，北方各族纷纷反秦，先后由慕容鲜卑建立后燕（384年，都中山）、西燕（384年，都长子），乞伏鲜卑建西秦（385年，都勇士城），羌族姚氏建后秦（386年，都长安），氐族吕氏建后凉（386年，都姑臧）等政权。其中氐族吕氏所建的后凉，即统有河西之地。

吕光，略阳（今甘肃天水东）氐族人，原为苻坚将，多有战功。前秦建元十八年，苻坚以吕光为使持节、都督西讨诸军事，征西域。次年一月，吕光发长安，渡流沙，攻降焉耆，下龟兹，"王侯降者三十余国"[1]。此时苻坚淝水大败，返回长安，闻光平西域，遂封光为"使持节、散骑常侍、都督玉门已西诸军事、安西将军、西域校尉"。前秦太安元年（385），吕光率众东返，击溃了原秦、凉州刺史梁熙，"于是四山胡夷皆来款附"，"光入姑臧，自领凉州刺史、护羌校尉"。[2]这样，吕光就基本上控制了河西，而居河西的鲜卑各部当也降于光。但吕光在河西最初的统治还不稳定，同年九月，首先发生了主簿尉祐的叛乱，兵败后据兴城（今青海循化东），"扇动百姓，夷夏多从之"[3]。次年（386），又爆发了原前凉张氏后代与秃发鲜卑联合进攻姑臧的事件。

自前秦建元元年(365）秃发推斤死后，子思复鞬领其部众。《晋书·秃发乌孤载记》云，思复鞬立后，"部众稍盛"，其活动中心，据思复鞬子乌孤被吕光封为"广武县侯"看，大致在武威东南的广武郡。此郡系前凉张寔时，分金城郡置，统令居、枝阳、永登三县。[4]至前秦，仍置广武郡，统令居、枝阳、永登、广武、振武五县。[5]

---

1 《晋书》卷一二二《吕光载记》等。

2 《晋书》卷一二二《吕光载记》等。

3 《晋书》卷一二三《吕光载记》。

4 《晋书》卷一四《地理志上》。

5 洪亮吉：《十六国疆域志》卷四《前秦》。

郡地大致在今甘肃兰州至武威之间。建元十九年，原前凉末代主张天锡随苻坚军攻东晋，淝水战败后，天锡奔东晋，其世子张大豫为秦长水校尉王穆所匿。苻坚还长安时，王穆、大豫奔河西，投靠在广武的秃发思复鞬，思复鞬送之于魏安（今甘肃武威东）。大豫等奔回河西，是企图借助秃发部的力量，攻占凉州，重建前凉。前秦太初元年（386）二月，魏安人焦松、齐肃、张济起兵数千，迎大豫于揖次（今甘肃古浪附近），进而攻占吕光昌松郡（治今甘肃古浪北），执太守王世强。吕光遣辅国将军杜进击之，为大豫所败。大豫进逼姑臧，准备与吕光决战。王穆对大豫说："吕光粮丰城固，甲兵精锐，逼之非利。不如席卷岭西，厉兵积粟，东向而争，不及期年，可以平也。"这个策略是切实可行的，但是大豫不从，自号抚军将军、凉州牧，改元凤凰，以王穆为长史，传檄郡县。又遣王穆说降凉州以西诸郡，于是建康太守李隰、祁连都尉严纯起兵应之。大豫集结三万人保据杨坞（在武威西）。四月，大豫自杨坞进屯姑臧城西，王穆及思复鞬子奚于帅众三万屯于城南。吕光从城内出击，杀奚于等二万余人。大豫、王穆退至西郡（治今甘肃永昌西）。十一月，大豫掠民五千余户自西郡入临洮（今甘肃岷县），保俱城（在临洮境）。吕光遣将彭晃、徐灵攻破俱城，大豫奔广武，广武人执之，送于姑臧，为吕光所杀。王穆奔建康（治今甘肃酒泉东）。[1]

吕光在击溃了张大豫、王穆与秃发鲜卑联盟的进攻之后，于同年十二月大赦境内，"建元曰太安[2]，自称使持节、侍中、中外大都督、督陇右河西诸军事、大将军、领护匈奴中郎将、凉州牧、酒泉公"[3]。中国历史上，即以此年作为后凉正式建立之年。后凉所统地区，大致包括今甘肃兰州、临夏以西，直至今新疆东部地区。后凉统治地区虽然较为广阔，但其政权极不稳定，这一点在十六国政权中是较为突出的。自前秦太初元年吕光建立政权时起，内忧外患接踵而至。次年（387）即有逃至建康的王穆袭据酒泉，自称大将军、凉州牧；吕光西平太守康宁亦自称匈奴王，杀湟河太守强禧以叛；接着，张掖太守彭晃亦叛吕光，"东结康宁，西通王穆"。吕光花了很大力气，才平定了上述反乱。[4]

1　以上关于张大豫事，均见《晋书》卷一二二《吕光载记》及《资治通鉴》卷一〇六，晋孝武帝太元十一年二月条。

2　中华书局标点本《晋书》卷一二二《吕光载记》校勘记［五］云："《御览》一二五引《后凉录》、《通鉴》一〇六'太'作'大'。按，'太安'乃苻丕年号，此时光自称大将军、凉州牧、酒泉公，当是用丕年号，非自建元。故《魏书·吕光传》称光纪年始于麟嘉，不记建元太安事。"

3　均见《晋书》卷一二二《吕光载记》及《资治通鉴》卷一〇六，晋孝武帝太元十一年十二月条。

4　同上。

对后凉威胁较大的，还是前秦太安元年（385）乞伏鲜卑在陇西建立的西秦政权。西秦太初元年（388），西秦主乞伏乾归迁都金城，直接威胁后凉。因此，在后凉麟嘉四年（392），吕光遣弟吕宝率军，攻金城乞伏乾归，为乾归所杀，死者万余人；又遣子吕纂攻附于西秦的南羌彭奚念，大败而归。后吕光虽击溃了彭奚念，攻占了枹罕（今甘肃临夏），但损失巨大。[1] 以上情况，正如胡三省在《资治通鉴》卷一〇七的注中所说："吕光新得河西，党叛于内，敌攻于外，虽数战数胜，而根本不固，宜不足以贻子孙也。"

后凉建国后，内忧外患，国力衰弱，自有其原因，在此不拟进一步探讨。但有一点必须指出，即河西地区自秦汉以来，就是一个多民族杂居的地区，主要有匈奴、丁零、西域胡人、卢水胡、氐、羌、月氏（小月氏）、屠各等。魏晋以后，又有大批的鲜卑部落迁入河西，势力颇为强大。而吕氏的后凉对各族人民实行了压迫和掠夺的政策，加之后凉统治者内部争权夺利，内讧不断。这一切为河西各族的首领、贵族割据一方创造了有利的条件。北凉、西凉及秃发鲜卑所建的南凉，都可以说是由后凉政权中分裂出去的。

---

1 《资治通鉴》卷一〇八，晋孝武帝太元十七年八月条。

二 秃发乌孤的建国及其发展

自前秦太初元年（386）思复鞬与张大豫进攻姑臧失败后不久，思复鞬死，子乌孤立。[1]《晋书·秃发乌孤载记》云：乌孤继立后，"务农桑，修邻好"。《太平御览》引《十六国春秋·南凉录》此句作"养民务农，循结邻好"。这句话十分重要，可惜过于简约。《资治通鉴》卷一〇八，晋武帝太元十九年正月条记载稍详，云："初，秃发思复鞬卒，子乌孤立。乌孤雄勇有大志，与大将纷陁谋取凉州。纷陁曰：'公必欲得凉州，宜先务农讲武，礼俊贤，修政刑，然后可也。'乌孤从之。"按秃发鲜卑原出于塞北的拓跋鲜卑，当其向西迁徙时，部内与拓跋鲜卑一样，主要从事游牧。但秃发鲜卑从3世纪60年代邓艾将其迁入雍、凉二州之后，与汉、羌等族杂居，一直到乌孤时，共一百三十多年。其间，秃发鲜卑在河西的势力几起几落，与当地汉、羌人民关系日益密切。汉、羌人民从事的农业经济对其必然产生影响，促使他们由游牧生活转化为定居，从事农业生产。当然，也不排除秃发部内一部分人仍保留着游牧经济的可能。因此，到乌孤时，秃发部内农业经济开始发展，乌孤采取的"养民务农"的经济政策，就

---

1 关于思复鞬的卒年，诸书未记，大约在公元386~397年之间。

是其部内经济转化的反映。乌孤接受纷陁的建议，在政治上，礼俊贤，修政刑，对外"循结邻好"，不事争战，为部内经济发展提供了良好的条件。这样，十数年间，秃发部在后凉东南的广武一带，开始强盛起来。

后凉对日益强盛的秃发部，自然不能熟视无睹，可是一时又无力消灭它。因此，采取了羁縻、笼络的政策。后凉麟嘉六年（394），吕光遣使署乌孤"为假节、冠军大将军、河西鲜卑大都统、广武县侯"。乌孤召集部内首领说："吕氏远来假授，当可受不？"众皆云："吾士众不少，何故属人！"不同意接受吕光封号，臣属于吕光。乌孤准备从众议，其将石真若留说："今本根未固，理宜随时。光德刑修明，境内无虞，若致死于我者，大小不敌，后虽悔之，无所及也。不如受而遵养之，以待其衅耳。"乌孤最后采纳了石真若留的建议，接受了吕光给予的封号。[1]

后凉吕光麟嘉七年（395），乌孤为了扩大自己的势力，遣军击青海湖及湟水流域的乙弗和折掘二部鲜卑，皆破之。又遣将石亦干筑廉川堡以都之。廉川堡，如上引胡三省注，在湟中，今青海乐都东北连城[2]，这是乌孤在

1 《晋书》卷一二六《秃发乌孤载记》。
2 《读史方舆纪要》卷六四云：廉川城"在镇（西宁）西南百二十里，汉破羌县地"。又《中国古今地名大辞典》廉川城下云："在甘肃碾伯县（今乐都）东。"考其方位，《中国古今地名大辞典》所述近似。

建立政权之前的政治中心。《晋书·秃发乌孤载记》云乌孤都廉川后，曾登廉川大山（指今湟水北达坂山），泣而不言。其将石亦干进曰："臣闻主忧臣辱，主辱臣死，大王所为不乐者，将非吕光乎？光年已衰老，师徒屡败。今我以士马之盛，保据大川，乃可以一击百，光何足惧也。"其实，石亦干并不了解乌孤伤心的原因，以为他是因臣属于吕光而流泪。乌孤回答说："光之衰老，亦吾所知。但我祖宗以德怀远，殊俗惮威，卢陵、契汗万里委顺。及吾承业，诸部背叛，迩既乖违，远何以附，所以泣耳。"在这里乌孤追述了他的祖先树机能曾经据有凉州，河西各部均"委顺"于秃发部的历史。内中提到的卢陵部无考，契汗，如前述，是与乙弗部在一起游牧于青海湖东的鲜卑部落。这些部落在乌孤时，纷纷叛离，乌孤想到此，才伤心而泣。其将苻浑（从姓氏上看，似为氏族苻氏）对乌孤说："大王何不振旅誓众，以讨其罪。""乌孤从之，大破诸部。"《晋书》未明言大破哪些部落，但至少包括以上所说的卢陵、契汗等部。

乌孤都廉川堡，征服周围其他各部，震动了河西。当时，河西一些汉族豪门士族纷纷投靠乌孤，为其谋士。如广武的赵振，即其中之一。《资治通鉴》卷一〇八，晋孝武帝太元二十年（395）七月条记："广武赵振，少好奇略。闻乌孤在廉川，弃家从之。乌孤喜曰：'吾得赵生，

大事济矣！'拜左司马。"而后凉吕光，见乌孤势力又有
所增长，遣使拜之为"广武郡公"。乌孤又大破河西的意
云鲜卑。

后凉麟嘉八年（396），吕光即天王位，改国号大凉，
改元龙飞，大封百官，并遣使拜乌孤为"征南大将军、
益州牧、左贤王"。乌孤对使者说："吕王昔以专征之威，
遂有此州，不能以德柔远，惠安黎庶。诸子贪淫，三甥
肆暴，郡县土崩，下无生赖。吾安可违天下之心，受不
义之爵！帝王之起，岂有常哉！无道则灭，有德则昌。
吾将顺天人之望，为天下主。"于是"留其鼓吹羽仪，谢
其使而遣之"[1]。乌孤所云后凉吕光"诸子贪淫，三甥肆暴，
郡县土崩，下无生赖"，是当时后凉的真实写照。吕光年
老，诸子如吕纂、吕弘、吕绍、吕覆等大多贪暴淫逸。[2]
光甥石聪曾进谗言，使光杀后凉建国功臣杜进，导致郡
县相继叛离，大有土崩瓦解之势。这种情况，使乌孤决
心完全摆脱后凉的控制，取无道之后凉吕光的地位而代
之。这一行动，正是乌孤独立称王、建立政权的先声。

次年（397年，晋隆安元年）正月，秃发乌孤即"自
称大都督、大将军、大单于、西平王"，"年号太初"，

---

1 《晋书》卷一二六《秃发乌孤载记》。

2 见《晋书》卷一二二《吕光载记》。

正式建立政权，史称南凉。乌孤以弟秃发利鹿孤为骠骑大将军，傉檀为车骑大将军。[1] 又以参军郭韶为国纪祭酒，使撰录时事。[2] 接着，乌孤治兵广武，并攻占后凉之金城郡（治今甘肃兰州西）。[3] 吕光遣将军窦苟击乌孤，双方大战于街亭（在今甘肃永登乌鞘岭），窦苟大败而还。[4]

正当乌孤建立政权之时，河西的形势又发生了变化。同年五月，居张掖的卢水胡沮渠蒙逊因其伯父沮渠罗仇为吕光所杀，煽动部人，据有临松郡（治今甘肃民乐西），屯兵金山（今甘肃山丹南）。六月，蒙逊从兄沮渠男成在酒泉响应，推后凉建康太守段业为盟主，起兵反后凉。段业自称"为使持节、大都督、龙骧大将军、凉州牧，改吕光龙飞二年为神玺元年"。以男成为辅国将军，委以军国之任，以蒙逊为张掖太守。后凉吕光遣吕纂击段业，不克。[5] 沮渠氏拥段业所建之政权，史称北凉。北凉的建立，无疑给后凉以沉重的打击，使之失去了对

1　《晋书》卷一二六《秃发乌孤载记》；《太平御览》引《十六国春秋·南凉录》。

2　见《史通》卷一一一《史官建置》。

3　金城在晋太元十三年（388）时为西秦乞伏乾归所据，并以为都城。可是，就在乌孤称西平王的前夕，吕光遣子吕纂攻拔西秦的金城，乌孤乘后凉在金城立脚未稳，一举攻夺金城。

4　《晋书》卷一二二《吕光载记》；《晋书》卷一二六《秃发乌孤载记》。

5　《晋书》卷一二九《沮渠蒙逊载记》。

张掖以西地区的控制，势力更加衰弱。这一形势，对刚建国于后凉东南的南凉秃发乌孤是十分有利的。同年八月，后凉统治阶级内部又发生了郭黁、杨轨的叛乱事件。郭黁，西平人，为后凉散骑常侍、太常，善天文数术，国人信重之。他见后凉政权衰败，据姑臧东苑城反，光遣使命正与段业对峙的吕纂返姑臧击黁。纂军从张掖回至番禾（今甘肃永昌）时，纂司马杨统又叛归郭黁。后纂大破郭黁，得入姑臧。此时，姑臧城以北的休屠城又有张捷、宋生招集汉、胡三千余人响应郭黁，共推后凉后将军、略阳氐人杨轨为盟主。杨轨于是"自称大将军、凉州牧、西平公"。纂又破郭黁于姑臧城西，黁势衰，遣使向秃发乌孤求援。乌孤遣弟骠骑将军利鹿孤率骑五千赴之。[1]乌孤在广武、金城一带的崛起，也吸引了金城以南一些其他部落投归南凉。《资治通鉴》卷一〇九，晋安帝隆安元年条记，此年底有"河南鲜卑吐秣等十二部大人，皆附于秃发乌孤"。下胡注："此金城河南也。"即今甘肃兰州黄河以南的鲜卑十二部，而非指南朝史籍中所记之"河南（吐谷浑）"。在对外方面，乌孤采取了联合西边的北凉和东边西秦的策略，先后向两国遣使通好，

1　以上见《晋书》卷一二二《吕光载记》；《资治通鉴》卷一〇九，晋安帝隆安元年九月条。

并要求与西秦和亲。[1]

南凉太初二年（398），杨轨率步骑二万与在姑臧城西的郭黁会合，秃发乌孤又遣弟傉檀率骑一万助轨。轨军至姑臧，屯于城北，吕纂攻之，郭黁来救，败吕纂军。六月，杨轨自恃其众，又见后凉遭到西边的北凉、东面的西秦的进攻，企图一举攻夺姑臧。于是与利鹿孤共邀击吕纂，为纂击败。轨奔廉川，投附南凉的田胡王乞基，郭黁东投西秦，[2] 杨统归南凉。九月，杨轨屯廉川，收集汉、胡，众至万余。王乞基劝轨投乌孤，说："秃发氏才高而兵盛，且乞基之主也，不如归之。"杨轨于是遣使降于乌孤。正在此时，杨轨、王乞基为附近羌族首领梁饥击败，"西奔僇海（即西海，今青海湖），袭乙弗鲜卑而据其地"。乌孤因此事而大为愧惜，对群臣说："杨轨、王乞基归诚于我，卿等不速救，使为羌人所覆，孤甚愧之。"其平西将军浑屯曰："梁饥无经远大略，可一战擒也。"事实正如浑屯所料，羌酋梁饥乘胜攻后凉西平郡（治今青海西宁），西平人田玄明执太守郭倖而代之，拒饥，并遣子为质于乌孤，求援。乌孤即准备发兵救西平，可是群臣害怕梁饥势盛，不主张出兵。左司马广武

---

1 《晋书》卷一二五《乞伏乾归载记》。

2 田胡，系胡之一种，属何族不详。又关于郭黁事，可参见《晋书》卷九五《郭黁传》。

赵振则主张乘机出兵击梁饥，以取姑臧以南之地为根本。他说："杨轨新败，吕氏方强，洪池以北，未可冀也，岭南五郡，庶几可取。大王若无开拓之志，振不敢言，若欲经营四方，此机不可失也。使羌得西平，华、夷震动，非我之利也。"[1]赵振这番话，是使乌孤得以割据河湟，巩固政权的基本方针。内云之"洪池"，指洪池岭。《资治通鉴》卷一一〇，晋安帝隆安二年九月条胡注："洪池，岭名，在凉州姑臧之南。唐凉州有洪池府。"所谓"岭南五郡"，即指洪池岭以南后凉所置五郡（广武、西平、乐都、浇河、湟河），赵振用上述的话劝乌孤乘梁饥攻西平之机，取后凉岭南五郡做根本，得到乌孤的赞许。他说："吾亦欲乘时立功，安能坐守穷谷（指廉川）乎！"又对群臣说："梁饥若得西平，保据山河，不可复制。饥虽骁猛，军令不整，易破也。"于是率军击梁饥，破之。饥退屯龙支堡（今青海西宁东南黄河北岸），又为乌孤击败，单骑逃至浇河（今青海贵德）。是役，乌孤俘斩数万，取西平，以田玄明为西平内史。接着，后凉乐都太守田瑶、湟河太守张稠、浇河太守王稚皆以郡降，"岭南羌、胡数万落皆附于乌孤"。不久，又有后凉建武将军李鸾以兴城

---

1 《资治通鉴》卷一一〇，晋安帝隆安二年九月条。

（在龙支堡东）降于乌孤。[1] 而在青海乙弗部的杨轨、王乞基等亦率部众数千户归于南凉。[2]

这样，乌孤乘后凉衰弱之机，借郭黁、杨轨反后凉的变乱，取得了姑臧洪池岭南五郡之地。同年底，乌孤改称"武威王"，其目的是要夺取姑臧，取后凉而代之。

太初三年（399）正月，乌孤从廉川堡迁都至乐都，专力经营河湟地区，以为根本，[3] 并以弟骠骑大将军、西平公利鹿孤镇安夷（今青海平安），车骑大将军、广武公傉檀镇西平，叔父素渥镇湟河（今青海化隆南），若留镇浇河，从弟替引镇洪池岭南，洛回镇廉川，从叔吐若留镇浩亹（今青海大通）。此外，还以杨轨为宾客，其余汉族和其他族的豪门、俊杰之士，皆"随才授任，内居显位，外典郡县，咸得其宜"[4]。《晋书·秃发乌孤载记》记载了一些所谓"夷、夏俊杰"之士：如"金石生、时连珍，四夷之豪隽；阴训、郭倖，西州之德望；杨统、杨

1　以上所引均见《资治通鉴》卷一一〇，晋安帝隆安二年九月条。

2　见《资治通鉴》卷一一〇，晋安帝隆安二年十一月条。

3　《晋书》卷一二六《秃发乌孤载记》云："乌孤更称武威王。后三岁，徙于乐都"。此"后三岁"指乌孤称王后三年，即太初三年，非承上称武威王后三年。《资治通鉴》卷一一一，晋安帝隆安三年正月条记此事于太初三年正月，从之。

4　《资治通鉴》卷一一一，晋安帝隆安三年正月条。

贞、卫殷、麴丞明、郭黄、郭奋、史暠、鹿嵩，文武之秀杰；梁昶、韩𧹬、张昶、郭韶，中州之才令；金树、薛翘、赵振、王忠、赵晁、苏霸，秦雍之世门，皆内居显位，外宰郡县"。赵振、郭韶、杨统前已叙及，其余容后再论。

乌孤迁都乐都和任命子弟、族人分镇各地，又量才叙用汉、夷各族豪门及俊杰之士，使南凉政权逐渐完善和巩固起来。乌孤召集群臣，商讨大计，说："陇右区区数郡地耳！因其兵乱，分裂遂至十余。乾归擅命河南，段业阻兵张掖，虐氏假息，偷据姑臧。吾藉父兄遗烈，思廓清西夏，兼弱攻昧，三者何先？"乌孤所云之"陇右区区数郡"，如《资治通鉴》卷一一一，晋安帝隆安三年（399）正月条胡注所云："汉时河西置武威、张掖、（敦煌、）酒泉四郡；陇右置陇西、金城二郡。""分裂至十余国"，已不可全考[1]，其中除南凉外，最大的割据政权有三，即西秦、后凉和北凉。此三国分处南凉的东、西、北三方，南凉欲据有河陇，则非灭此三国不可，故乌孤有此问。

杨统向乌孤献策，他首先分析了三国的现状，认为

---

[1] 吴士鉴《晋书斠注》卷一二六引《晋略》曰："其时称王者凉及西秦凡四，此言十余，盖统休官、掘叠、吐谷浑、乙弗、折掘诸部而言。"内掘叠应为叠掘，即折掘，《晋略》误。

西秦乞伏乾归"本我所部，终必归服"[1]。北凉段业系一儒生，大权掌握在权臣（指沮渠男成、蒙逊）手中，政不由己，攻之路遥，粮运不济，且"与我邻好，许以分灾共患，乘其危弊，非义举也"。至于后凉，杨统认为，"吕光衰老，嗣绍（吕绍）冲暗，二子纂、弘，虽颇有文武，而内相猜忌。若天威临之，必应锋瓦解。宜遣车骑（即车骑大将军傉檀）镇浩亹，镇北（即镇北将军俱延）据廉川，乘虚迭出，多方以误之，救右则击其左，救左则击其右，使纂疲于奔命，人不得安其农业。兼弱攻昧，于是乎在，不出二年，可以坐定姑臧。姑臧既拔，二寇不待兵戈，自然服矣"[2]。杨统这番议论，不仅正确地分析了当时的形势，而且指明了南凉的前途，得到乌孤的赞许，并以此为国策，以后继立的南凉统治者也基本执行了这一方针。

同年二月，段业称凉王，改元天玺，旋即遭后凉太子吕绍和吕纂的进攻。段业求救于乌孤，乌孤按既定的国策行事，遣弟利鹿孤、杨轨救之。段业按兵不动，纂

1　杨统所说乞伏部原臣属秃发部，以后傉檀也曾提及（见《晋书·秃发傉檀载记》）。此事不见记载，估计当在秃发树机能统有凉州之时，威服各部，乞伏恰从漠北迁至高平川一带，归服于树机能，故杨统、傉檀有此说。
2　以上所引均见《晋书》卷一二六《秃发乌孤载记》。

烧氐池（今甘肃山丹西南）、张掖谷麦而返。¹六月，乌孤置凉州，以利鹿孤为凉州牧，镇西平，征傉檀入录府国事。接着，乌孤因酒醉骑马受伤，笑曰："几使吕光父子大喜。"旋病重，遗命"方难未静，宜立长君"。国人立其弟利鹿孤。八月，利鹿孤即武威王位，迁都西平。他谨守乌孤所定国策，使南凉逐渐进入了兴盛的时期。

1　以上所引均见《晋书》卷一二六《秃发乌孤载记》。

第三章
南凉的兴盛及其与邻国的关系

一 后凉的衰落与南凉的兴盛

秃发利鹿孤继立后，迁都西平，并遣记室监麹梁明[1]聘于段业，进一步加强与北凉的联盟，以对付后凉。而此时，后凉吕光病重，立太子吕绍为天王，自号太上皇帝，旋卒。吕纂与吕弘遂引兵入宫，吕绍自杀，纂即天王位，改元咸宁，以吕弘为大司马、录尚书事，改封番禾郡公。利鹿孤闻吕光之死和吕纂夺位，遣其将金树、苏翘[2]率骑五千屯于昌松郡的漠口（今甘肃武威西）[3]，以观后凉之变。

南凉太初四年（400）正月，秃发利鹿孤大赦，改元

---

1 按此麹梁明，疑即前述"文武之秀杰"的麹丞明。
2 此苏翘，即前述"秦雍之世门"的薛翘。
3 以上均见《晋书》卷一二六《秃发利鹿孤载记》。

建和,"延耆老,访政治"[1]。三月,后凉国内果然又发生变乱。吕纂忌弘功高势强,弘亦自疑,遂以东苑之兵攻纂,失败后欲投南凉利鹿孤,道经后凉广武时,为太守吕方所杀。至此,吕光死后,诸子争夺权力的斗争才暂告结束。

吕纂地位确立后,为了用建立军功的办法来巩固自己的地位,先后发动对南凉和北凉的战争。同年三月,吕纂将伐利鹿孤,其尚书令杨颖谏曰:"利鹿孤上下用命,国未有衅,不可伐也。"纂不听,于是率精锐士卒,进渡浩亹河(今青海大通河),至于三堆(今大通河南)。利鹿孤遣傉檀率军迎敌,军至三堆,见后凉军精锐,有惧色。傉檀下马据胡床而坐,士众稍安。后大败纂军,斩首二千余级。[2]就在后凉兴师动众进攻南凉的同时,南凉统治阶级内部发生了一次事变。原降乌孤的杨轨及西平内史田玄明,于西平密谋欲杀死利鹿孤,发动政变。五月,利鹿孤知杨轨等谋反,将两人处死。[3]到六月,吕纂又发动了对北凉的战争。出师前,后凉姜纪对纂说:"盛夏农事方殷,且宜息兵。今远出岭西,秃发氏乘虚袭京

---

1 《太平御览》卷一二六引《十六国春秋·南凉录》。

2 《晋书》卷一二六《秃发利鹿孤载记》;《资治通鉴》卷一一一,晋安帝隆安四年四月条。

3 见《资治通鉴》卷一一一,晋安帝隆安四年五月条。

师，将若之何？"纂仍不听，率军进围张掖，西掠建康（今甘肃酒泉东）。果然，南凉秃发傉檀乘机率骑一万，袭姑臧。纂弟吕纬守南北城以自固。傉檀置酒朱明门（姑臧南门）上，鸣钟鼓，飨将士，又曜兵于青阳门（姑臧东门），俘八千余户而还。吕纂得报后，急返姑臧，傉檀已退兵。[1]总之，自吕光死后，诸子争立，加之吕纂两次战争的失败，使后凉更加衰弱；而南凉在这两次战争中均获得胜利，逐渐成为河西最强大的势力。

就在南凉建和元年，整个河陇的形势又发生了有利于南凉的变化。东晋太元九年（384），氐族姚氏建后秦（又称"东秦"），两年后建都长安。其后一直与据陇东的前秦苻登（苻坚族孙）争战，到后秦姚兴皇初元年（394）终于灭亡苻登。从此，后秦的势力开始进入陇右、河西，而首当其冲的就是后秦白雀二年（385）在陇西建西秦的乞伏鲜卑。南凉建和元年（400）五月，后秦姚兴遣征西大将军、陇西公姚硕德率军五万伐西秦，乞伏乾归溃败，西秦亡。乾归及其子炽磐率百骑至允吾（今甘肃皋兰西北），投南凉，利鹿孤遣傉檀迎之，处乾归于允吾西四十里的晋兴城，待以上宾之礼。西秦的灭亡自然

---

1 《晋书》卷一二六《秃发利鹿孤载记》；《资治通鉴》卷一一一，晋安帝隆安四年六月条。

对南凉的发展有利，但后秦势力的西进，对南凉也是一种潜在的威胁，故南凉遣使后秦，表示臣属，以避其军锋。[1] 后秦的西进，也打击了衰落的后凉。同年九月，后凉广武太守吕方降后秦，广武民无主，有三千余户投奔南凉利鹿孤。[2] 不久，南凉的盟国北凉内部又发生动乱：北凉晋昌太守唐瑶反，推李暠为冠军大将军、沙州刺史、凉公，领敦煌太守，改元庚子。酒泉太守王德亦叛北凉，应李暠。史称李暠所建政权为西凉。北凉的分裂，无疑减少了南凉对日益强盛之北凉的畏惧。

在这种新的形势下，南凉的对外、对内政策也发生了一些变化。

在对外方面，首先是在处置归降的原西秦王乞伏乾归父子的问题上，南凉镇北将军秃发俱延认为，"乾归本吾之属国，因乱自尊，今势穷归命，非其诚款，若逃归姚氏，必为国患，不如徙置乙弗之间，使不得去。"可是，利鹿孤为了厚待乾归，以招降其他部落，不从。果然后秦兵退后，南羌梁戈等密招乾归，乾归将应之。其臣屋引阿洛密告南凉晋兴太守阴畅，畅驰告利鹿孤，利鹿孤遣弟吐雷率骑三千屯扪天岭（在允吾东南）。乾归即

---

1 《晋书》卷一二六《秃发利鹿孤载记》云："时利鹿孤虽僭位，尚臣姚兴。"
2 《资治通鉴》卷一一一，晋安帝隆安四年七月条。

送子炽磐于西平，南奔枹罕，遂降姚兴。[1]

其次，对于西进的后秦，南凉君臣因其强盛，又远在关中，故表面臣属，企图借助其力，攻灭后凉，夺取姑臧。至于北凉，虽发生了分裂，但是同南凉一样，也虎视眈眈地注视着日益衰落的后凉姑臧。随着形势的发展，它即与南凉发生冲突，由盟国变成了死敌。总之，南凉总的目标是占领姑臧，取河西之地，而它的对外政策也始终服从于这一总的目标，集中力量对付后凉。

在内政方面，利鹿孤也做了一些新的调整。建和二年（401）正月，由于整个形势变得对南凉有利，利鹿孤有些得意忘形，准备称帝，群臣也皆劝进。独安国将军镉勿崙力劝利鹿孤勿先称帝，以免成为众矢之的。他说："昔我先君肇自幽朔，被发左衽，无冠冕之仪，迁徙不常，无城邑之制，用能中分天下，威振殊境。今建大号，诚顺天心。然宁居乐土，非贻厥之规；仓府粟帛，生敌人之志。且首兵始号，事必无成，陈胜、项籍，前鉴不远。宜置晋人于诸城，劝课农桑，以供军国之用，我则习战法以诛未宾。若东西有变，长算以縻之；如其敌强于我，徙而以避其锋，不亦善乎！"[2]镉勿崙鉴于河陇诸政

---

1 《资治通鉴》卷一一一，晋安帝隆安四年七月条。
2 《晋书》卷一二六《秃发利鹿孤载记》。

权未有一个称帝的，故曰"首兵始号，事必无成"；他建议采取"宜置晋人于诸城，劝课农桑，以供军国之用，我则习战法以诛未宾"的政策，就是将从事农业的晋人（即汉族）[1]安置在城市内外，督其务农，征其赋税，以供国家之用，而秃发部人则专从事征战。这种政策，十六国时期的许多少数民族所建政权都不同程度地采用着。利鹿孤采纳了输勿仑的建议，去武威王号，更称"河西王"，它表明利鹿孤有兼并整个河西之志。同时，利鹿孤还以弟傉檀为都督中外诸军事、凉州牧、录尚书事。[2]

南凉内部另一项重要的改革，是力图改变过去那种专以攻城掠地、不知绥抚的政策，大力吸收汉族文化。同年六月，利鹿孤接受祠部郎中史暠的建议，以田玄冲、赵诞为博士祭酒，以教胄子。[3]上述利鹿孤的改革，对南凉政权的强盛起到一定的促进作用。

在南凉内部进行改革的前后，后凉、北凉又先后发生内乱，两国臣僚、百姓多有投南凉者。先是南凉建和二年二月，后凉吕纂为弟番禾太守吕超所刺杀，超立从

---

1 《资治通鉴》卷一一六，晋安帝义熙十年（414）五月条胡注云："夷人谓华人为晋人。"

2 《晋书》卷一二六《秃发利鹿孤载记》；《资治通鉴》卷一一二，晋安帝隆安五年正月条。

3 《晋书》卷一二六《秃发利鹿孤载记》；《资治通鉴》卷一一二，晋安帝隆安五年六月条，"祠部郎中"作"西曹从事"。

弟吕隆即天王位，国内乱。后凉右仆射杨桓（杨统从兄）投利鹿孤，利鹿孤以其为左司马；后凉将军姜纪亦降南凉。三月，利鹿孤乘机击后凉，败吕隆，徙二千余户而归。[1]后秦姚兴闻杨桓名，征其入长安，利鹿孤畏后秦之强，遣桓至长安。[2]北凉于同年四月，发生政变：沮渠蒙逊诬从兄沮渠男成谋反，假段业之手杀男成。五月，蒙逊杀段业自立。男成弟富占、将军俱僄率户五百降南凉利鹿孤。[3]

七月，在后凉魏安人焦朗的招引下，后秦姚兴遣硕德率骑六万向后凉进攻，南凉河西王利鹿孤摄广武守军以避之。后秦军队自金城渡过黄河，遂围姑臧。西凉、南凉、北凉各遣使奉表入贡于西秦。[4]八月，甚为傉檀所重的后凉降将姜纪，率数十骑叛南凉，投后秦硕德。[5]并说服硕德力取姑臧，"不然，今秃发在南，兵强国富，若兼姑臧而据之，威势益盛"。硕德乃表姜纪为武威太守，

1 《资治通鉴》卷一一二，晋安帝隆安五年三月条。

2 《晋书》卷一二六《秃发利鹿孤载记》。

3 《资治通鉴》卷一一二，晋安帝隆安五年五月条。

4 《资治通鉴》卷一一二，晋安帝隆安五年七月条。

5 同上书云："初，凉将姜纪降于河西王利鹿孤，广武公傉檀与论兵略，甚爱重之，坐则连席，出则同车，每谈论，以夜继昼。利鹿孤谓傉檀曰：'姜纪信有美才，然视侯非常，必不久留于此，不如杀之。纪若入秦，必为人患。'傉檀曰：'臣以布衣之交待纪，纪必不相负也。'"后纪果叛投后秦。

配兵二千，屯据晏然（在姑臧西北）。九月，姑臧城内的后凉王吕隆，资储皆竭，全城饥馑，终于降后秦，遣子弟及重臣为质于长安。硕德表隆为"使持节、镇西大将军、凉州刺史、建康公"，遂返长安。[1]

后凉吕隆虽降后秦，势力衰落，但并未亡国，仍留驻于姑臧。这种情况，使觊觎河西中心姑臧的南凉、北凉相继向姑臧进攻，都企图抢先占领姑臧。可是，北凉此时又发生内乱，沮渠蒙逊所领酒泉、凉宁二郡叛降西凉，蒙逊又见后秦攻占姑臧，于是遣使见硕德，请求率部东迁降后秦，后为部下所劝阻。为了自固，蒙逊遣子奚念为质于利鹿孤，以求援。利鹿孤以奚念年幼不接受，要蒙逊遣弟沮渠挐为质。十月，蒙逊遣使上疏利鹿孤，仍请求以奚念为质。利鹿孤怒，遣弟俱延、文支等率骑一万袭北凉，至万岁临松（今甘肃张掖南），执蒙逊从弟鄯善苟子，虏其民六千余户。后蒙逊遣从叔孔遮至利鹿孤处，许以挐为质。利鹿孤乃归所掠，召俱延等还。[2] 这一事件是南凉与北凉由盟国变为敌国的开始，这是由于后凉衰落，双方争夺河西这一矛盾尖锐化的表现。两国交恶后，南凉处于绝对的优势，这就为它首先夺取姑臧

1 《晋书》卷一二二《吕隆载记》；《资治通鉴》卷一一二，晋安帝隆安五年九月条。
2 《资治通鉴》卷一一二，晋安帝隆安五年十月条。

创造了有利的条件。

同年十二月，后凉吕超攻后秦武威太守姜纪于晏然，不克；遂又攻魏安的焦朗。朗遣其弟之子焦嵩为质于利鹿孤，以请南凉派兵迎护。利鹿孤遣傉檀率军迎之，将至，吕超兵已退，焦朗闭门拒傉檀。傉檀怒，将攻城，为镇北将军俱延所劝阻。于是与焦朗连和，曜兵姑臧，屯于胡阮（在姑臧西）。傉檀知吕超必夜来偷袭大营，蓄火以待之。果然，城内吕超入夜遣将军王集率精兵二千偷营，深入营垒后，傉檀方内外举火，光照如白昼，杀王集及甲士三百余人。吕隆惧，遂伪与傉檀通好，请之于城内苑内结盟。傉檀遣俱延入盟，俱延疑有埋伏，毁墙而入；吕超伏兵四起，俱延失马步走，赖凌江将军郭祖力战，方逃回大营。傉檀大怒，率军攻后凉昌松太守孟祎于显美（今甘肃武威东南），吕隆遣广武将军荀安国、宁远将军石可率骑五百救援，安国等惧傉檀兵强，遁还。[1]

南凉建和三年（402）正月，傉檀攻克显美，执昌松太守孟祎，并责其何不早降。孟祎以世受吕氏厚恩作答，傉檀即释之，拜为左司马，孟祎求速死，傉檀义而归

1　以上均见《资治通鉴》卷一一二，晋安帝隆安五年十二月条。按《晋书·秃发利鹿孤载记》仅记傉檀攻孟祎，未记傉檀援焦朗及吕隆偷营、会盟事，赖《资治通鉴》存之。

之。[1]"徙显美、丽轩（今甘肃永昌西南）二千余户而归"。
此时，姑臧城内大饥，斗米值钱五千，"人相食，饿死者
十余万口，城门昼闭，樵采路绝，百姓请出城乞为夷虏奴
婢者日有数百"。吕隆害怕人心浮动，尽坑杀之。[2]二月，
北凉沮渠蒙逊企图抢先，发兵攻围姑臧，吕隆遣使求救于
利鹿孤。南凉统治阶级内部意见不一致，尚书左丞婆衍崘
说："今姑臧饥荒残弊，谷石万钱，野无青草，资食无取。
蒙逊千里行师，粮运不属，使二寇相残，以乘其衅。若蒙
逊拔姑臧，亦不能守，适可为吾取之，不宜救也。"傉檀
说："崘知其一，未知其二。姑臧今虽虚弊，地居形胜，河
西一都之会，不可使蒙逊据之，宜在速救。"因此，利鹿
孤即遣傉檀率骑一万救姑臧，军至，蒙逊已退兵。傉檀徙
凉泽（即汉代的休屠泽，今甘肃民勤一带）段冢五百余家
而还。[3]接着，利鹿孤采纳了中散骑常侍张融的意见，遣傉
檀率军击潜通后秦的魏安焦朗兄弟，朗降，送于西平，徙
其民于乐都。[4]这样，南凉基本上从三个方面控制了姑臧，
等待时机以便一举占领该地。

1　按《晋书》卷一二六《秃发利鹿孤载记》云孟祎求死，"傉檀义而许
之"，好像将孟处死。其实，应如《资治通鉴》卷一一二，晋安帝元兴二
年正月条所记是"义而归之"。
2　见《晋书》卷一二二《吕光载记》等。
3　《晋书》卷一二六《秃发利鹿孤载记》。
4　《资治通鉴》卷一一二，晋安帝元兴元年二月条。

同年三月，河西王利鹿孤病重，传令由弟傉檀继位，旋卒，葬于西平之东南。

二 极盛时期的南凉及其与邻国的关系

秃发傉檀是南凉史上的著名人物，他在位时期南凉政权达到了鼎盛的阶段，成为河西、陇右地区的霸主，但南凉的衰落和灭亡，也同样发生在他在位时期。他大力吸收汉族的先进文化，礼贤下士，史称他"少机警，有才略"，为父兄所器重。利鹿孤在位时，仅"垂拱而已，军国大事皆以委之"[1]。就是在十六国当中，傉檀也可算是一个杰出的人物。可是，历史上封建史家对他的评价却截然不同：唐代房玄龄等所撰《晋书》，于《秃发傉檀载记》后评论说："傉檀……武略雄图，比踪前烈"，"傉檀杰出，腾驾时英"，仅批评他"穷兵黩武，丧国颓声"。而元代胡三省在注《资治通鉴》时却认为，"秃发兄弟皆推傉檀之明略，余究观傉檀始末，未敢许也。又究观姜纪自凉入秦始末（见前述），则纪盖反覆诡谲之士，而傉檀爱重之，则傉檀盖以才辨为诸兄所重，而智略不能济，此其所以亡国也"[2]。到底应如何评价他？待我们叙述了南凉由

---

1 《晋书》卷一二六《秃发傉檀载记》。
2 《资治通鉴》卷一一二，晋安帝隆安五年七月条胡注。

鼎盛走向衰落和灭亡的历史之后，再加以讨论。

南凉建和三年三月，傉檀即位后，更河西王号为凉王，史称秃发氏政权为"南凉"，即由此而来。傉檀还由西平迁还都城于乐都，改元弘昌。时原西秦乾归子炽磐逃离南凉，至允街，傉檀归其妻子，放虎归山，遗患无穷，傉檀最后终为炽磐所杀。是年十月，傉檀曾攻后凉吕隆于姑臧。[1]十二月，后秦姚兴遣使拜傉檀为车骑将军、广武公，北凉沮渠蒙逊为镇西将军、沙州刺史、西海侯，西凉李暠为安西将军、高昌侯。[2]从后秦对三个臣属于它的河西政权首领的封号中，知南凉傉檀的地位和势力均在其他两个政权之上。因为傉檀为"公"，蒙逊、李暠均为"侯"。为此，蒙逊不悦，并对后秦使臣梁斐说："傉檀上公之位，而身为侯者何也？"后在梁斐等的劝说之下，才受拜。[3]当时，河西三国仍深畏后秦之强，南凉、北凉虽急欲占据河西中心姑臧，可是仍不敢贸然出兵。南凉傉檀于此时修大城乐都，示无取姑臧之意。年底，后秦镇远将军赵曜率众二万西屯金城，建节将军王松忽率骑助吕隆守姑臧。松忽至魏安时，傉檀弟文真乘机击

1 《资治通鉴》卷一一二，晋安帝元兴元年十月条。
2 同上所引。又《晋书》卷一二九《沮渠蒙逊载记》云：姚兴封蒙逊为"镇西大将军、沙州判史、西海侯"，内"大"字疑误。
3 见《晋书》卷一二九《沮渠蒙逊载记》。

之，俘松忽等。傉檀大怒，送松忽等还长安，归罪文真，深自陈谢。[1] 这一事件表明，南凉对后秦仍有畏惧，不敢贸然行事。同时，这件事也给后秦朝廷以震动，使之对南凉的势力及野心有了进一步的了解，准备采取加强和巩固河西的措施。

南凉弘昌二年（403）七月，后秦谋臣对姚兴说："（吕）隆藉先世之资，专制河外，今虽饥窘，尚能自支，若将来丰赡，终不为吾有。凉州险绝，土田饶沃，不如因其危而取之。"这时，南凉、北凉均积极图谋姑臧，促使姚兴采取了行动：遣使征吕隆弟超入侍长安。吕隆惧傉檀、蒙逊之逼，知于姑臧终无以自存，乃因吕超入侍，亦请入长安。姚兴遣尚书左仆射齐难率军四万迎吕隆于河西。傉檀则摄昌松、魏安二戍以避后秦军。八月，齐难等至姑臧，吕隆素车白马迎于道旁，后凉至此亡国。齐难以司马王尚行凉州刺史，配兵三千镇姑臧，以将军阎松为仓松太守、郭将为番禾太守，分戍两城；徙吕隆及其宗室、僚属及民万余家于长安。姚兴以吕隆为散骑常侍，吕超为安定太守。[2]

---

1 《资治通鉴》卷一一二，晋安帝元兴元年十二月条；《晋书》卷一一七《姚兴载记上》。

2 《晋书》卷一一七《姚兴载记上》；《资治通鉴》卷一一三，晋安帝元兴二年七月条。

后秦军队撤回后，史称镇守姑臧的王尚"绥抚遗黎，导以信义，百姓怀其惠化，翕然归之。北部鲜卑并遣使贡款"[1]。这虽然是史家的溢美之词，但说明王尚比吕氏父子对百姓要好一些。这一切对于早已窥伺姑臧的南凉来说，自然是一个打击。但后秦中心远在关中，王尚孤军困守姑臧，外有强邻，也不是安稳太平的。为此，王尚采取结好南凉的策略，于同年遣主簿宗敞至南凉聘礼。宗敞是西州望族，有文才，西州人评论其才在杨桓之上。[2]敞父燮，原为后凉吕光湟河太守，后调任尚书郎，经广武时曾见傉檀，奇之，以"命世之杰"称誉，并托傉檀今后照顾其子敞等。至是，敞至南凉，与傉檀相处密切，傉檀视之为三国吴之鲁肃，极望宗敞助其完成河西的霸业。[3]

弘昌三年（404）二月，傉檀为了讨好后秦统治者，以密图姑臧，乃去年号，罢尚书丞郎官，遣参军关尚聘于后秦。据《晋书·秃发傉檀载记》的记载，姚兴见关尚责问道："车骑投诚献款，为国藩屏，擅兴兵众，辄造大城，为臣之道固若是乎？"车骑，指傉檀，因其降后秦，被封为车骑将军；"辄造大城"，指上述傉檀修大城乐都事。关尚回答说："王侯设险以自固，先王之制也，所以安人卫

---

1 《晋书》卷一一七《姚兴载记上》。
2 《晋书》卷一一七《姚兴载记上》文祖对姚兴语。
3 《晋书》卷一二六《秃发傉檀载记》。

众，预备不虞。车骑僻在遐藩，密迩勃寇，南则逆羌未宾，西则蒙逊跋扈，盖为国家重门之防，不图陛下忽以为嫌。"姚兴听了关尚这一番巧言辩解，乃笑着说："卿言是也。"关尚的言论，故然是向姚兴表白傉檀忠于后秦，设险造城均是为了守"国家重门之防"，以麻痹后秦统治者，但也说明南凉所处的地位并不巩固。接着，傉檀遣弟文支击南羌、北凉，破之。然后，傉檀上表姚兴，求凉州。姚兴不许，只是加傉檀散骑常侍，增邑二千户。[1]

过了两年（406），后秦因连年征战，势力渐衰，傉檀则加紧密图姑臧。六月，傉檀击北凉沮渠蒙逊，次于氐池（今甘肃民乐），蒙逊婴城固守。傉檀芟其禾苗，至于赤泉（在氐池北）而返。接着，傉檀即献马三千匹、羊三万头于姚兴，以邀功请赏。姚兴以为傉檀忠于自己，遂封之为"使持节、都督河右诸军事、车骑大将军、领护匈奴中郎将、凉州刺史，常侍、公如故，镇姑臧"。即是说，后秦将凉州五郡之地（武威、番禾、西郡、昌松、武兴），付与南凉傉檀，征原凉州刺史王尚还长安。[2]时有凉州人申屠英等遣主簿胡威见姚兴，请留王尚，兴不许。胡威痛哭流涕地说："臣州奉国五年，王威不接，

---

1 《晋书》卷一二六《秃发傉檀载记》。
2 《晋书》卷一二六《秃发傉檀载记》。

衔胆栖冰、孤城独守者,仰恃陛下威灵,俯杖良牧惠化。……今陛下方布政玉门,流化西域,奈何以五郡之地资之獯狁,忠诚华族弃之虐虏!非但臣州里涂炭,惧方为圣朝旰食之忧。"[1]胡威这番话很有意思,它首先说明后秦之任王尚镇凉州,确是"孤城独守",外临强敌,姚兴将凉州付与傉檀,有迫不得已的一面;其次,在胡威等凉州汉族的眼里,秃发氏一族仍然是"獯狁"(异族)、"虐虏",反映了当时河西地区民族矛盾十分尖锐,也正因为如此,凉州汉人不愿秃发傉檀占有凉州。姚兴听了胡威的话后,有些后悔,即遣西平人车普驰止王尚返长安,又遣使谕傉檀,但为时已晚。

傉檀此时已率军将抵姑臧,车普又先告傉檀。于是,傉檀急率骑三万至五涧(姑臧南),逼遣王尚。尚遣辛晁、孟祎、彭敏出迎,遂出姑臧清阳门(东门),傉檀镇南将军文支入凉风门(南门)。时王尚别驾宗敞送尚还长安,傉檀对宗敞说,他得凉州三千余家,情之所寄,唯宗敞一人而已,为何又随尚返长安?宗敞回答说:"今送旧君,所以忠于殿下。"傉檀又问"怀远安迩之略",宗敞说:"凉土虽弊,形胜之地,道由人弘,实在殿下。段懿、孟祎,武威之宿望;辛晁、彭敏,秦陇之冠冕;裴

---

1 《晋书》卷一一七《姚兴载记上》等。

敏、马辅，中州之令族；张昶，凉国之旧胤；张穆、边宪、文齐、杨班、梁崧、赵昌，武同飞（张飞）、羽（关羽）。以大王之神略，抚之以威信，农战并修，文教兼设，可以从横于天下，河右岂足定乎！"对于宗敞推荐上述"贤俊之士"，傉檀嘉纳之，赐宗敞马二十匹。于是大飨群臣于谦光殿，班赐有差。[1]同年八月，傉檀还乐都，以弟兴城侯文真镇姑臧。至此，傉檀虽名义上臣属于后秦，"然车服礼章一如王者"[2]。为了联合与北凉对立的西凉，傉檀于九月遣使求好于西凉李暠，暠许之。十一月，傉檀即由乐都迁都至姑臧。[3]

从表面上看，傉檀自弘昌三年去年号，臣属于后秦，似乎南凉政权已不复存在，但事实上，南凉不仅借归降后秦保存了实力，而且获得了较大的发展，取姑臧"兵不血刃"，扩五郡之地，一时成为河西的霸主。然而，傉檀之取姑臧又成为他由盛转衰的起点。因为河西地区还有北凉、西凉和原西秦的割据势力，傉檀取姑臧无疑使自己成为众矢之的，加之南凉内部民族矛盾和阶级矛盾的逐渐尖锐，所以取姑臧后不到一年时间，南凉就很快走向衰弱。

---

1 《晋书》卷一二六《秃发傉檀载记》。

2 《晋书》卷一二六《秃发傉檀载记》。

3 《资治通鉴》卷一一四，晋安帝义熙二年十一月条。

第四章
南凉的衰落与灭亡

一　由盛转衰的南凉

南凉弘昌五年（406），秃发傉檀取姑臧后，以宗敞为太府主簿、录记室事，进一步图谋达到据有河陇、扩展势力的目的。为此，他先后采取了一系列措施，前述结好西凉，以对付北凉就是其中之一。

后秦弘始九年（407），傉檀又遣使煽动已被后秦封为建武将军、行西夷校尉的原西秦乞伏炽磐叛后秦，炽磐斩其使送长安。[1] 这样，傉檀不仅没有达到目的，反引起后秦的不满，树敌更多。八月，南凉开始集中力量向北凉进攻。傉檀首先袭徙西平、湟河诸羌三万余户于新得的武兴、番禾、武威、昌松四郡，征集"戎夏之兵五万余人"，大阅于方亭（今甘肃武威西），遂入西陕

----

1 《资治通鉴》卷一一四，晋安帝义熙三年七月条。

（今甘肃山丹西），击北凉。沮渠蒙逊率军来迎，双方激战于均石（今甘肃张掖东），傉檀大败。蒙逊乘胜攻南凉西郡太守杨统于日勒（今甘肃山丹东南），傉檀率骑二万，运谷四万石以援西郡。蒙逊攻陷西郡，太守杨统降北凉。[1] 十月，虽有后秦河州刺史羌族彭奚念降傉檀，但这种降附只是名义上的。

总之，傉檀自都姑臧后采取的一系列措施，弊多利少。与远在敦煌立国的西凉结好，对北凉影响不大，基本上没有发挥作用，而过早地同后秦决裂及进攻北凉更是得不偿失了。

接着在十一月，南凉又"外有阳武之败，内有边、梁之乱"，逐渐由盛转衰。

所谓"阳武之败"，是指傉檀为夏国赫连勃勃击败于阳武下峡（在今甘肃靖远），损失惨重。战争经过大致如下：南凉弘昌六年（407）十月，据有今陕北、宁夏的铁弗匈奴赫连勃勃兴起，袭杀后秦高平公没奕于，据高平（今宁夏固原），自称大夏天王，建夏国。勃勃求婚于傉檀，遭到拒绝。十一月，勃勃即率骑二万向南凉发动进攻，至南凉广武郡的支阳（今甘肃永登南），杀伤万余

---

1 《晋书》卷一二六《秃发傉檀载记》；《资治通鉴》卷一一四，晋安帝义熙三年九月条。

人，驱掠民二万七千口、牛羊马数十万头而还。傉檀率大军追击，其下焦朗对傉檀说："勃勃天姿雄骜，御军齐肃，未可轻也。今因抄掠之资，率思归之士，人自为战，难与争锋。不如从温围北渡，趣万斛堆，阻水结营，制其咽喉，百战百胜之术也。"傉檀另一将贺连发怒道："勃勃以死亡之余，率乌合之众，犯顺结祸，幸有大功。今牛羊塞路，财宝若山，窘弊之余，人怀贪竞，不能督厉士众以抗我也。我以大军临之，必土崩鱼溃。今引军避之，示敌以弱。我众气锐，宜在速追。"傉檀盛气轻敌，不采取焦朗较为稳妥的必胜之策，反从贺连之计，并下令："吾追计决矣，敢谏者斩！"勃勃见傉檀率军追击，遂于阳武下峡凿冰埋车以塞路。傉檀遣善射者射中勃勃右臂。勃勃返军逆击，大败傉檀，追奔八十余里，杀伤万计，斩其大将十余人，以为京观，号"髑髅台"，还于岭北。[1]傉檀仅率数骑奔南山（枝阳之南山），几为追骑所俘获。

傉檀败还姑臧后，据《晋书·秃发傉檀载记》云："傉檀惧东（指夏国赫连勃勃）西（指北凉沮渠蒙逊）寇至，徙三百里内百姓入于姑臧，国中骇怨。"城内屠各成七儿乘机率其所属三百人反于北城，推梁贵为盟主，贵

---

1 见《晋书》卷一三○《赫连勃勃载记》，《太平御览》卷一七七引崔鸿《十六国春秋·夏录》。

闭门不应，但得到不少群众的支持，一夜之间众至数千。后在殿中都尉张猛的威胁之下，众奔散，成七儿逃奔晏然。此时，军谘祭酒梁裒、辅国司马边宪等七人也乘机反傉檀，皆为傉檀所杀。[1] 这就是南凉史上所谓的"边、梁之乱"，由于史籍记载过于简约，详情已不得而知。

南凉经阳武之败和边、梁之乱后，内外受困，势力渐衰。这正如元代胡三省在《资治通鉴》卷一一四，晋安帝义熙三年十一月条注中所说："自是之后，秃发氏之势日以衰矣。"因此，我们把此年十一月作为南凉由盛转衰的转折点。

至次年（408）五月，后秦姚兴见南凉内外多难，有乘机取傉檀之意，遂先遣尚书郎韦宗至姑臧以观虚实。韦宗为傉檀的才辩所折服，推之为"神机秀发""一代之伟人"，比之于由余、日磾。[2] 返长安后，韦宗对姚兴说："凉州虽残弊之后，风华未颓；傉檀权诈多方，凭山河之固，未可图也。"姚兴不信，说道："勃勃以乌合之众尚能破之，吾以天下之兵，何足克也！"韦宗答曰："形移势变，终始殊途，陵人者易败，自守者难攻。阳武之役，傉檀以轻勃勃致败。今以大军临之，必自固求全，臣窃

1　《晋书》卷一二六《秃发傉檀载记》等。

2　《晋书》卷一二六《秃发傉檀载记》。由余，西戎人，因为秦出谋划策，使秦开地千里，遂霸西戎。金日磾，匈奴休屠王之后代，归汉朝后，为汉名臣。

料群臣无傉檀匹也。虽以天威临之，未见其利。"姚兴不从，乃遣子广平公姚弼、后将军敛成、镇远将军乞伏乾归等率步骑三万击傉檀，左仆射齐难率骑二万攻赫连勃勃。吏部尚书尹昭复谏兴曰："傉檀恃其险远，故敢违慢；不若诏沮渠蒙逊及李暠讨之，使自相困毙，不必烦中国之兵也。"姚兴亦不听。

在进攻南凉之前，姚兴先给傉檀一信，内云："遣尚书左仆射齐难讨勃勃，惧其西逸，故令弼等于河西邀之。"这是后秦用防止勃勃西逃为口实，以掩护其进攻凉州傉檀之计。傉檀中计，遂不设备。姚弼大军济自金城，姜纪向弼献策说："今王师声言讨勃勃，傉檀犹豫，守备未严，愿给轻骑五千，掩其城门，则山泽之民皆为吾有，孤城无援，可坐克也。"弼不从，率大军先至漠口（在昌松郡），南凉昌松太守苏霸闭城扼守，弼劝降不果，攻拔昌松城，杀苏霸，然后长驱直至姑臧。傉檀婴城固守，出奇兵击败姚弼，后秦军退据西苑。此时，城中人王钟、宋钟、王娥等密为后秦军内应，为傉檀所执。在前军将军伊力延侯的劝说下，傉檀尽杀内应者五千余人，以妇女为军赏。又命诸郡县悉驱牛羊于野。后秦敛成纵兵虏掠，傉檀乘机遣镇北将军俱延、镇军将军敬归等击之，大破后秦军，斩首七千余级。姚弼固垒不出，傉檀攻之不克，乃断水上流，欲困死后秦军。会天降大雨，弼军乃复振。七月，姚兴闻弸败，遣卫大将军姚显率骑二万赴援，至高平（今宁夏固原），闻弸被困，倍道赴姑臧，遣射将五人挑战于凉风门，为傉檀材官将军宋益所击斩。姚显乃委罪于敛成，遣使谢傉檀，引兵还。傉檀也遣使者徐宿至长安谢罪。[1] 与此同时，后秦齐难军也为夏国赫连勃勃所击溃，难被俘，"于是岭北（指今礼泉县九崚山以北）夷、夏附于勃勃者以万数，勃勃皆置守军以抚之"[2]。

后秦对南凉的战争，傉檀虽然最后取得了胜利，但损失较大；而后秦的失败，对其本国的损失和影响，则远不及齐难为勃勃败后所造成的后果严重。后秦在河陇地区势力的衰弱，为陇西原西秦乞伏氏的复起，创造了有利的条件。乞伏氏的复起，无疑对南凉更为不利。可是傉檀君臣因这次战争的胜利而陶醉，于同年十一月复称凉王，大赦，改元嘉平，置百官，立夫人折掘氏为王后，世子武台（虎台）为太子，录尚书事，"左长史赵晁、右长史郭倖为尚书左、右仆射，镇北俱延为太尉，镇军敬归为司隶校尉，自余封署各有差"[3]。这样，坐守姑

1　关于这次战争所引资料，均见《晋书》卷一二六《秃发傉檀载记》、《晋书》卷一一八《姚兴载记下》，《资治通鉴》卷一一四，晋安帝义熙四年条等。

2　《资治通鉴》卷一一四，晋安帝义熙四年七月条。

3　《晋书》卷一二六《秃发傉檀载记》。据《资治通鉴》卷一一四，晋安帝义熙四年十一月条胡注："武台，本名虎台，唐人作晋书，避唐祖讳，改'虎'为'武'，通鉴因之。"

臧的南凉复称王建号，四面树敌，遂成为四周邻国攻击之目标。

南凉嘉平二年（409）二月，因后秦的衰弱，原西秦乞伏炽磐克枹罕，遣人告乾归，乾归即从后秦逃还苑川。七月，乾归复国，号秦王，改元更始。在西秦复国的最初几年里，因为忙于巩固内部和扩展地盘，还无力与南凉争雄，但它的强大无疑对南凉是一个巨大的威胁。南凉对复国的西秦没有采取任何积极的对策，而是不顾国内的经济实力，不断与西边的北凉争战，把国家的强盛寄托在对邻国的掠夺之上。大约在此年底，傉檀即遣左将军枯木、驸马都尉胡康击北凉，掠临松人千余户而还。蒙逊大怒，率骑五千至显美方亭，破属南凉的河西鲜卑车盖部，徙数千户而去。[1]

嘉平三年（410）初，傉檀又遣太尉俱延率军击蒙逊，大败而还。三月，傉檀不听左仆射赵晁及太史令景保的劝谏，率骑五万击蒙逊，双方大战于穷泉（在昌松郡西），结果被蒙逊打得大败，单骑奔还。蒙逊进围姑臧，城内外百姓鉴于前年后秦军围姑臧，王钟等五千人悉被杀的教训，皆惊散，各族人众万余户降蒙逊，其中

---

1 《晋书》卷一二六《秃发傉檀载记》。按《资治通鉴》卷一一五，晋安帝义熙六年三月条记："初，南凉王傉檀遣左将军枯木等伐沮渠蒙逊……"据此知此事大约发生在义熙五年末六年初。

包括属河西鲜卑的叠掘、麦田、车盖等部。[1] 傉檀惧，遣使请和，蒙逊要求人质，傉檀遣司隶校尉敬归及子秃发他为质，蒙逊许之。后敬归逃还，秃发他为追兵所执，蒙逊徙南凉八千余户而归。[2] 接着，南凉祸不单行，国内又发生叛乱：傉檀右卫将军折掘奇镇据石驴山（今青海西宁北川西北）以叛。[3] 傉檀外惧蒙逊所逼，内虑奇镇克洪池岭南，于是从姑臧迁回乐都，留大司农成公绪守姑臧。傉檀一离姑臧，城内焦谌、王侯等即闭城反，收合三千余户，保姑臧南城。推焦朗为大都督、龙骧将军，谌为凉州刺史，降于北凉。而此时镇军将军敬归击奇镇于石驴山，战败而死。[4] 自南凉弘昌五年（406）傉檀据有姑臧，并以为国都，仅隔五年，就因北凉的进攻和内部变乱而放弃姑臧，复都乐都。

嘉平四年（411）二月，北凉沮渠蒙逊攻姑臧之焦朗，拔其城，执朗而释之，以弟沮渠挐为秦州刺史，镇姑臧。[5] 接着，蒙逊即以克姑臧之威，进攻乐都。傉檀遣安北将军段苟、左将军云连乘虚出番禾袭北凉军后，徙

---

1 《晋书》卷一二六《秃发傉檀载记》。

2 《晋书》卷一二六《秃发傉檀载记》。

3 《晋书》卷一二六《秃发傉檀载记》。

4 《晋书》卷一二六《秃发傉檀载记》。

5 《晋书》卷一二九《沮渠蒙逊载记》；《资治通鉴》卷一一六，晋安帝义熙七年二月条。

三千余家于西平。蒙逊围乐都三旬不克，遣使至城内，说若以宠子为质，即退兵。傉檀不愿，但在群臣的固请下，方以子安周为质，蒙逊始退兵。[1]这时，南凉南边的吐谷浑树洛干部的势力有所发展，树洛干乘北凉围乐都之际，率众进攻南凉浇河郡地，傉檀遣太子武台拒战，为树洛干击败，浇河之地旋为吐谷浑所夺取。[2]

傉檀连遭失败，但并不吸取教训，仍欲集大军进攻北凉，邯川（今青海尖扎附近）护军孟恺竭力劝谏，不听。于是，分军五道俱进，至番禾、苕藿（今甘肃永昌附近），掠五千余户。将军屈右对傉檀说："陛下转战千里，前无完阵，徙户资财，盈溢衢路，宜倍道旋师，早度峻险。蒙逊善于用兵，士众习战，若轻军卒至，出吾虑表，大敌外逼，徙户内攻，危之道也。"傉檀听不进屈右的劝告，却轻信卫尉伊力延所谓"若倍道旋师，必捐弃资财，示人以弱"的意见，结果为蒙逊追兵所及，时昏雾风雨，傉檀大败而还。蒙逊再次围攻乐都，傉檀以子染干为质，蒙逊乃率军返。[3]

---

1 《资治通鉴》卷一一六，晋安帝义熙七年二月条。

2 《晋书》卷一二六《秃发傉檀载记》内仅云武台为树洛干所败，从同书《乞伏炽磐载记》记后二年（413）西秦破树洛干于浇河看，此役树洛干败武台后，即取南凉之浇河。

3 《晋书》卷一二六《秃发傉檀载记》；又《太平御览》卷三二六引《十六国春秋》"屈右"作"窟古"。

　　这时，日益强盛的西秦乞伏氏逐渐占据了陇西地区，也开始向南凉进攻。同年七月，河南王乞伏乾归遣子炽磐及中军将军审虔进攻南凉。八月，炽磐率军从金城渡过黄河，与南凉太子武台逆战于洪池岭南，南凉兵败，炽磐掠牛马十余万而还。[1]至嘉平五年（412）四月，乞伏炽磐又攻破南凉三河太守吴阴于白土（今青海循化），以乞伏出累代之。[2]六月，西秦发生变乱，乾归为其兄子乞伏公府所杀，炽磐追杀公府，于八月自称河南王，稳定了局势。至此，南凉西北的北凉、东边的西秦和南边的吐谷浑，先后夺取南凉武威、番禾、武兴、西郡、昌松、三河、兴晋（治枹罕）、浇河等郡地，南凉仅余湟水流域的西平、乐都、湟河、晋兴、广武五郡之地，艰难地挣扎着。

　　到嘉平六年（413），衰弱的南凉政权仍然兴师动众，力图解除来自西北方的北凉的侵逼。年初，傉檀遣安西将军纥勃耀兵西境。蒙逊率军进至西平，徙户掠牛羊而还。[3]此时，傉檀弟、湟河太守文支日益腐化，不恤政事，邯川护军孟恺上表诉之，傉檀召文支责训，于是

1　《资治通鉴》卷一一六，晋安帝义熙七、八年条。

2　同上所引。

3　此事仅见《晋书》卷一二六《秃发傉檀载记》，但未记时间，按其所记推算，此事当发生在嘉平六年初。

文支有叛离之心。接着，邯川人卫章等欲谋杀护军孟恺，投西秦。后孟恺杀卫章等四十余人，文支亦遣将军匹珍赴援邯川，西秦军见匹珍军至，旋引去。[1]四月，傉檀又率军攻北凉，蒙逊败之于若厚坞（在乐都附近），再败之若凉，乘胜第三次围乐都，攻二旬，不克。此时，南凉湟河太守文支及护军成宜侯等率众降蒙逊，蒙逊封文支为镇东大将军、广武太守、振武侯，成宜侯为振威将军、湟川太守，以殿中将军王建为湟河太守，[2]徙五千余户于姑臧。接着，蒙逊又攻围乐都，傉檀以其弟太尉俱延为质，蒙逊乃退。[3]北凉取湟河郡后，南凉的国土被强邻分割，仅余下西平、乐都二郡及晋兴、广武部分地区，面临着灭亡的危险。

二　南凉的灭亡及其原因

南凉嘉平七年（414）四月，仅保有湟水流域一隅之地的南凉，面临着"连年不收，上下饥弊，南逼炽磐，北迫蒙逊，百姓骚动，下不安业"的困境。[4]适逢聚居青海湖一带的乙弗、契汗等部叛南凉，傉檀即欲击乙

1　《晋书》卷一二六《秃发傉檀载记》。

2　《晋书》卷一二六《秃发傉檀载记》。

3　《晋书》卷一二六《秃发傉檀载记》。

4　《晋书》卷一二六《秃发傉檀载记》孟恺对傉檀语。

弗、契汗等部，掠牲畜以解国内饥馑。孟恺劝谏说："今远征虽克，后患必深，不如结盟炽磐，通籴济难，慰喻杂部，以广军资，畜力缮兵，相时而动。"傉檀不听，谓太子武台说："今不种多年，内外俱窘，事宜西行，以拯此弊。蒙逊近去，不能卒来，旦夕所虑，唯在炽磐。彼名微众寡，易以讨御，吾不过一月，自足周旋。汝谨守乐都，无使失坠。"傉檀虽然也认识到远征乙弗，"旦夕所虑，唯有炽磐"，然而他却过低地估计了西秦的实力，所以执意要行。他率骑七千袭乙弗，大破其部，获马牛羊四十余万。就在这时，炽磐果然率骑二万乘虚袭乐都。武台凭城固守，炽磐四面围攻。

乐都城内，抚军从事中郎尉肃向武台建议："今外城广大，难以固守，宜聚国人（指秃发氏部族）于内城，肃等率诸晋人（指汉人）距战于外，如或不捷，犹有万全。"武台说："小贼（指炽磐）蕞尔，旦夕当走，卿何虑之过也。"武台既有这种轻敌的思想，又害怕晋人有二心，乃召汉族豪望有勇谋者闭于内城，其中甚至包括忠于南凉的邯川护军孟恺在内。孟恺哭着向武台说："炽磐不道，人神同愤。恺等进则荷恩重迁，退顾妻子之累，岂有二乎！今事已急矣，人思自效，有何猜邪？"武台不听，结果只一旬城即溃，乐都以西至西平诸城皆降于炽磐。炽磐又遣平远将军犍虔率五千骑追傉檀，徙武台及其文武、百姓万余户于枹罕。[1]

六月，南凉安西将军樊尼（乌孤子）从西平逃奔傉檀。傉檀自知无力回救乐都，只好对部众说："今乐都为炽磐所陷，男夫尽杀，妇女赏军，虽欲归还，无所赴也。卿等能与吾藉乙弗之资，取契汗以赎妻子者，是所望也。不尔，归炽磐便为奴仆矣，岂忍见妻子在他（人）怀抱中！"遂率军而西，途中部众多逃散。傉檀遣镇北将军段苟追逃众，苟去而不返。于是将士皆散，唯余樊尼及中军将军纥勃、后军将军洛肱、散骑侍郎阴利鹿等人。傉檀在众叛亲离的情况下，叹息道："蒙逊、炽磐昔皆委质于吾，今而归之，不亦鄙哉！四海之广，匹夫无所容其身，何其痛也！蒙逊与吾名齐年比，炽磐姻好少年，俱其所忌，势皆不济。与其聚而同死，不如分而或全。樊尼长兄之子，宗部所寄，吾众在北者户垂一万，蒙逊方招怀遐迩，存亡继绝，汝其西也。纥勃、洛肱亦与尼俱。吾年老矣，所适不容，宁见妻子而死。"此时，傉檀把希望寄托在樊尼身上，要他领纥勃、洛肱西降蒙逊，自己则降西秦。时跟随傉檀者，仅阴利鹿一人。傉檀至西平，炽磐遣使郊迎，待以上宾之礼。[2]

1　以上均见《晋书》卷一二六《秃发傉檀载记》、《晋书》卷一二五《乞伏炽磐载记》等。

2　以上均见《晋书》卷一二六《秃发傉檀载记》等。

　　乐都城溃后，南凉诸城皆降于西秦，唯浩亹城守将尉贤政固守不下。炽磐采取各种方式，甚至叫武台以手书招降，也无济于事。后尉贤政闻傉檀降，已至左南（今青海循化），才降。七月，炽磐以傉檀为骠骑大将军，封左南公，年底，即为炽磐所毒杀，时年五十一岁，在位十三年。其子武台，后也为炽磐所杀。[1]现青海西宁城西杨家寨还留存传为秃发傉檀出兵誓师处，取其子虎台为名，台九层，高九丈八尺（见图二）。[2]

图二　青海西宁虎台遗址

（摘自芈一之主编《黄河上游地区历史与文物》图版16）

1　《晋书》卷一二六《秃发傉檀载记》等。

2　见芈一之主编《黄河上游地区历史与文物》，重庆出版社，1995，第170页。

南凉自秃发乌孤于公元 397 年建国，至 414 年灭于西秦，共历三主，十八年。其中傉檀在位就有十三年，其兄利鹿孤在位的三年中，军国大事皆委之于傉檀，所以傉檀主南凉军政至少十五年，南凉政权的兴衰与傉檀的关系至为密切。

综观秃发傉檀一生的政绩，我们认为他在十六国时还是一个比较杰出的人物，前引《晋书》撰者的评价，是比较公允的。史称他"少机警，有才略"，"论六国纵横之规，三家战争之略，远言天命废兴，近陈人事成败，机变无穷，辞致清辩"，以致使后秦使臣韦宗发出了"命世大才、经纶名教者，不必华宗夏士"的感慨。这一切都说明傉檀的汉族文化修养之深。他能够网罗和重用汉族俊杰之士，思贤如渴，这在十六国各少数民族所建政权中，是十分突出的。如《晋书·秃发傉檀载记》所记，他对姜纪、孟祎、宗敞等汉族俊杰之士的态度，就是明证。《晋书》撰者称赞他"武略雄图，比踪前烈"，虽有些过誉，但从其制定的对内、对外的政策及历经的战役来看，确可以算是十六国时一个较杰出的人物。

南凉建国后，主要活动的地区在湟水流域，这里与陇西、河西走廊比较起来，经济和文化发展水平较为落后。以后，南凉虽取得姑臧等地，可是当时凉州武威等郡也因后凉的覆亡而凋弊。傉檀即位后，以湟水流域为基地，利用邻国之间的矛盾，采取较为正确的策略，"摧吕氏算无遗策，取姑臧兵不血刃"，[1] 显示了他的政治才能。在军事上，傉檀亲自指挥的战役很多，除后期与夏国的阳武之战，与北凉的均石、穷泉之战失败之外，其余战役皆胜。特别是对后凉吕隆及后秦姚弼之战，表现了他的军事才干。历史上任何伟大的军事家都不是常胜将军，总有失误之处。傉檀因轻敌和不接受臣下正确的意见，多次遭到失败，这固然与他本人有关，也与南凉后期力量衰弱，后方不稳有关。胡三省抓住傉檀"礼贤下士"后出现的乾归父子、姜纪等的反叛，以及多次战役的失败，说"傉檀之才辩，内足以欺其父兄，外足以欺敌人之觇国者，而卒以败亡者，轻用兵也"[2]。这种全盘否定傉檀的说法，是有失公允的。

过去封建史家均一致指出：南凉傉檀由盛转衰，以致最后丧身亡国，是由于他"穷兵以逞其心，纵慝自怡其弊"，是"轻用兵"之过。《晋书》卷九五《艺术·昙霍传》还记载一则故事，云沙门昙霍曾对傉檀讲："若能安坐无为，则天下可定，祚胤克昌。如其穷兵好杀，祸

---

1 见《晋书》卷一二六《秃发傉檀载记》附史臣言。

2 《资治通鉴》卷一一四，晋安帝义熙四年五月条胡注。

将及己。"傉檀不从，以致亡国丧身。总之，封建史家皆把南凉的衰亡原因，归结为傉檀的"穷兵黩武"。从表面上看，这种说法似有一定道理，但实际上并不完全正确。因为南凉的邻国北凉、西秦同南凉一样，也是连年征战，不亚于穷兵黩武的南凉，可是它们的政权为什么能比同时的南凉长久得多呢？可见，南凉衰亡的主要原因并不在于傉檀的"穷兵黩武"。

那么，南凉衰亡的主要原因是什么呢？我们认为，在于南凉本身的社会制度，以及由此而产生的日益尖锐的阶级矛盾和民族矛盾。这些无法解决的矛盾又因南凉统治者对外的战争而更加尖锐，以致在南凉灭亡前几年，形成多年不种、连年不收、上下饥弊的危局。最后终于众叛亲离，迅速走向灭亡。

南凉建国后不久，利鹿孤采纳锸勿崘的建议，强迫晋人（汉族）在诸城内外进行农业生产，以供整个国家开支，而秃发部人则专从事征战，开疆拓土，以掠夺更多的人口，为其奴役。这样，南凉社会上形成了以秃发氏军事贵族为首的统治阶级和广大晋人及被役属的其他部落的被统治阶级，两者之间的矛盾，就构成了南凉社会的基本矛盾。这一矛盾既是阶级矛盾，也带有民族矛盾的性质，两者紧密地交织在一起。由于秃发氏贵族的连年征战，日益加重了对各族人民的压迫和剥削，必然引起他们的反抗。史籍所载姑臧城内屠各成七儿及汉族王钟、宋钟、王娥等先后反南凉就是最好的例证。秃发氏统治者对各族人民的反抗采取极为残酷的镇压手段，曾一次尽杀起义群众五千余人。以后，当蒙逊再次进攻姑臧时，城内外百姓鉴于秃发统治者的暴虐，皆惊散，最后使南凉统治者不得不退出了姑臧。南凉后期战争失败的主要原因也在于此。战争的失败，反过来又使南凉领土日削，人口减少，国内阶级矛盾和民族矛盾更加尖锐，于是南凉统治者又企图以战争去掠夺更多的人口，增加剥削的对象，这样就形成了恶性循环，一直到南凉灭亡为止。

除了社会制度本身决定南凉统治者要不断发动掠夺战争之外，当时河西的客观形势也迫使南凉不断进行战争。南凉占领姑臧之后，先后与北凉、夏、后秦、西秦等发生战争，除南凉为摆脱北凉侵逼，主动向北凉进攻而外，其余战争都是邻国统治者率先向南凉进攻，南凉即便不想打仗，也不可得。所以，把南凉衰亡的主要原因完全归于南凉统治者的"穷兵黩武"，是不够确当的。

三　南凉灭亡后秃发鲜卑的分散及汉化

南凉为西秦灭亡后，傉檀及其子武台等降西秦，原秃发氏部众大部分也当为西秦所统治。后傉檀、武台虽然先后为西秦所杀，但在西秦仍有不少的秃发氏部众，如后凉麟嘉四年（392），率二万户降乞伏乾归的秃发如苟，乾归以宗女妻之，[1]还有炽磐的王后秃发氏，西秦西平太守秃发赴单（乌孤子）[2]等。至西秦永弘元年（428），西秦为夏赫连定所灭，赫连定又为吐谷浑所亡，西秦领土大部分入于吐谷浑，以后又为北魏所占有。在陇西、河湟的乞伏鲜卑、秃发鲜卑最终与北魏拓跋鲜卑一起汉化了。至今在青海西宁还留存有秃发氏的后代。[3]

秃发鲜卑另一部分贵族和部民投归了河西的北凉。如前述的傉檀弟、南凉湟河太守文支，傉檀兄子樊尼等。傉檀子保周、破羌（即源贺），俱延子覆龙，利鹿孤孙副周，乌孤孙承钵等，在南凉亡后，亦皆奔北凉。后北凉亡于北魏，故在河西的秃发氏先后又归北魏统治。魏封保周为张掖王、覆龙为酒泉公、破羌为西平公、副周为永平公、承钵为昌松公。[4]其中破羌，魏太武帝因见之而赐姓名，曰源贺。《魏书》卷四一有《源贺传》，云太武帝谓"卿与朕源同，因事分姓，今可为源氏"。后源贺

1　《晋书》卷一二五《乞伏乾归载记》。

2　《资治通鉴》卷一一六，晋安帝义熙十年五月条。

3　见《南凉王墓——小圆山儿》，《青海日报》1983 年 6 月 14 日。

4　《资治通鉴》卷一一六，晋安帝义熙十年七月条。

从太武帝击灭北凉，有功进号西平公，拥戴文成帝拓跋濬即位，进爵西平王，死后"赠侍中、太尉、陇西王印授"。源氏一族在北魏十分显赫，其族也随拓跋鲜卑贵族一起汉化了。全唐代，源贺的后代源乾曜曾相玄宗，[1]此时的源氏已与汉族官僚没有丝毫差别了。源贺一族的汉化过程，也代表了一般先投北凉、西秦，后又归北魏的秃发氏贵族汉化的情况。

此外，在中国史籍上还有两种关于秃发氏下落的说法。

一是《新唐书·吐蕃传上》在记吐蕃来源时，说："或曰南凉秃发利鹿孤之后，二子，曰樊尼，曰傉檀。傉檀嗣，为乞佛（伏）炽磐所灭。樊尼挈残部臣沮渠蒙逊，以为临松太守。蒙逊灭，樊尼率兵西济河，逾积石，遂抚有群羌云。"依此说，中国西南西藏高原上的藏族，或藏族历史上的吐蕃王族，原是由秃发樊尼率众渡过黄河，逾积石山（大积石山），征服当地羌族，最后成为唐代的吐蕃。这仅是《新唐书》的编纂者所记吐蕃来源的一种传说。其实，编纂者自己也不同意这一说法。该书一开始就较为肯定地说："吐蕃本西羌属，盖百有五十种，散处河、湟、江、岷间；有发羌、唐旄等，然未始与中国

1 《新唐书》卷七五上《宰相世系表五上》源氏条。

通。居析支水西。祖曰鹘提勃悉野……蕃、发声近，故其子孙曰吐蕃，而姓勃窣野。"即是说，吐蕃源于西羌中的发羌、唐旄，这才是《新唐书》编纂者的看法。近现代中外有关的论著，多据《新唐书》，认为吐蕃源于发羌（发，读作 bō）。对于吐蕃源于秃发樊尼说，中外学者均不赞同，甚至根本没有提及。秃发樊尼在北凉亡后，有可能南奔青海一带的羌族之中，但不可能远到今西藏地区为王，形成为唐代的吐蕃。因为藏族在体型、语言、风俗习惯上皆与秃发鲜卑相异，这是显而易见的。[1] 之所以产生这种传说，可能是"秃发"与"吐蕃"的名称读音相近而附会的。如前所述，"秃发"即"拓跋"，鲜卑语，有鲜卑父胡母所生子的含义，而"吐蕃"，系藏语，即"大蕃"之意，蕃（bod）是藏人自称，与"秃发"毫无关系。

二是《新唐书·党项传》内云，党项"以姓别为部，一姓又分为小部落，大者万骑，小数千，不能相统，故有细封氏……拓拔氏，而拓拔最强"。目前，国内许多有关西夏和党项的论著中，认为党项中的"拓拔氏"，就是建立北魏的拓跋氏鲜卑。他们的论据之一，就是说与北魏拓跋氏同源的秃发樊尼，在北凉亡后，率部进入今青

1　关于藏族族源的问题，因不在本书讨论范围之内，故略而不论。

海、甘南一带的羌族聚居地，同化于羌，形成党项羌中的拓拔氏。关于党项拓拔氏是否源于鲜卑拓跋氏的问题，是近代中外学者争论不休的问题。如上所述，秃发樊尼后来进入羌族聚居之地是可能的，但其是否形成党项羌中的拓拔氏，则史籍中还未找到证明。党项拓拔氏后来建立西夏政权，自称自己祖先源于北魏拓跋氏，并未提到秃发樊尼之事。何况西夏统治者的这种说法，很可能是一种伪托，这在中国历史上是屡见不鲜的。[1]总之，迄今为止，尚无较为确凿的史籍可以证明党项拓拔氏源于北魏拓跋氏或南凉秃发氏，故此说难以成立。

1　关于党项拓拔氏的来源及族属问题，当另文论述，此不赘。

第五章
南凉的政治、经济和文化

一　南凉的政治制度

南凉政权是由塞外迁入河西地区的秃发鲜卑所建立，从秃发鲜卑在曹魏末年迁入河西，与汉、羌等族杂处，直到建立政权，共一百三十多年。在这一百多年的时间内，秃发部虽然保存了自己民族的共同体，没有被他族所融合、同化，但是他们仍终深受河西汉族文化的影响。南凉建国的地区在河西（主要是河湟地区），这里的居民自秦汉以来，主要是汉、羌等族，秃发氏要统治这些民族，以解决汉、羌等族先进的封建制度与本族落后的原始社会末期社会制度的矛盾，就必然逐渐采取与之相应的政权形式。这正如马克思所说："野蛮的征服者总是被那些他们所征服的民族的较高文明所征服，这是一条永恒的历史规律。"[1] 此外，

1　马克思:《不列颠在印度统治的未来结果》，载《马克思恩格斯选集》第二卷，人民出版社，1972，第70页。

南凉政权是从氏族吕氏所建后凉政权中分裂出来的，因此后凉以及西秦、后秦等政权的政治制度，也必然对它产生直接的影响。而这些政权基本上沿袭了汉魏以来汉族所建政权的形式。因此，南凉政权也基本上是一个汉化了的封建政权，其政治制度是承袭了汉魏以来的旧制，而略有损益。

在晋泰始年间，秃发树机能反晋，据有凉州之地，史籍未记其建立什么政权机构，仍然是鲜卑旧俗，称首领为"大人"，或译作"部帅"等。到4世纪90年代秃发乌孤时，采取"养民务农，循结邻好"的政策，接受后凉吕光封号，史籍称其部下为"将"或"帅"，有"左司马"（赵振）官号的出现，说明乌孤接受后凉"广武侯"的封爵，设置属吏长史、司马之属。后凉龙飞二年（397）乌孤正式建立政权，"自称大都督、大将军、大单于、西平王"。从这些称号看，基本上为汉魏以来的官号，唯其中"大单于"之号仍是匈奴最高首领的称号，说明在乌孤建立政权初，官制中还残留有北方少数民族政权的称号。可是，到了南凉后期，"大单于"之号不复见，而其政治制度也日趋完善。

清代缪荃孙曾撰《南凉百官表》（见《二十五史补编》），对南凉官制作了一番整理、排比的工作，但该表系按年代排列，不易窥其全貌，且有一些错误和遗漏之处。为了便于探讨南凉官制的渊源及全貌，下面我们根据史籍所载南凉职官的特点，分中枢、军事、地方三个方面，加以探讨。

（一）中枢之官

太尉　此官见于南凉后期，嘉平元年（408）傉檀以原镇北将军俱延（傉檀弟）为太尉。太尉，最早设置于秦、汉，魏、晋因之。《晋书》卷二四《职官志》云："太尉、司徒、司空，并古官也。自汉历魏，置以为三公。及晋受命，迄江左，其官相承不替。"主要掌四方之兵事。

录尚书事　利鹿孤曾于南凉建和二年（401）任弟傉檀为"都督中外诸军事、凉州牧、录尚书事"；南凉嘉平元年（408）傉檀以世子武台录尚书事。"录尚书，案汉武时，左右曹诸吏分平尚书奏事，知枢要者始领尚书事……录尚书事，位上公，在三公上，汉制遂以为常，每少帝立则置太傅录尚书事，犹古冢宰总己之义，蔑辄罢之。自魏晋以后，亦公卿权重者为之。"[1]

尚书左、右仆射　傉檀曾以赵晁为左仆射，郭倖为右仆射。仆射，秦始置，汉置一人，至汉献帝建安四年（199），始分置左、右仆射，魏、晋因之。晋仆射服秩印

1　《晋书》卷二四《职官志》。

绶与尚书令同，秩千石，假铜印墨绶。东汉尚书仆射为尚书令助手，职权渐重。[1]

尚书左丞 《晋书·秃发利鹿孤载记》记有"尚书左丞婆衍崘"。《晋书·职官志》云：尚书"左右丞，自汉武（应为'成'——作者）帝建始四年（前29）置尚书，而便置丞四人。及光武始减其二，唯置左右丞，左右丞盖自此始也。自此至晋不改。晋左丞主台内禁令，宗庙祠祀，朝仪礼制，选用署吏，急假（《御览》卷二一三引《晋书·百官表志注》作'给假'）"。

祠部郎中 南凉有"祠部郎中史暠"。按，祠部为魏晋以来尚书省列曹尚书之一。"祠部尚书常与右仆射通职，不恒置，以右仆射摄之，若右仆射阙，则以祠部尚书摄知右事。"[2] 郎中，在魏晋南北朝，为尚书曹司的长官。

以上从录尚书事至祠部郎中，是属汉魏以来中枢的尚书省（尚书台），史籍中虽然只见南凉有尚书省个别的职官，但《晋书·秃发傉檀载记》云傉檀密图姑臧，去年号，"罢尚书丞郎官"，可见南凉是置有汉魏以来尚书省职官的。

---

1 《晋书》卷二四《职官志》。
2 同上所引。

中散骑常侍　《资治通鉴》卷一一二记南凉有"中散骑常侍张融"。据《晋书·职官志》记："散骑常侍，本秦官也。……魏文帝黄初初，置散骑，合之于中常侍，同掌规谏，不典事，貂珰插右，骑而散从，至晋不改。"南凉中散骑常侍即魏晋之中常侍。

散骑侍郎　南凉有"散骑侍郎阴利鹿"。《晋书·职官志》云："散骑侍郎四人，魏初与散骑常侍同置。自魏至晋，散骑常侍、侍郎与侍中、黄门侍郎共平尚书奏事，江左乃罢。"

以上两员，属汉魏以来中枢的"门下省"职官，掌奏事，值侍左右，应对献替，主要官员是侍中。不见南凉有侍中之职，其是否设有门下省，则不得而知。

卫尉　南凉有"卫尉伊力延"[1]。《晋书·职官志》记："太常、光禄勋、卫尉、太仆、廷尉、大鸿胪、宗正、大司农、少府……皆为列卿，各置丞、功曹、主簿、五官等员"，"卫尉，统武库、公车、卫士、诸冶等令"。

大司农　南凉有"大司农成公绪"。据上引《晋书》，大司农为列卿之一，"统太仓、籍田、导官三令，襄国都水长，东西南北部护漕掾"，即主要是管理农业、水利、

1　缪荃孙《南凉百官表》作"卫尉将军伊力延"，误。因《晋书·秃发傉檀载记》明记为"卫尉伊力延"，卫尉为魏晋以来列卿之一，非杂号将军。

漕运的官员。

博士祭酒 南凉建和二年（401）利鹿孤从祠部郎中史暠之请，"以田玄冲、赵诞为博士祭酒，以教胄子"。《晋书·职官志》记："晋初承魏制，置博士十九人。及咸宁四年（278），武帝初立国子学，定置国子祭酒、博士各一人，助教十五人，以教生徒。"而南凉所置博士祭酒，可能系仿晋初"国子祭酒、博士"之职官，并称为博士祭酒，掌职同。

国纪祭酒 前引《史通·史官篇》云："南凉主乌孤初定霸基，欲造国纪，以其参军郭韶为国纪祭酒，使撰录时事。"按晋以前历代史官之名，如秦汉时的"太史"或"太史公（令）"，东汉时的"兰台令史"，魏晋时的"著作郎""秘书监著作郎"等，均无"国纪祭酒"之名。此名乃南凉所始置。[1]

太史令 南凉嘉平三年（410）傉檀欲征北凉，有"太史令景保"用天文星象劝谏，傉檀不听，结果大败而还，后封景保为安亭侯。[2]按太史令一职，秦汉均置，主要是编写史书的史官。魏晋以后，以编写史书之任专属"著作郎"，太史令则专掌历法、天文。南凉太史令当同

1　见《史通》卷一一《吏官建置》。
2　《晋书》卷一二六《秃发傉檀载记》。

魏晋同名官职之掌职。

记室监　南凉有"记室监麹梁明"。《晋书·职官志》载："诸公及开府位从公加兵者，增置司马一人，秩千石；从事中郎二人，秩比千石；主簿，记室督各一人。"疑南凉初期的记室监，即仿魏晋位至主公等下所置之"记室督"。

军谘祭酒、辅国司马　傉檀取姑臧后，仍臣属后秦，阳武败后，姑臧城内有军谘祭酒梁衷、辅国司马边宪之乱。时傉檀被后秦封为"使持节、都督河右诸军事、车骑大将军、领护匈奴中郎将、凉州刺史，常侍、公如故"。如此，则上引《晋书·职官志》所云诸公及开府领兵加兵者，增置有司马、祭酒等员，南凉军谘祭酒、辅国司马当为时傉檀下属官。

太府主簿、录记室事　傉檀取姑臧后，以宗敞为"太府主簿、录记室事"。按《周礼》："太府掌九贡九赋九功之贰，以受其货贿之人，颁其货于受藏之府，颁其贿于受用之府。凡官府都鄙之吏及执事者，受财用焉。"《唐六典》卷二〇太府寺卿职曰："秦汉已下，不置其官，其职并于司农少府。梁天监七年，始置太府卿，掌金帛府帑。"太府有主簿，《通典》卷二六太府卿条云："主簿，亦周官太府下士之任，自后无闻。梁置一人，陈因之，后魏亦然，隋置四人，大唐因之，减一人。"则南凉宗敞所任太府主簿当源于周官。所谓"录记室事"，当为总领公下"记室督"；录，即总领之意。

西曹从事 南凉有"西曹从事史暠"。《晋书·职官志》云："诸公及开府位从公者……置长史一人，秩一千石；西东阁祭酒、西东曹掾、户仓贼曹令史属各一人……西曹称右西曹，其左西曹令史已下人数如旧令。"而"从事"是汉以后王公及州郡长的属僚。故疑南凉西曹从事为时称王、公的秃发氏之属吏。

参军 南凉有参军郭韶、关尚。按，参军一职范围极广，东汉末曹操以丞相总揽朝政，僚属往往用"参丞相军事"的名义办事。以后诸王、公、将军开府者皆置参军。《晋书·职官志》亦云："诸公及开府位从公为持节都督，增参军为六人。"郭韶、关尚当为南凉利鹿孤及傉檀之参军。

左司马 南凉此号较多，见于记载的有左司马赵振、杨桓、孟祎等。此三人均为南凉统治者推崇的汉族豪门俊杰之士。按司马一职，西周始设，后代沿用，但地位高低、掌职大小，均有不同。魏晋至宋，司马为军府之官，在将军之下，综管军府，参与军事谋划之事。上述南凉三个参军，性质同此。

左、右长史 南凉嘉平元年（408）傉檀复称凉王，以"左长史赵晁、右长史郭倖为尚书左右仆射"[1]。按长史原为秦官,汉魏以后因之。晋诸公及开府位从公者,皆置长史,边郡亦置。南凉上述左右长史为傉檀任后秦"车骑大将军、广武公"时所署,为其辅佐。傉檀复称凉王后,即改封为左右仆射。

宾客 南凉曾封杨轨为宾客。按宾客一职在唐以前未见,[2]或云唐时始置,全称为"太子宾客",是太子属官中之最高级者。南凉此时未立太子,所设宾客一职当为参赞军务一类的闲职。杨轨原为后凉后将军,降南凉后仅为宾客,故引起他的不满,后叛,被杀。

以上为史籍中所见南凉中枢之官,官名共二十三个,牵涉人物共二十四人。其中属秃发氏王族三人(俱延、傉檀、虎台)、汉族十八人(赵晁、郭倖、史暠、张融、阴利鹿、成公绪、田玄冲、赵诞、郭韶、景保、麹梁明、梁裒、边宪、宗敞、关尚、赵振、杨桓、孟祎)、氐族一人(杨轨)、不明族属二人(婆衍崘、伊力延)。

---

1 《南凉百官表》作"左司马赵晁、右司马郭倖",误。
2 《太平御览》卷二四五引《汉书》曰:"高祖欲废太子,吕后用张良计,致商山四皓以为宾客。又孝武帝为太子立博望苑以通宾客,则其义也。"查《汉书》卷四〇《张良传》只云吕后从良计,请来商山四皓,"以为客",未云是"宾客"。但宾客之义,似即由此来。

（二）军事之官

南凉自建国始，即是以秃发部人（即"国人"）为主，组成军队，四处征战，虏掠人口，以增加服役纳贡之人民。因此，南凉政权内军事之官掌握着军国大权，而且多以秃发氏任之。其军事之官见于史籍的有：

骠骑将军、骠骑大将军 乌孤建立政权时，以弟利鹿孤为骠骑将军；后又改封骠骑大将军、西平公，镇安夷。按《通典》卷三四骠骑将军条云："汉武帝元狩二年（前121）始用霍去病为骠骑将军，定令令骠骑将军秩禄与大将军等。光武中兴，以景丹为骠骑大将军，位在三公下。明帝初即位，以弟东平王苍有贤才，以为骠骑将军，以王故位在公上……魏、晋、齐并有之。"

车骑将军、车骑大将军 乌孤建立政权时，以弟傉檀为车骑将军；后又改为车骑大将军、广武公，镇西平。《通典》卷二九车骑将军条云："汉文帝元年（前179）始用薄昭为车骑将军……和帝即位，以舅窦宪为车骑将军，征匈奴，始赐金紫，次司空。"晋时，骠骑、车骑大将军，"开府者皆为位从公"[1]。

左将军 史籍中见南凉此官有二：左将军枯木、云

---

1 《晋书》卷二四《职官志》。

连。《通典》卷二九前后左右将军条云："前后左右将军，皆周末官，秦因之，位上卿，金印紫绶。汉不常置，或有前后，或有左右，皆掌兵及四夷……魏以来复置。晋武初，又置前军、左军、右军，泰始八年（272）又置后军，是为四军。"

前军将军、后军将军 南凉有前军将军伊力延侯（即前卫尉伊力延），后军将军洛肱。此二员将军系晋初置，为"四军"将军的一部分，说见前。

镇军将军 南凉有"镇军将军敬归"。《通典》卷三四镇军大将军条云："镇军大将军，魏置，文帝以陈群为之。晋则杨骏、胡奋并领镇军将军。"

中军将军 南凉有中军将军纥勃。《宋书》卷三九《百官志上》云："中军将军，一人。汉武帝以公孙敖为之，时为杂号。""中、镇、抚三号比四镇。"南凉中军将军，非杂号，应比"四镇"将军。

右卫将军 南凉有右卫将军折掘奇镇。《晋书·职官志》云："左右卫将军，案文帝初置中卫及卫，武帝受命，分为左右卫，以羊琇为左，赵序为右。"

"四镇"将军 南凉仅见有镇南将军文支和镇北将军俱延、段苟。按，镇东、镇南、镇西、镇北四将军，为"四镇"，始于东汉末，魏晋因之。魏"四镇"为第二品，仅次于"四征"将军。

"四安"将军　南凉有安西将军纥勃、樊尼，安北将军段苟。《宋书·百官志上》云："安东将军，一人。后汉末，陶谦为之。安南将军，一人。安西将军，一人。后汉末，段煨为之。安北将军，一人。鱼豢曰：'镇北、四安，魏黄初、太和中置。'"

"四平"将军　南凉有平西将军浑屯。按四平（平东、平南、平西、平北）将军，"魏世置"[1]。

护军将军　南凉有"护军成宜侯"，应即护军将军成宜侯。《晋书·职官志》云："护军将军，案本秦护军都尉官也。汉因之，高祖以陈平为护军中尉，武帝复以为护军都尉，属大司马。……魏初，因置护军将军，主武官选，隶领军，晋世则不隶也。"

抚军从事中郎　南凉有抚军从事中郎尉肃。按中郎即中郎将之省称，秦置，为近侍之官。晋至南北朝又有"从事中郎"，为将帅的幕僚。南凉此官，可能系抚军将军属下之幕僚。

安国将军、凌江将军、材官将军　史籍所见，南凉还有一些"杂号将军"，如安国将军锸勿嵛、凌江将军郭祖、材官将军宋益及将军屈右等。按《晋书·职官志》云："四征兴于汉代，四安起于魏初，四

1　《宋书》卷三九《百官上》。

镇通于柔远，四平止于丧乱，其渡辽、凌江、轻车、强弩，式扬遐外，用表攻伐，兴而复毁，厥号弥繁。"《通典》卷二九杂号将军注云："历代杂号将军凡有数百，不可俱载。"

驸马都尉 南凉有驸马都尉胡康。《晋书·职官志》云："武帝亦以宗室、外戚为奉车、驸马、骑三都尉而奉朝请焉。元帝为晋王，以参军为奉车都尉，掾属为驸马都尉，行参军舍人为骑都尉，皆奉朝请。后罢奉车、骑二都尉，唯留驸马都尉奉朝请。诸尚公主者刘惔、桓温皆为之。"南凉驸马都尉，因晋制而来，胡康当为尚公主之驸马，胡人。

殿中都尉、殿中骑将 南凉弘昌六年（407）姑臧屠各成七儿反，有殿中都尉张猛及殿中骑将白路镇压事。按都尉一职，战国始置，西汉沿用，设有关都尉，如农都尉、属国都尉，后又改都尉为郡尉，掌一郡之军事，又与各种专职都尉并存。南凉殿中都尉及殿中骑将，则专为保卫王室而设，故称殿中都尉，仿汉制而来。

南中郎将 《太平御览》卷一二六引《十六国春秋·南凉录》云：嘉平"二年正月，以子明德归为南中郎将，领昌松太守"。按东、南、西、北"四中郎将，并后汉置，历魏及晋，并有其职，江左弥重"[1]。史籍中仅见南凉有南中郎将，其余三中郎将阙载。

除上述军事之官外，还有一些史籍仅称为"将"者，计有纷陁、石真若留、石奕干、苻浑、金树、苏（薛）翘、贺连、匹珍、尉贤政等。另有降南凉的后凉、北凉的将军，如后凉建武将军李鸾、魏安焦朗，北凉沮渠男成弟富占、将军俱偢等，南凉对他们如何处置，封何官爵，因史籍阙载，不得而知。

综上所述，南凉军事之官，较中枢之官完整和庞大，这与南凉政权军事掠夺的性质是相适应的。可考的军事之官官号（不包括仅称为"将"者）共二十四个，供职官员（重名只记一个）共二十四人。其中秃发氏王族六人（利鹿孤、傉檀、俱延、文支、樊尼、明德归），与秃发氏联姻的外戚二人（胡康、折掘奇镇），从姓氏上可断为少数民族首领的有八人（洛肱、纥勃、伊力延侯、枯木、云连、成宜侯、输勿嵛、浑屯），汉族八人（敬归、郭祖、宋益、段苟、张猛、屈右、尉肃、白路）。而秃发氏王族皆任高级军事职务，汉族仅为中低级官吏，说明南凉的军事大权一直掌握在秃发氏王族手中。

---

1 《晋书》卷二四《职官志》。

（三）地方之官

司隶校尉　南凉曾以镇军将军敬归为司隶校尉。《晋书·职官志》云：“司隶校尉，案汉武初置十三州，刺史各一人，又置司隶校尉，察三辅、三河、弘农七郡，历汉东京及魏晋，其官不替。”南凉司隶校尉可能系视察姑臧周围武威等郡之官员，仿汉魏司隶校尉而置。

凉州牧　南凉太初三年（399）乌孤曾以利鹿孤为凉州牧，镇西平。利鹿孤即位后，又以弟傉檀为都督中外诸军事、凉州牧、录尚书事。据《通典》卷三二州牧刺史条云：“秦置监察御史……（汉）文帝十三年（前167）以御史不奉法，下失其职，乃遣丞相史出刺并督监察御史。武帝元封元年（前110），御史止不复监。至五年，乃置部刺史，掌奉诏六条察州，凡十二州焉……哀帝建平二年（前5），复为刺史……元寿二年（前1），复为牧……魏、晋为刺史，任重者为使持节都督，轻者为持节，皆铜印墨绶……”南凉仅有凉州一地，设牧，加“都督”，盖仿魏晋制也。

郡太守、内史　太守为州一级以下地方行政“郡”之长官。《宋书·百官志下》云：“郡守，秦官。秦灭诸侯，随以其地为郡，置守、丞、尉各一人。守治民，丞佐之……汉景帝中（元）二年（前148），更名守曰太守，尉为都尉。"又"三国时有郡守、国相、内史……晋宋守、相、内史，并银章青绶，进贤两梁冠"。[1]南凉所见郡太守、内史有晋兴太守阴训，西郡太守杨统，昌松太守苏霸、明德归，三河太守吴阴，湟河太守文支，湟河、浇河太守张兴宗，[2]西平内史田玄明等。还有一些原为后凉郡太守降南凉者，如乐都太守田瑶、湟河太守张稠、浇河太守王稚等，不知南凉统治者是否保留了他们的郡太守之职？另有秃发氏王族分镇各地，无具体名号，如南凉太初三年（399），利鹿孤即位后，以叔父素渥镇湟河、若留镇浇河，从弟替引镇岭南、洛回镇廉川，从叔吐若真镇浩亹等，内可能有任太守者。

邯川护军 南凉也有护军制，有邯川护军孟恺。此护军与上述护军将军异，是魏晋以来一种领护少数民族杂居地区的军事长官，掌郡、县一方军事及行政，而废郡县官吏。如此制始于曹魏时所设的安夷、抚夷二护军，十六国许多政权都设有这种机构，前凉就曾置武卫（街）、石门、侯和、漒川、甘松五部护军。[3]南凉邯川护军同此。

自秦汉以来，郡一级下设县，有县令或宰。南凉郡

---

1 《通典》卷三三《职官十五》，郡太守条。
2 见《张猛龙碑》，内"湟河"作"黄河"，"浇"作"饶"，误。
3 《晋书》卷八六《张轨传》。

下是否设县，未见记载。

以上是南凉地方一级的建置与职官，见于记载的有十个，共十二人。其中秃发氏王族四人（利鹿孤、傉檀、文支、明德归），汉族八人（敬归、阴训[1]、杨统、苏霸、吴阴、张兴宗、田玄明、孟恺）。作为地方最高级的州牧为秃发氏，而郡太守、护军一级则绝大多数为当时河西豪族或俊杰之士。由此可知，南凉政权与河西汉族豪门的结合情况，在郡一级官吏中，汉族豪族占了很大的比例。

还值得一提的是，南凉自乌孤建国始，即采取了汉魏以来内地汉族政权建立年号的制度。南凉共建四个年号：乌孤太初（397～399），凡三年；利鹿孤建和（400～402），凡三年；傉檀弘昌（402～404），凡三年；嘉平（408～414），凡七年。其间弘昌三年二月，傉檀为密图姑臧，去年号，降后秦，至后于东晋义熙四年十一月复年号，曰嘉平。

通过上述对南凉官制的分析，可得出南凉政治制度的第一个特点，即南凉的政权机构和职官，基本上与汉魏以来汉族所建封建政权相合，而略有损益，说明南

---

1 《古今姓氏书辩证》卷一九阴氏条云："南凉散骑常侍阴利鹿……又阴驯（应作训），乌孤以为西州之德望，擢为股肱。"阴训，亦当为阴氏一族。

凉政权是一个基本上汉化了的封建政权。这个汉化了的封建政权又有自己的特性。如南凉政权机构虽仿照魏晋以来汉族封建机构而设，但并不完全照搬，而是根据自己的国情有选择地设置。其中枢之官有三公中的太尉及尚书省、门下省、列卿的官职，但就是没有汉魏以来的御史台，即主管刑狱部门的职官，说明南凉政权对法律、刑狱这方面是较为忽视的。这与秃发鲜卑部直接由部落联盟进入封建社会，仍带有原始落后的生产方式有关。又如南凉军事之官，较为完整和突出，这与南凉崇尚武力、经常掠夺土地和人口有关，也是秃发部原来落后的军事民主制的残余。其州郡一级地方之官，郡太守以上往往还有秃发氏在地方上坐镇，以统各郡军政。前述利鹿孤即位后，即以其叔、兄弟等镇守各个重要的地区。

南凉政治制度的第二个特点，就是它大量吸收了河陇等地的汉族豪族和俊杰之士参与政权，并委以各级官职。因为南凉政权要在河湟等地存在下去，作为统治者的秃发氏就必然大力吸取历代汉族统治者统治河湟广大汉、羌等族的经验，与当地汉族豪门士族相结合。反映在南凉政权中，汉族豪门及俊杰之士做官为吏者不少，特别是在中枢、地方之官中，汉族官吏占一半以上。《晋书》秃发乌孤、傉檀载记中，明确记载了两批汉族豪右望族及俊杰之士参加了南凉政权：一是南凉太初三年乌孤迁都乐都后，时有：

> 金石生、时连珍，四夷之豪隽；阴训、郭倖，西州之德望；杨统、杨贞、卫殷、麹丞明、郭黄、郭奋、史暠、鹿嵩，文武之秀杰；梁昶、韩疋、张昶、郭韶，中州之才令；金树、薛（苏）翘、赵振、王忠、赵晁、苏霸，秦雍之世门，皆内居显位，外宰郡县。官方授才，咸得其所。

一是南凉傉檀取姑臧后，宗敞向傉檀推荐了一批汉族豪族和俊杰之士，有：

> 段懿、孟祎，武威之宿望；辛晁、彭敏，秦陇之冠冕；裴敏、马辅，中州之令族；张昶，凉国之旧胤；张穆、边宪、文齐、杨班、梁崧、赵昌，武同飞、羽。

两批人士共三十四人（内张昶重复），除金石生、时连珍为"四夷之豪隽"，即少数民族外，其余三十二人均为汉族（见表一）。

表一　南凉汉族豪门及俊杰之士任职情况

人名	族属	籍贯	在南凉任职	事迹	资料出处
金石生	胡人			原为后凉将，后降南凉。	《晋书·吕光载记》
时连珍	胡人				
阴训	汉	西州望族	晋兴太守	公元400年曾驰告利鹿孤：乾归与南羌勾结，阴谋反叛。	《资治通鉴》卷一一一
郭倖	汉	西州望族	先任右长史，后为尚书右仆射	原为后凉西平太守，为田玄明所执，降南凉。	《资治通鉴》卷一一○等
杨统	汉		西郡太守	原为后凉纂司马，参与郭黁反。公元407年以湛蒙逊降北凉。	《晋书·吕光载记》《晋书·沮渠蒙逊载记》等
杨贞	汉				
卫殷	汉				
翟勋义文作翟梁明	汉	金城或西平人	记室监	利鹿孤即位，遣其使北凉段业。	《晋书·秃发利鹿孤载记》
郭黄	汉				
郭备	汉				

人名	族属	籍贯	在南凉任职	事迹	资料出处
史暠	汉		初任祠部郎中，后任西曹从事	曾劝利鹿孤建学校，开庠序等。	《晋书·秃发利鹿孤载记》
鹿嵩	汉				
梁昶	汉	中州之才令			
韩疋	汉	中州之才令			
张昶	汉	前凉张轨之后代			
郭韶	汉	中州之才令	国纪祭酒	乌孤时，任国纪祭酒，撰录国事。	《史通·史官篇》
金树	汉	秦雍之世门	将	公元400年利鹿孤遣其子昌屯于昌松漠口。	《晋书·秃发乌孤载记》
苏（薛）翘	汉	秦雍之世门	将	与金树屯昌松漠口。	《晋书·秃发乌孤载记》
赵振	汉	秦雍之世门	左司马	公元397年即投南凉，劝乌孤取岭南五郡。	《晋书·秃发乌孤载记》
王忠	汉	秦雍之世门			
赵晁	汉	秦雍之世门	初任左长史，后改任尚书左仆射		《晋书·秃发傉檀载记》
苏霸	汉	秦雍之世门	昌松太守	公元408年为后秦姚弼所杀。	《晋书·秃发傉檀载记》

续表

人名	族属	籍贯	在南凉任职	事　迹	资料出处
段懿	汉	武威人			
孟祎	汉	武威人	左司马	原为后凉昌松太守，后降南凉。曾劝傉檀行仁义以永固。	《晋书·秃发傉檀载记》
辛晁	汉	秦陇之冠冕			
彭敏	汉	秦陇之冠冕			
裴敏	汉	中州之令族			
马辅	汉	中州之令族			
张穆	汉			沮渠蒙逊取姑臧后，降北凉，为中书侍郎，委以机密之任。	《晋书·沮渠蒙逊载记》
边宪	汉		辅国司马	公元407年与梁褒反。为傉檀所杀。	《晋书·秃发傉檀载记》
文齐	汉				
杨班	汉				
梁裕	汉				
赵昌	汉				

除表一所列汉族豪门及俊杰之士外，南凉政权内还有一大批汉族或汉化了的氐、羌等族的豪族或谋士，见于记载的有：张融（中散骑常侍）、阴利鹿（散骑常侍）、成公绪（大司农）、田玄冲和赵诞（博士祭酒）、景保（太史令）、梁裒（军咨祭酒）、宗敞（太府主簿、录记室事）、关尚（参军）、杨桓（左司马）、杨轨（汉化了的氐族，宾客）、敬归[1]（镇军将军、司隶校尉）、段苟（镇北将军、安北将军）、尉肃（抚军从事中郎）、郭祖（凌江将军）、宋益（材官将军）、屈右（将军）、张猛（殿中都尉）、白路（殿中骑将）、苻浑（氐族，将）、尉贤政（将）、李鸾（原为后凉建武将军，降南凉）、焦朗（广武豪族）、吴阴（三河太守）、张举宗（湟河、浇河太守）、田玄明（西平内史）、田瑶（原后凉乐都太守）、张稠（原后凉湟河太守）、王稚（原后凉浇河太守）、孟恺（邯川护军），共三十人。如加上表一中所列汉族三十二人，总共有六十二人。

　　在南凉这个政权之中，汉族豪门和俊杰之士（包括汉化了的氐、羌族）见于记载的，就达六十二人，这的确是不容易的事。它说明南凉秃发氏统治者对汉族豪

---

1 《资治通鉴》卷一一五，晋安帝义熙六年三月条胡注："何承天姓苑：敬姓，黄帝孙敬康之后；风俗通：陈敬仲之后。"

族和俊杰之士的网罗面之广，以及其政权汉化程度之深。这些汉族豪族和俊杰之士原来大部分为后凉政权的官吏或支持者，也是河陇地区的豪门地主，拥有很大的势力。他们见后凉衰败，于是纷纷投靠日益强盛的南凉秃发氏；而当南凉衰落后，又转附于河西的北凉、陇右的西秦。如表一中的杨统、张穆即是最好的例证。

既然南凉秃发氏统治者大肆网罗汉族豪门、俊杰之士，并加以利用，与之结合，其政权应该是较为巩固的，何以南凉仅存十八年就灭亡了呢？关于南凉衰亡的主要原因前已叙述，如从与河陇汉族豪族结合这方面来看，那就是在南凉据姑臧之后，统治者秃发傉檀滋长了骄傲自大的情绪，对汉族人士也日益不信任，因而，对汉族官吏的劝谏多不听从。如阳武之败，是傉檀不听广武豪族焦朗的计谋；穷泉大败于北凉，是不听景保、赵晁等人的劝谏；乙弗之征，以至灭亡，乃不听孟恺之谏的结果。而乐都的失陷，也是由于秃发武台不信任晋人，将其豪望有勇谋者闭于内城之中，结果一旬城溃。以上的情况，促使原来支持南凉的汉族豪门、俊杰之士对秃发氏失望，为了保住自身的利益，于是转而投向河西的北凉、陇西的西秦，加速了南凉的崩溃。

最后，再探讨一下南凉的地方郡县制度及疆域问题。关于此，清代洪亮吉撰有《十六国疆域志》十六卷，内卷十一即南凉。洪氏广征博引，考证颇精，基本上再现了南凉所置郡县及疆域，但也有一些错讹和不实之处。为了避免重复，我们在洪氏书的基础上，作简约的叙述和辨证。

南凉于太初三年置凉州，乌孤以弟利鹿孤为凉州牧，镇西平；建和二年，利鹿孤以弟傉檀为凉州牧，录尚书事，镇都城西平。以后再未见史籍载有凉州牧，不知是否废置，存疑。

关于郡县，洪氏《十六国疆域志》内《十六国春秋·南凉》云："案南凉郡县次第，亦无可考，除武威、西平、乐都三郡曾经建都，余先后亦如后凉之例焉。凡统旧郡十三，增置郡一，护军一，县可考者五十。"按南凉设置郡县次第，因史籍阙载，故难于准确记述，但其各郡大都因夺取后凉诸郡而来，故其设置情况，还是可以找出大约年代。关于此，前文已述，此从略。洪氏所云南凉"凡统旧郡十三，增置郡一，护军一"，即是武威、西平、乐都、武兴、晋兴、昌松、番禾、金城、西郡、晋昌、三河、湟河、浇河、广武十四郡，邯川护军一。内"晋昌郡"误。按洪氏书于"晋昌郡"下云："南凉领县七。有石驴山。"下注："右卫折掘奇镇，据石驴山以叛，镇军敬归，讨奇镇于石驴山，战败死之。胡三省云：石驴山在姑臧西南，长宁川西北，属晋昌郡界。""长宁川"，包括有"伊吾、冥安、渊泉、广至、沙头、会稽、新乡"七县。考《资治通鉴》卷一一五，晋安帝义熙六年三月条胡三省注原文是："石驴山在姑臧西南长宁川西北，属晋昌郡界。张寔讨曹祛于晋昌，自姑臧西逾石驴，据长宁。"胡氏所注石驴山的位置是正确的，但其云"属晋昌郡界"则误。按《晋书·张轨传》记张寔讨曹祛，"别遣从事田迥、王丰率骑八百自姑臧西南出石驴，据长宁。祛遣麹晁距战于黄阪。寔诡道出浩亹，战于破羌。轨斩祛及牙门田嚣。"显然，张寔与曹祛的战争是发生在湟水流域，最后杀曹祛是在破羌（今西宁西南）。这一带在前凉或前凉前后各政权时，均不属晋昌郡（治今甘肃安西东南），而属凉州西平郡。洪氏不查胡注之误，竟因胡氏以石驴山属晋昌郡，而以晋昌为南凉所置郡之一。另外，洪氏所列晋昌六县之名，均在今甘肃敦煌一带，南凉势力从未到达那里，当时正是西凉李氏的领地，云南凉有晋昌郡县于情理相悖。故洪氏以南凉置郡十四中，晋昌郡误，可考的南凉郡只有十三。

此外，洪氏所考南凉诸郡下的县名，仅有一小部分见于史籍，其余皆系以晋、前凉、后凉所置县推出，故不可尽信。

洪氏书尽管有一些不足和错讹之处，但瑕不掩瑜，仍然是一本研究十六国地方行政设置和疆域的重要著作。

南凉最盛时的疆域，大致是在东晋义熙二年（406）傉檀取姑臧之后，时领有凉州五郡（武威、武兴、番禾、西郡、昌松）、岭南五郡（乐都、西平、浇河、湟河、广武）及晋兴、三河，共十二郡，仅金城郡时在后秦手中。约包括今天甘肃兰州以西，永昌西水泉子之东，北抵今甘肃腾格里沙漠，南至今青海以南同仁一带，东南到今青海循化，西南到青海湖东北。

二　南凉的经济制度和社会性质

秃发部鲜卑原是从塞北（漠南）拓跋鲜卑分出来的一支，公元 3 世纪 60 年代，当他们迁徙到河西地区之后，仍然是以游牧经济为主，处于原始社会末期军事民主制的阶段。他们游牧的地区，大致"东至麦田、牵屯，西至湿罗，南至浇河，北接大漠"。这正如《晋书·秃发利鹿孤载记》记其将输勿崘所说："昔我先君肇自幽朔，被发左衽，无冠冕之仪，迁徙不常，无城邑之制……"到晋泰始六年至咸宁五年，秃发部首领树机能与河陇各族人民掀起了反晋的斗争，一度据有凉州，后为马隆所败，部众分散于河西。这一事件对于打破原秃发部内以血缘关系为主的氏族制，有一定的作用，同时也有利于他们与河西汉、羌等族的接近和相互影响。

公元 4 世纪末，秃发乌孤统领部众后，史称其"养民务农，循结邻好"[1]，说明秃发部及其统治下的各族人民，已由游牧逐渐向农业定居转化。而东晋太元二十年（395）乌孤征服青海乙弗及折掘二部鲜卑后，筑廉川堡为都，标志着他们由游牧逐渐转向了定居农业。但也不排除仍有部分秃发部人保持原有的游牧经济，而从事农业的绝大多数是秃发部统治下的晋人和羌人。[2]东晋隆安元年（397），乌孤正式建立政权后，先后取金城、广武、西平、浇河、湟河、乐都、三河、晋兴等郡，统治的地域日渐扩大，征服的民众也就更多。这些地区自汉代以来，就为内地汉族政权所统治，盛行着封建的生产方式。那么，秃发氏的南凉征服这些地区之后，其经济制度是否有相应的变革呢？关于这方面的资料很少，我们只能根据一些史料做一些推测和探讨。按，《晋书·秃发利鹿孤载记》记载了南凉建和二年安国将军锸勿崘的言论，内云秃发部先世还是"迁徙不常，无城邑之制"，"今建

1　见前述"第二章　二　秃发乌孤的建国及其发展"。
2　羌人，特别是河湟一带的羌人，早在汉代就有部分从事农业。见《后汉书》卷八七《西羌传》。

大号，诚顺天心。然宁居乐土，非贻厥之规；[1]仓府粟帛，生敌人之志"。即是说，秃发部在建立政权前后，游牧经济已向定居农业转化，因此，镂勿崘以为这种"宁居乐土"，"非贻厥之规"，而且居乐土，必有仓府粟帛，易启敌人攻掠之心。这就充分反映出当时处于转变时期的南凉内部原来落后的社会制度和生产方式，与原河西汉族先进的社会制度和生活方式相矛盾。如何解决这一矛盾呢？镂勿崘认为："宜置晋人于诸城，劝课农桑，以供军国之用，我则习战法以诛未宾。若东西有变，长算以縻之；如其敌强于我，徙而以避其锋，不亦善乎！"利鹿孤采纳了他的建议，以后这一方针就成为南凉的基本国策。

按照这一国策，南凉社会形成为两大部分，一部分是作为统治民族的秃发鲜卑，即所谓"国人"（也包括一部分河西鲜卑人），其上层就是南凉统治阶级中掌握权力的部分，从凉王到中枢、军事、地方各级官吏，均以秃发氏贵族为主，最后形成专门从事军事征战，掠夺人口、财物的封建军事贵族阶层；而一般秃发部民绝大多数也脱离了农牧业生产，由部落兵变为南凉国家的士兵。

1　贻，作遗留给讲；厥，犹"其"。贻厥，后又作子孙的代称。贻厥之规，即留给子孙的规矩之意。

在南凉建国初，利鹿孤、傉檀一次出兵就是"五千""万骑"，在仅据有河湟数郡之地的南凉国内，能征调如此数量的军队，可见秃发部国人，基本上变成了兵士。到南凉后期，军队中才逐渐增加了汉族及其他民族的人。[1]另一部分则是被统治民族，主要是晋人（即汉族），还有氐、羌、屠各及其他鲜卑部落等。南凉统治下的河西豪门和俊杰之士与南凉秃发氏统治者结合，成为统治阶级的组成部分。广大的汉族人民，则被固定在城市周围，从事农业生产，以供军国之用。

此外，南凉境内还有许多从事畜牧的其他族部落，如南边一些羌族部落，及属河西鲜卑的麦田、意云、折掘、乙弗、契汗等。这些部落的首领大都任南凉的官吏，有的与秃发氏王族通婚（如折掘氏），并有质子在南凉的都城。这些部落可能要向南凉政权纳贡赋，或率部落兵助南凉征战。他们基本上保持原来的部落形式和生活习惯，故南凉嘉平元年（408）北凉围南凉姑臧时，原属南凉的折掘、麦田、车盖等整个部落降北凉。当南凉境内缺乏劳动力时，统治者就袭击这些部落，掠徙人口。如傉檀就曾袭徙西平、湟河一带羌族三万余户，置新取的

1　如《晋书》卷一二六《秃发傉檀载记》云："征集戎夏之兵五万余人，大阅于方亭。"戎指少数民族；夏指汉族。

凉州武兴、番禾、武威、昌松四郡。这些臣属于南凉的部落，其经济和社会制度，在整个南凉社会中占次要的地位，加之文献资料很少有这方面的记载，姑且论至此。

在南凉社会中占主体地位的，是那些分布在城镇周围、从事农业的晋人，他们与南凉统治阶级的关系，是确定南凉社会性质的主要因素。可惜史籍于此也基本上失载，我们只能做一些推测。首先，河湟地区的汉族及从事农业的羌族，自汉代以来就早已纳入了东汉、魏、晋、前凉、后凉等政权实行的封建生产方式的轨道，比较落后的秃发氏鲜卑征服河湟地区之后，不可能继续采取原始社会末期或奴隶制的生产方式，对该地区汉、羌人民进行统治，而必然逐渐采取、承继先进的封建的生产方式。其次，前引《晋书》锸勿岭所说，宜置晋人于诸城，"劝课农桑"，这是汉魏以来，汉族封建统治阶级实行封建剥削方式的常用语。因此，可以想见秃发氏统治者对晋人是采取了封建制的。

可是，南凉统治者实行的封建制的具体情况，诸如土地占有、赋役制度、汉族豪门地主与南凉国家的关系等等，我们知道得很少。以军事封建贵族秃发氏为首的统治集团，从不断的战争中占领城镇，掠夺人口，将城镇内外的土地分给征服或掠夺来的晋人耕种，这些土地具有国有的性质，还有一部分原汉族豪族的地主庄园、坞堡，有的可能被没收，属于国有，或分给秃发氏贵族所有；有的因汉族豪族的归附而保存下来，成为南凉另一种土地所有制——豪族地主所有制。不论国有的或豪族、贵族所有的土地，名义上均属南凉最高统治者所有，他们都控制了一批晋人进行耕种。这些晋人按期向国家或豪族、贵族交纳租赋，服役（具体情况不得而知）。这样，南凉社会基本上形成以秃发氏为首的军事贵族和汉族豪族地主相结合的封建地主阶级，以及以汉族广大人民为主的农民阶级，前者对后者的压迫和剥削，则不断引起后者的反抗。[1]

早在前凉初期，河陇地区农民阶级的反抗主要以逃亡的形式表现出来。因此，在经济较为落后、人口较少的河湟地区，掠夺和控制农业劳动力，就成了南凉政权得以生存和发展的重要条件之一。南凉的军事封建贵族集团的南征北战，主要目的就是掠夺人口，扩大他们的剥削对象，以创造更多的财富，供军国之用。这一点不仅是南凉政权，在整个十六国分裂割据时期，各割据政权的存在和发展都不同程度地依赖着对邻国人口的掠夺。[2]早在利鹿孤在位时，祠部郎中史暠就对利鹿孤说："今不以绥宁为先，惟

1　见前述"第四章　二　南凉的灭亡及其原因"。
2　参见关尾史郎《南凉政权（三九七～四一四）和徙民政策》，载《史学杂志》第 89 编第 1 号。

以徙户为务，安土重迁，故有离叛，所以斩将克城，土不加广。"这里，史暠指出了南凉初期唯以战争为手段，以"徙户为务"，民不乐迁徙，多有叛离，故国家不能扩土、强盛。可是，他提出的解决办法仅是"宜建学校，开庠序，选耆德硕儒以训胄子"，即吸收汉族传统的封建儒学，来改变这种状态。这种办法从根本上是不能解决上述问题的。利鹿孤虽然采纳了史暠的建议，以田玄仲、赵诞为博士祭酒，以教胄子，[1]但对整个南凉的社会制度并没有丝毫触动，掠夺劳动力，仍然是南凉军事封建贵族不断进行战争的主要目的。在南凉短短的十八年中，见于记载的掠迁人户就达十次之多[2]，情况如表二所示。

表二　南凉掠迁人户（400~411）

年份（公元）	掠迁对象	数量	迁徙地点	资料出处
400	后凉姑臧城周围各族	八千余户	俘檀掳而归之。	《晋书·秃发利鹿孤载记》
401	后凉	二千余户	利鹿孤与吕隆战，破之，徙户而归。	《资治通鉴》卷一一二

1　《晋书》卷一二六《秃发利鹿孤载记》。

2　前引关尾史郎《南凉政权（三九七～四一四）和徙民政策》一文，表五南凉政权徙民措施，共列南凉徙民十二次，一次是南凉国内徙民，一次记载不确（即四一四年击乙弗部），故不能统计在因战争掠徙的范围内。

年份（公元）	掠迁对象	数量	迁徙地点	资料出处
401	北凉万岁临松民户	六千余户	后蒙逊许以弟挈为质，利鹿孤还其所掠。	《资治通鉴》卷一一二
402	后凉显美、丽轩民户	二千余家	傉檀克后凉昌松，徙而归之。	《晋书·秃发利鹿孤载记》、《资治通鉴》卷一一二
402	后凉凉泽段冢民户	五百余家	傉檀援后凉，至昌松，蒙逊退兵，掠户而归。	《晋书·秃发利鹿孤载记》、《资治通鉴》卷一一二
402	魏安焦朗部民		傉檀攻魏安焦朗，朗降，徙其民于乐都。	《资治通鉴》卷一一二
406	西平、湟河羌族	三万余户	傉檀据姑臧后，袭西平、湟河诸羌，徙于武兴、番禾、武威、昌松四郡。	《晋书·秃发傉檀载记》
409	北凉临松民户	千余家	傉檀遣左将军枯木、驸马都尉胡康击北凉，掠户而还。	《晋书·秃发傉檀载记》、《资治通鉴》卷一一四
411	北凉番禾民户	三千余家	蒙逊围乐都，傉檀遣将袭番禾，徙户至西平。	《晋书·秃发傉檀载记》
411	北凉番禾、苕藿民户	五千余户	后傉檀于途中为北凉所败。	《晋书·秃发傉檀载记》、《资治通鉴》卷一一六

从表二可知，南凉通过战争掠迁人户的次数及人口数都是相当大的，这些被掠的人户中，以汉族农民为主，他们迁入南凉城镇附近，为统治阶级耕种、奴役或服兵

役等，成为南凉政权下被统治的农民阶级（晋人）的一部分。

南凉统治下的晋人，无论是原居于城镇的，还是从战争中掠迁来的，都主要从事农业生产。他们的身份，根据以上的分析，应是农民，而不是奴隶。这种农民与自东汉末年以来兴起的地主阶级坞堡内的部曲相同，即他们被固定在地主坞堡内进行生产，不能随意迁徙，人身依附关系加强。可是，南凉农民的这种依附，不是如坞堡的部曲一样，以宗族、乡党或自愿投靠为前提，而更多地是被国家军事力量所胁迫。由于南凉政权用军事力量将晋人固定在城镇周围，使晋人处于自由农民与奴隶之间的农奴地位上。

南凉社会中有无奴隶存在呢？答复是肯定的。但这些奴隶区别于从事生产的晋人，他们大多是贵族和地主豪门的家内奴隶。如《晋书·吕隆载记》记后凉吕隆灭亡前夕，因姑臧城内饥馑，饿死者十余万口，"百姓请出城乞为夷虏奴婢者日有数百"。此夷虏即指姑臧城外各少数民族的贵族，其中包括围逼姑臧的南凉秃发氏贵族。

综上所述，知南凉社会经济的主要构成、它所采用的生产方式，基本上是承袭了原来河西地区封建的生产关系，而且有自己的一些特点。这些特点主要是以秃发氏为首的军事封建贵族采用军事征伐手段，不断扩大对于从事农业生产的晋人的压迫和剥削，而广大的晋人则处于南凉军事贵族的控制下，处于近似于农奴的地位。以秃发氏为首的军事封建贵族及与之结合的汉族豪门地主，与广大的晋人及被奴役的其他民族部落人民之间的矛盾，就构成了南凉社会的基本矛盾。因此，可以说南凉是一个军事封建的农奴制社会。

三　南凉的文化及其对河湟地区的开发和建设

如前所述，秃发鲜卑所建南凉，在政治、经济和社会制度等方面均继承了原河西汉族的传统，在文化习俗方面，自然也深受汉族的影响。在秃发鲜卑迁到河西至建立政权的一百三十多年时间内，秃发部虽然保存着自己原有的部落形式和习俗，但由于与河西汉族杂处，仍不断吸收汉族的文化。乌孤建立政权后，秃发部原部落组织开始解体，大批汉族豪门士族和俊杰之士加入了南凉政权，汉族文化和习俗逐渐占了主导地位。如利鹿孤在位时，接受史暠的建议，以汉族硕儒田玄冲、赵诞为博士祭酒，以教胄子。这一措施，虽然比不上其他少数民族建立的政权（如前秦、后秦等在国内采取的勤于劝学、选派儒生、教授生徒等办法），但是对秃发氏吸收汉族文化仍有积极的作用。

又如统治南凉达十三年之久的秃发傉檀，对于汉族的文化就有很高的修养。后秦韦宗会晤傉檀后，曾叹曰："命世大才、经纶名教者，不必华宗夏士……车骑神机秀发，信一代之伟人，由余、日䃅岂足为多也！"也就是说，傉檀对汉族传统文化十分精通，韦宗比之于"经纶名教者"。《太平御览》卷一二六引《十六国春秋·南凉录》记：傉檀曾在嘉平"二年正月，以子明德归为南中郎将，领昌松太守。归隽爽聪悟，檀甚宠之，年始十三，命为昌高殿赋，援笔即成，影不移漏。檀览而善之，拟之曹子建"。此事说明傉檀下一代如明德归之流，可以说完全是在汉族文化的熏陶下成长起来的。明德归作"昌高殿赋"，竟"援笔即成，影不移漏"，可见其汉文水平是相当高的。

南凉秃发氏如此热心学习汉族文化，并且具有很高的文化修养，其他秃发氏国人及河西鲜卑贵族自然也不同程度地吸取汉族文化，仿效汉族的习俗。因此，南凉国内盛行的是汉语文，流行的是汉族的风习服饰。《晋书·秃发傉檀载记》记载了他们的大量言论，有许多地方引经据典，完全像是汉族士大夫的口吻。如傉檀取姑臧后，宴群臣于宣德堂，仰视而叹曰："古人言'作者不居，居者不作'，信矣。"又如乞伏炽磐逃归，傉檀对利鹿孤说："臣子逃归君父，振古通义，故魏武善关羽之奔，秦昭恕顷襄之逝。炽磐虽逃叛，孝心可嘉，宜垂全宥以弘海岳之量。"傉檀以上言论，虽然经过《晋书》撰者的加工，但也可窥见傉檀对于汉族历史典籍的熟悉及对儒家学说的遵从。

至于秃发氏的习俗，因文献阙如，我们只能间接推知。今甘肃永靖县著名的炳灵寺石窟，内有西秦建弘元年（420）左右开凿的石窟（编号一六九），窟内北壁壁画中供养人行列有一姓"乞佛□罗使之像"[1]。乞佛，即建西秦的乞伏鲜卑，此人应即西秦乞伏氏贵族，其服饰与当地汉族相同。乞伏鲜卑迁入陇西，较秃发鲜卑迁入河西晚，他们贵族的服饰已汉化，那么与之邻近，并且在其他方面皆汉化的秃发氏贵族，想必也同乞伏氏贵族一样，在风俗服饰方面基本汉化了。

南凉文化的特点，除了上述秃发氏大量吸收汉族传统文化，其语言、文字及风习、服饰基本汉化外，还应提及的是其国内佛教之流行。按十六国时，北方各割据政权（包括五胡所建政权）的统治者普遍利用佛教来麻痹各族人民，以缓和国内日益尖锐的阶级矛盾和民族矛盾，而各族人民在战争频繁、动荡不安的十六国时期，也希望从佛教中找到精神上的寄托。因而，佛教就普遍

---

1 甘肃省博物馆等编《炳灵寺石窟》，文物出版社，1982，第5页。

地传播和发展起来。南凉也不例外，梁代释慧皎撰《高僧传》卷一〇《释昙霍传》，记载了南凉兴佛的故事，内云：

> 释昙霍者，未详何许人……时河西鲜卑偷发（即秃发之异译）利鹿孤僭据西平，自称为王，号年建和。建和二年（401）十一月，霍从河南来，至自西平，持一锡杖……并奇其神异，终莫能测。然因之事佛者甚众。鹿孤有弟耨（傉）檀，假署车骑，权倾伪国。性猜忌，多所贼害。霍每谓檀曰："当修善行道，为后世桥梁。"檀曰："仆先世以来，恭事天地名山大川。今一旦奉佛，恐违先人之旨。公若能七日不食，颜色如常，是为佛道神明，仆当奉之。"乃使人幽守七日，而霍无饥渴之色。檀遣沙门智行密持饼遗霍，霍曰："吾尝谁欺，欺国王耶？"檀深奇之，厚加敬仰。因此改信，节杀兴慈。国人既蒙其祐，咸称曰大师，出入街巷，百姓并迎为之礼……至晋义熙三年（407），傉檀为勃勃所破（指阳武之败——作者），凉土兵乱，不知所之。

内云建和二年霍从河南来，此河南当指西秦，因时西秦据黄河以南之地，且号河南王。傉檀当时"权倾伪国"，可与前述利鹿孤时，军国大事皆委傉檀相印证。作为秃发鲜卑的傉檀要改信佛教，是比较困难的。傉檀所说，"仆先世以来，恭事天地名山大川"乃是鲜卑之旧俗。[1]后改信佛教的原因，上文所述不过是传说，其真实原因，应如前所述，系欲利用佛教作为统治各族人民的工具而已。自建和二年后，佛教开始在南凉流行，百姓称昙霍为大师，顶礼膜拜，一直到义熙三年南凉转衰之时。

又僧佑《出三藏记》录著名的《佛游天竺记》（或云《佛国记》）内记：隆安三年（399）有僧人法显及同学慧景等，从长安出发，赴天竺游学，"度陇至乾归国夏坐。夏坐讫，前行至耨檀国。度养楼山至张掖镇"。"度陇"之"陇"，即今陕西陇县西之陇山，乾归国指西秦，时都苑川（今甘肃榆中东北），经苑川过凤林关渡黄河，西北至乐都，又溯湟水而至"耨檀国"国都西平。按当时南凉系利鹿孤在位，非傉檀，此称"耨檀国"，系因利鹿孤将军国大事皆委傉檀，"当日凉人只知有耨檀，不复知有利鹿孤，显师从俗记载"之故。[2]然后，法显一行从西平

1　《三国志·魏志》卷三〇《乌桓鲜卑传》注引王沈《魏书》记东胡乌桓习俗云："敬鬼神，祠天地、日、月、星、辰、山川，及先大人有健名者，亦同祠以牛羊，祠毕皆烧之。"鲜卑"言语习俗与乌丸同"。
2　见岑仲勉《佛游天竺记考释》，商务印书馆，1934，第10页。

北过养楼山（今养女山），过浩亹水（今大通河），从扁都口越祁连山，到张掖。[1]法显一行不走传统的河西路，由兰州至武威、张掖，而先行到乐都、西平，然后越祁连山直至张掖，其原因可能是因据河湟的南凉强盛，他们到南凉弘法或与那里的佛教徒会聚。此事亦说明南凉境内佛教之流行。

南凉在河湟地区建国的时间虽很短（十八年），但秃发部鲜卑在此生活的时间却很长（一百三十多年），因此他们对于河湟地区的开发和建设是有贡献的。南凉所领十三郡中，除属凉州的五郡之外，余皆为河湟之地，基本上是沿袭后凉的建置。从人口户数及地理条件看，河湟之地不如河西、陇右地区，但在利鹿孤和傉檀在位时期，这里成为河陇整个地区最为繁荣的地方。这说明南凉对河湟地区的经济、文化发展起了促进作用。

南凉政权还在河湟地区修筑和扩建城镇。如乌孤就曾遣将石亦干筑廉川堡以为都，傉檀曾"大城乐都"。乐都是南凉的政治中心，其为国都的时间最长：乌孤于太初三年（399）正月由廉川迁至乐都，到八

1　法显一行此段路线考证，参见夏鼐《青海西宁出土的波斯萨珊朝银币》，载夏鼐《考古学论文集》，科学出版社，1961。

月利鹿孤即位，又由乐都迁至西平；建和三年（402）三月傉檀即位后，由西平又迁都乐都，一直到东晋义熙二年（406）十一月傉檀迁都姑臧；南凉嘉平三年（410）三月傉檀又迁回乐都，一直到南凉灭亡为止。乐都为南凉国都前后共九年零九个月。《晋书·秃发傉檀载记》记乐都城，有内外二城，外城广大。此城遗址，据1982年青海省文物工作普查结果，确定在今乐都县城西五华里的大古城村北。在湟水北岸一片开阔的台地上，现仍保留着"大古城"的名字，还有"北门壕子""北城角落""十字""营门"等名称。估计这些名称当是沿原乐都古城遗址而来。1984年，笔者亲自到此遗址调查，台地上已种满了庄稼，没有发现任何古城遗址的痕迹。据当地群众讲，在民国初年还有古城城墙等遗迹，后逐渐开为农田，但保留一些古城的名称，如上述"营门""北城角落"等。此外，过去还在平整土地时挖出很多砖瓦、柱基石等（见图三）。所以，大古城村北台地很有可能系南凉都城乐都的遗址。要最后下结论，还需青海考古工作者对此地做进一步地调查、发掘。

最后，还必须提及的是，南凉在中西陆路交通上所起的作用。前述在隆安三年（399）法显一行至天竺，就曾从苑川至南凉的乐都、西平，再由西平北上，经扁都

图三　南凉乐都城遗址（周伟洲摄）

口到张掖。然后由传统的河西路，入西域，至天竺。这
条路线应是河西路的一条支线，在南凉灭亡之后，仍然
是中西交通（丝绸之路）的重要路线之一。隋大业五年
（609）隋炀帝西巡，也基本上是走这条支线到张掖的。
南凉存在时间虽短，但由于它一度强盛和繁荣，必然招
来当时许多中外商人，往来于南凉控制下的河湟之地。
还有一些中外僧人，像法显一样，往来其间。南凉在中
西交通上是起了一定作用的。

西秦篇

第一章
乞伏鲜卑与陇西鲜卑

一　乞伏鲜卑的来源和迁徙

西秦也是十六国时期由鲜卑族在西北建立的政权之一。史称建立西秦的鲜卑为乞伏部鲜卑。据《晋书》卷一二五《乞伏国仁载记》云：

> 乞伏国仁，陇西鲜卑人也。在昔有如弗（与）斯（引）、出连、叱卢三部，自漠北南出大阴山，遇一巨虫于路，状若神龟，大如陵阜，乃杀马而祭之，祝曰："若善神也，便开路；恶神也，遂塞不通。"俄而不见，乃有一小儿在焉。时又有乞伏部有老父无子者，请养为子，众咸许之。老父欣然自以有所依凭，字之曰纥干。纥干者，夏言依倚也。年十岁，骁勇善骑射，弯弓五百斤。四部服其雄武，推为统主，号之曰乞伏可汗讬铎莫何。讬铎者，言非神非人之称也。

这是乞伏鲜卑来源最详细的记载，虽然带有一些传说的色彩，但从中仍可窥其来源。上引括号内的"与""引"二字，原书无，此据1974年中华书局出版的标点本《晋书》卷一二五校勘记〔一〕改。校勘记引《古今姓氏书辩证》三引《西秦录》云："有乞伏氏与斯引氏自漠北出阴山。"《元和姓纂》引《西秦录》同，但"斯"作"期"。"《通志·氏族略》引《西秦录》作'乞伏国仁之先如弗与出连、斯引、叱灵二（当作三）部自漠北出阴山'。按：《魏书·乞伏国仁传》但云'其先如弗'，无'斯'字，亦不举三部名，知'斯'字不与上'如弗'连读。据上引诸书，知《西秦录》所记与如弗同出阴山者有'斯引'，据下文国仁初据苑川，即以'斯引乌埋'为左辅将军，与出连高胡、叱卢那胡并列，当即斯引、出连、叱卢三部之长。此处原文当作'在昔有如弗与斯引、出连、叱卢三部'，脱去'与''引'二字。"校勘记考述精确，原《晋书》脱二字。这样对《晋书》下文出现的一系列疑问，均可迎刃而解了。

据上引文可知，原漠北有四个部落：如弗（乞伏）、斯引、出连、叱卢，从漠北南出大阴山（今内蒙古阴山山脉），乞伏部一老人收留一个小儿，名之为纥干。此乃鲜卑语，所谓"夏言依倚也"，夏言指华夏（汉族）语，意为依倚。按《魏书》卷一一三《官氏志》，内入诸姓

有"纥干氏，后改为干氏"，北周时大将田弘，曾赐姓纥
干氏。[1]说明也有以纥干为氏的部落，降魏后，改姓干氏。
纥干十岁时，骁勇善骑射，四部服其雄武，推为"统
主"。此时，四个部落已结成部落联盟，以纥干为部落联
盟的首领，沿东胡鲜卑的旧习，号之为"乞伏可汗讬铎
莫何"。讬铎，为鲜卑语"非神非人"之意。按，"可汗"
一词，乃东胡鲜卑对首领或"官家"的称号[2]，只有到了
东晋元兴元年（402），柔然社崙自号"丘豆伐可汗"后，
"可汗"一词才成为北方和西北游牧民族最高首领（相当
于内地政权"皇帝"）的称号。[3]莫何，或译作莫弗、莫贺
弗等，亦为东胡的名号和官号，有"勇健者"的意思。[4]
如此，则"乞伏可汗讬铎莫何"，意为乞伏部（指上述四
部组成的部落联盟）首领、非神非人的勇健者。

　　史既称以乞伏部为首的部落联盟为乞伏鲜卑或陇西
鲜卑，其中为首的乞伏（如弗）部当原为鲜卑族。[5]其

1　《周书》卷二七《田弘传》。
2　见《宋书》卷九六《鲜卑吐谷浑传》等。
3　参见拙作《敕勒与柔然》，上海人民出版社，1983，第96页。
4　同上书，第166页。
5　按《隋书》卷五五《乞伏慧传》云："乞伏意字令和，马邑鲜卑人。"但
《魏书》卷八六《乞伏保传》记："乞伏保，高车部人"，似乞伏氏为高车
人。据姚薇元《北朝胡姓考》（科学出版社，1958，第302~303页）云，乞
伏保非姓"乞伏"，而姓"乞"，为高车乞袁氏之改称。乞伏氏应为鲜卑。

余三部则不能肯定属鲜卑。如其中的叱卢部，就不是鲜卑。按《魏书》卷一〇三《高车传》云"高车之族，又有十二姓"，内有"吐卢氏"，《通典》卷一九七、《通志》卷二〇〇的《高车传》，写作"叱卢氏"。上引《魏书·官氏志》亦作"叱卢氏"。叱、吐乃一音之转，译写不同之故。因此，与乞伏部同出阴山的叱卢部原为高车族。这样，乞伏氏的部落联盟至少包括了一些鲜卑、高车部落，而所谓的"乞伏鲜卑"，也可视为鲜卑与高车融合后的一种鲜卑部族。这种融合在北匈奴西迁之后，漠北草原出现各游牧民族大迁徙、大融合的形势下，是不足为奇的。漠北草原各游牧民族的迁徙与融合，出现了以鲜卑父胡母融合的"拓跋鲜卑"，有胡父鲜卑母的"铁弗匈奴"，还有匈奴贵族融合于鲜卑部落的"宇文鲜卑"。而"乞伏鲜卑"则是原居于今贝加尔湖一带的丁零（南北朝时称为"高车"），南下与鲜卑族融合后形成的。这一结论也为乞伏鲜卑建立西秦政权后，其上层多有高车人（如屋引氏、翟氏、叱卢氏等）所证实。

关于乞伏鲜卑的来源，国内学者还有一些看法。如唐长孺先生就认为：乞伏鲜卑，"这样一个包含高车或丁零及鲜卑、羌族的部落（或部族），我以为可能是赀虏"。并引《三国志·魏志》卷三〇注引《魏略·西戎传》有关赀虏的一段记载，说"赀虏种族不一，有大胡、丁令与羌，这与西秦乞伏氏的情况相同，《魏略》说赀虏分布虽在凉州，而金城、苑川（兰州与靖远）一带恰是乞伏氏活动之地；乞伏氏从姓氏上、地域上皆与赀虏相合，因此我们的推测也许不致与事实太远"[1]。

按，此说问题很多。第一，《十六国春秋·西秦录》（《太平御览》卷一二七引）、《晋书》等记乞伏部鲜卑来源，均未有一字提及其源于匈奴的奴婢"赀"。第二，赀虏的组成首先是"大胡"。大胡，有学者认为是指匈奴[2]，有学者认为是指西域胡（羯胡）。据《晋书》卷一〇三《刘曜载记》记，曜指石勒为大胡；勒为羯胡，故后一说较确。此外，赀虏还有丁零（高车）与羌。而乞伏部鲜卑内主要有鲜卑和高车，无大胡，羌也是乞伏氏迁到陇西之后，统治该地羌族始有。因此，赀虏与乞伏氏内族的组成情况并不相同。第三，东汉建武时（25~56）匈奴衰弱，漠北一部分匈奴奴婢（赀）逃到今甘肃兰州、武威、酒泉北，河套以西之地，内有大胡、丁零，杂有羌，当时人称这部分人为"赀虏"。而由漠北南出大阴山的乞伏氏等四部的迁徙及活动地域，与赀虏并不完全相同。

1　见唐长孺《魏晋南北朝史论丛》，三联书店，1978，第438~439页。又姚薇元《北朝胡姓考》（科学出版社，1958，第5~6页）云：赀虏即东汉檀石槐部落大联盟的"鲜卑西部"（内包括拓跋鲜卑）。

2　松田寿男：《吐谷浑遣使考上》，载《史学杂志》第48编11号。

因为乞伏等四部由阴山南下，一直在陇西活动，并未达凉州、酒泉以北地区。同时，"赀虏"一名，到了东晋十六国时，已变成了对河西地区杂夷部落的贱称，如吐谷浑，《晋书》等就称之为"阿赀虏"或"赀虏"。[1]第四，不能因《魏略·西戎传》云赀虏"不与东部鲜卑同也"一句，就判定赀虏为鲜卑。赀虏成分里，可能杂有鲜卑，但文中并未有一言提及，何况迁入河陇的鲜卑部落众多，见于记载者也不少[2]，文献均未提及他们原是赀虏，或与赀虏有什么关系。总之，我们认为，说乞伏氏所建西秦统治下有原来匈奴奴婢赀虏则可，云乞伏氏就是赀虏是难以成立的。

至于乞伏等四部南出大阴山的时间，已不可考。《晋书·乞伏国仁载记》记述了乞伏可汗讬铎莫何后，接着说：

> 其后有祐邻者，即国仁五世祖也。泰始初（265年左右），率户五千迁于夏，缘部众稍盛。鲜卑鹿结七万余落，屯于高平川，与祐邻迭相攻击。鹿结败，南奔略阳，祐邻尽并其众，因居高平川。祐邻死，子

1　见拙作《关于吐谷浑的来源、迁徙和名称诸问题》，《西北史地》1983年第3期。

2　见拙作《魏晋十六国时期鲜卑族向西北地区的迁徙及其分布》，《民族研究》1983年第5期。

结权立，徙于牵屯。结权死，子利那立，击鲜卑吐赖
于乌树山，讨尉迟渴权于大非川，收众三万余落。利
那死，弟祁埿立。祁埿死，利那子述延立，讨鲜卑莫
侯于苑川，大破之，降其众二万余落，因居苑川。

这一段基本上将乞伏等四部由阴山南迁至陇西苑川
的路线、过程讲清楚了。下面我们对此段文字略加诠释。

祐邻，《太平御览》卷一二七引《十六国春秋·西
秦录》（下简称《西秦录》）作"拓邻"，且记："五世祖
拓邻，晋太始初，率户五万迁居高平川。"此云"率户
五万"，与《晋书》"率户五千"异。《西秦录》所云之
五万，仍是祐邻经夏，部众稍盛后之数，故比其迁夏时
部众多。关于《晋书》中祐邻"迁于夏，缘部众稍盛"
一句，有两种断法，一如上断自"夏"，一断自"夏缘"，
且将"夏缘"作为一个地名。[1] 按，"夏缘"一地在何处？
从未见史籍记载。如断自"夏"，则可释为汉朔方之地，
赫连勃勃曾于此地建夏国，北魏改夏州，故这种断法较
胜。即是说，乞伏等四部南出大阴山至河套北，祐邻时
率户五千，又南迁至夏（今河套南），缘部众稍盛，约达
五万。又《元和郡县图志》卷四灵州保静县贺兰山条云：

---

1 见 1974 年中华书局标点本《晋书》卷一二五《乞伏国仁载记》。

"贺兰山，在县西九十三里……又东北抵河（黄河），其抵河之处亦名乞伏山，在黄河西，从首至尾，有像月形，南北约长五百余里，真边城之巨防。"贺兰山东北抵黄河之处（大致在今银川西）亦名"乞伏山"，有学者认为，此处名乞伏山，是与乞伏鲜卑曾迁此居住过有关，[1]此说可信。这样，所谓"迁于夏"，当指赫连夏之地，然后又由此向西迁至乞伏山，即今贺兰山东北抵黄河的银川一带。在此地乞伏等四部活动了多少时间已不可确考，但应在祐邻为部落联盟首领的初期，也就是西晋初。后祐邻又率部向南迁徙，与居于高平川（今宁夏清水河流域）的鲜卑鹿结部"迭相攻击"。最后鹿结败，南奔略阳（今甘肃天水东），于是祐邻率部居高平川。《魏书》卷九九《乞伏国仁传》云"五代祖祐邻并兼诸部，部众渐盛"，可能即指其兼并鲜卑鹿结等部。

"祐邻死，子结权（《西秦录》作'诘权'）立，徙于牵屯。"如前所述，牵屯是秃发鲜卑于3世纪60年代迁于河西的极东之地，故祐邻后期或结权时，乞伏氏部落联盟当臣属于晋泰始六年至咸宁五年在凉州有很大势力

1　见王俊杰《西秦史钩沉》，载《甘肃师大学报》1981年第3期。又《太平御览》卷四四引《泾阳图经》曰："贺兰山在县西九十三里，山上多有白草……鲜卑等类多依山谷为氏族。今贺兰姓名，皆因此山。"内云鲜卑等类多依贺兰山谷为氏族，亦证乞伏部早曾居此山。

的秃发树机能。结权死，子利那立，"击鲜卑吐赖于乌树山，讨尉迟渴权于大非川，收众三万余落"。鲜卑吐赖部所居之乌树山无考，大致在陇西之地。尉迟渴权，原为尉迟部人，以部名为氏。《周书》卷二一《尉迟迥传》云："其先，魏之别种，号尉迟部，因而姓焉。"又赞宁《宋高僧传》卷四记唐高僧窥基，俗姓尉迟，"尉迟之先与后魏同起，号尉迟部，如中华之诸侯国"。姚薇元先生《北朝胡姓考》据上引尉迟渴权在大非川的记载，认为尉迟部原居大非川，本西部鲜卑，属吐谷浑。[1]此说也有问题，首先是大非川的位置，姚先生是以唐代大非川的位置来考订二百多年前乞伏氏所讨尉迟渴权所在的大非川，故定为青海布喀河。而目前中外学者大都认为唐代大非川在今青海湖南惠渠或此川之南的切吉旷原，此其一。无论唐代大非川在青海何处，它与二百多年前尉迟渴权所居之大非川是否同一？根据当时的形势，乞伏利那在牵屯山，只是一个势力并不十分强大的部落联盟，他所讨之尉迟渴权所在的大非川，如果与唐代大非川同一，则远在青海，其间他必须经过秃发鲜卑、乙弗、契汗等部及汉族聚居之地，这是很难想象的。因此，尉迟渴权所居之大非川绝不会在今青海湖南或湖西，而必在陇西

1　姚薇元：《北朝胡姓考》，科学出版社，1958，第193~196页。

或朔方一带。《魏书》卷二《太祖纪》曾记：北魏天兴"六年（403）春正月辛未，朔方尉迟部别帅率万余家内属，入居云中"。则尉迟渴权可能原为朔方尉迟部迁入陇西地区者，其所居大非川，也当在朔方或陇西一带，此其二。如此，云尉迟部原居青海大非川，乃西部鲜卑族的说法，就难以成立。那么尉迟部属何族？这是一个极为复杂的问题，因为它又牵涉于阗王族尉迟氏的族属问题。曾有人写文章，认为尉迟氏源于月氏，公元前 2 世纪月氏人为匈奴攻破于敦煌、祁连间，月氏人仓惶四奔，除大规模的西迁外，肯定还有向其他方向（如往朔方）奔走的。[1] 此说虽有一定的道理，但仍有一些问题，还应进一步研究。

"利那死，弟祁埋立。祁埋死，利那子述延立，讨鲜卑莫侯于苑川，大破之，降其众二万余落。"苑川，据《水经注》卷二河水云："苑川水出勇士县之子城南山，东北流，历此城川，世谓之子城川。"注云："又曰苑川水地，为龙马之沃土，故马援请与田户中分，以自给也。有东西二苑城，相去七里，西城即乞佛所都也。"又唐杜佑《通典》卷一七四兰州条云："苑川在今五泉县。"元代胡三省注《资治通鉴》时，引上述二书后，说"以下文

1　殷晴：《于阗尉迟王家世系考述》，《新疆社会科学》1983 年第 2 期。

乞伏吐雷为勇士护军观之，则《水经注》为是"。按苑川应指今甘肃兰州东、流入黄河的苑川，那里地土肥沃，乞伏部鲜卑击莫侯部当于此川一带。而唐代五泉县即金城郡治，在今甘肃兰州，其所辖区当包括今苑川河流域，故《通典》云苑川在五泉县。

以乞伏部为首的部落联盟自迁到苑川之后，部众从高平川时的五万余落，又先后增五万余落，一共十万余落，一落如按五口计，则有五十余万人。而苑川之地，又是"龙马之沃土"，因此，乞伏等四部的部落联盟得以迅速发展，进入一个新的阶段。

《晋书·乞伏国仁载记》在记述了述延居苑川后，又云："以叔父轲埴为师傅，委以国政，斯引乌埴为左辅将军，镇蔡园川，出连高胡为右辅将军，镇至便川，叱卢那胡为率义将军，镇牵屯山。"这段记载表明，以乞伏氏为首的部落联盟由于内部游牧经济的发展和受到邻近封建国家的影响，开始向国家政权过渡，建立了一些简单的官制。"师傅"，管理联盟内部事务，此职相当于魏晋以来"丞相"一职，其余"左、右辅"将军，"率义"将军等号，则完全仿自汉魏政权的官号。这种官制虽然还极不完善，但说明在以乞伏部为首的部落联盟内部，由于不断迁徙和征服其他鲜卑部落，私有制得到进一步的发展，原来以血缘关系为基础的氏族发生了变化，逐渐被以地域为基础的氏族所替代。这样，部落联盟内就迫切需要有一个统一的权力机构来管理整个联盟的事务，开始向国家政权的形式过渡。

尽管如此，从本质上讲，当时的乞伏等四部仍然还是部落联盟，各部落分镇一方：乞伏部据苑川；斯引部首领乌埕为左辅将军，镇蔡园川，此川具体所在不详，乌埕为"左辅"，当在苑川之南；出连部首领高胡为右辅将军，镇至便川，当在苑川之北；叱卢部首领那胡为率义将军，镇牵屯山，在今平凉西，苑川东北。而联盟的首领，则一直为乞伏部首领所世袭。据上引《晋书》推断，述延在位时间，大致相当于十六国初前赵雄踞中原、张轨初据河西之时。北方当时处于分裂割据之中，所以以乞伏氏为首的部落联盟，才有可能据牵屯至苑川一带，得以迅速发展。

二 陇西鲜卑及其部落

与河西鲜卑一样，所谓陇西鲜卑也就是指活动于陇西的鲜卑各部，其中包括最有势力的以乞伏部为首的部落联盟。《晋书·乞伏国仁载记》《西秦录》等开首就说："乞伏国仁，陇西鲜卑人也。"《晋书》卷一一五《苻登载记》亦明言"陇西鲜卑乞伏乾归"。此外，文献中还有称乞伏部之外的鲜卑部落为陇西鲜卑者，如《晋书·苻丕载记》记苻丕益州刺史王广为"陇西鲜卑匹兰所执"，送于后秦。[1]陇西鲜卑之名，大约与河西鲜卑一名一样，是在晋末十六国初开始出现的。其中除主要的乞伏等四部的部落联盟之外，可考的还有：

（一）鲜卑鹿结部

此部原居高平川，泰始初为乞伏部所击并，其中一部分奔略阳，后降西秦。

（二）鲜卑吐赖部

原居乌树山，后为乞伏部所并。

（三）鲜卑莫侯部

原居苑川，后并入乞伏部。

（四）勃寒部

《晋书·乞伏国仁载记》云，乞伏部至司繁时，降前秦，"俄而鲜卑勃寒侵斥陇右"，苻坚命司繁击之，"勃寒惧而请降，司繁遂镇勇士川"。据此知勃寒部原居勇士川（在苑川东），后并入乞伏鲜卑。

（五）匹兰部

如上述，陇西鲜卑匹兰曾擒苻丕益州刺史王广于秦州，送后秦。据此，知此部在秦州（治今甘肃天水）。而在此前一年（晋太元十年），匹兰部曾有五千人降于刚建

---

1 《资治通鉴》卷一○六，系此事于晋孝武帝太元十一年四月。

立西秦政权的乞伏国仁。[1]

（六）密贵、裕苟、提伦三部鲜卑

《晋书·乞伏国仁载记》云："国仁率骑三万袭鲜卑大人密贵、裕苟、提伦等三部于六泉。高平鲜卑没奕于、东胡金熙连兵来袭，相遇于渴浑川，大战败之，斩级三千，获马五千匹。没奕于及熙奔还，三部震惧，率众迎降。署密贵建义将军、六泉侯，裕苟建忠将军、兰泉侯，提伦建节将军、鸣泉侯。"此三部所居之"六泉"，《资治通鉴》卷一〇七，晋孝武帝太元十二年六月条胡注："六泉在高平（今宁夏固原）。"又《元和郡县图志》卷三九渭州襄武县（今甘肃陇西附近）条云："六泉水，在县东北原上。泉源有六，因以为名。"胡三省系因国仁与高平的鲜卑破多罗部首领没奕于大战，败之，三部惧而降，故断六泉在高平，恐不确。应以《元和郡县图志》所记为是。

（七）越质部

《晋书·乞伏国仁载记》记：国仁"因讨鲜卑越质叱黎于平襄，大破之，获其子诘归、弟子复半及部落五千余人而还"。《资治通鉴》卷一〇七系此事于晋孝武帝太元十三年（388）四月，下胡注曰："平襄县，汉属天水

---

1 《晋书》卷一二五《乞伏国仁载记》。

郡，晋属略阳郡。越质盖鲜卑部落之号，后以为氏。"平襄，在今甘肃通渭西南，越质部降西秦后，首领诘归后为西秦陇西太守。

（八）鲜卑豆留鞬、叱豆浑等部

《晋书》卷一二五《乞伏乾归载记》记，晋太元十四年（389）"鲜卑豆留鞬、叱豆浑及南丘鹿结并休官曷呼奴、卢水尉地跋并率众降于乾归，皆署其官爵"。内鲜卑豆留鞬、叱豆浑等部在陇西何地不详；南丘鹿结，疑即先居高平川后逃至略阳的鲜卑鹿结，故南丘可能在略阳。休官，据《资治通鉴》卷一〇八，晋孝武帝太元十七年（392）十二月条胡注："休官，杂夷部落之名。"唐长孺先生以休官多氏族吕氏，以为"休官是氏族"[1]。卢水，即卢水胡。

（九）大兜国

《晋书·乞伏乾归载记》云："苻登将没奕于（即前述高平破多罗部鲜卑首领）遣使结好，以二子为质，请讨鲜卑大兜国。乾归乃与没奕于攻大兜于安阳城，大兜退固鸣蝉堡，乾归攻陷之，遂还金城。"《资治通鉴》卷一〇七系此事于晋太元十六年（391），且云"乾归收其部众而还"。大兜所居之安阳城，上引《资治通鉴》胡注：

1　见唐长孺《魏晋南北朝史论丛》，三联书店，1955，第391页。

"安阳城在唐秦州陇城县界；鸣蝉堡亦当在其地。"则安阳城在今甘肃张家川回族自治县境内。

（十）叠掘部

《晋书·乞伏乾归载记》云："鲜卑叠（《资治通鉴》作'叠'）掘河内率户五千，自魏降乾归。"《资治通鉴》卷一一一系此事于晋隆安三年（399），且记"西秦主乾归以河内为叠掘都统，以宗女妻之"。胡注云："叠掘亦鲜卑之一种也。"按叠掘即折掘，如前所述，其部主要在湟水流域，为南凉所统治。河内自魏来降，时魏西界仅达河套一带，则河内原居河套朔方，至是降西秦。

（十一）鲜卑悦大坚部

《晋书·乞伏乾归载记》云："炽磐攻克枹罕，遣使告之，乾归奔还苑川。鲜卑悦大坚有众五千，自龙马苑降乾归。"《资治通鉴》卷一一五系炽磐克枹罕在晋义熙五年（409），未记鲜卑悦大坚事。悦大坚原居地龙马苑，据《元和郡县图志》卷三九渭州鄣县（今甘肃漳县）条云："龙马山，在县西四十里。"疑悦大坚部所居之龙马苑，即在鄣县西四十里龙马山一带。

（十二）仆浑部

《资治通鉴》卷一一五，晋安帝义熙六年（410）十月条记："鲜卑仆浑、羌句岂、输报、邓若等帅户二万降于西秦。"次年，西秦将仆浑部徙于度坚城（在度坚山）。

147

仆浑部原居地无考。

以上十二部均为"陇西鲜卑"部落，其中除叠掘、悦大坚、仆浑三部迁徙至陇西的时间较乞伏部晚，或者不清外，余九部皆比乞伏部徙入陇西为早。迁徙的时间大约与秃发鲜卑进入河西的时间相同。如前所述，曹魏末邓艾主陇右军事，曾"纳鲜卑降者数万，置于雍、凉之间，与民杂居"。魏时的雍州包括广魏、天水、南安、陇西诸郡，即包括今陇山以西、兰州以东所谓"陇西（或陇右）"地区。因此，我们推测上述九部迁入陇西，也是邓艾时徙鲜卑各部至雍州的一部分。因其居陇西，故自晋末以来称为"陇西鲜卑"。

建立西秦的乞伏鲜卑，在陇西鲜卑中的地位，也和秃发鲜卑在河西鲜卑中的地位一样，不同的是乞伏鲜卑迁入陇西较秃发鲜卑迁入河西的时间要晚一些。在迁徙过程中，乞伏部鲜卑就不断兼并、征服早已迁入陇西的其他鲜卑部落，势力发展很快，因此比秃发鲜卑建立政权时间要早。

第二章
西秦的建立及其与邻近政权的关系

一 西秦建立前陇右的形势

以乞伏部为首的部落联盟迁至苑川后，势力增强，据有苑川、勇士川及牵屯山一带。不久述延死，祁埕子偄大寒立。[1]《晋书·乞伏国仁载记》云：偄大寒立后，"会石勒灭刘曜，惧而迁于麦田旡孤山"[2]。按，后赵石勒灭前赵刘曜是在晋咸和三年（328）。次年，石勒遣石虎（季龙）等从长安西攻刘曜子熙等于上邽（今甘肃天水），克之，又进攻集木且羌于河西，"俘获数万，秦陇悉平"。"凉州牧张骏大惧，遣使称藩，贡方物于勒。徙

1　《太平御览》卷一二七引《十六国春秋·西秦录》。又《晋书》卷一二五《乞伏国仁载记》以偄大寒为述延子，从《西秦录》。

2　按《资治通鉴》卷九四，晋成帝咸和四年条云："初，陇西鲜卑乞伏述延居于苑川……及赵亡，述延惧，迁于麦田。"此云系述延于赵亡时迁麦田，与《晋书》《西秦录》不合，从后书。

氐羌十五万落于司、冀州"。[1] 后赵势力伸入秦陇，对据
苑川的乞伏等四部联盟来说，也是一个威胁，故其部首
领傉大寒惧而向北迁至麦田兂孤山（今甘肃靖远北）。

《西秦录》记："太寒卒，子司繁立。秦始皇中，迁
于度坚山。建元七年，秦将王统来伐，司繁率骑三万拒
统于苑川。统潜袭度坚山，部民五万余落悉降于统。繁
乃诣统归降，苻坚拜南单于，留之长安。"[2] 文内"秦始皇
中"，应为前秦"皇始中"，"皇始"为苻健年号，《西
秦录》误。也就是说在皇始中（351~354），司繁率部由
麦田兂孤山迁至度坚山。《读史方舆纪要》卷六二云，度
坚山在靖远卫西，即今甘肃靖远县西。又据《晋书》卷
一一二《苻健载记》记："其年（354年，晋永和十年），
西虏乞没军邪遣子入侍……"乞没，疑即乞伏之异译，
也就是说"西虏乞没军邪"很有可能即乞伏部鲜卑，此
时向苻健遣质子、称臣，但关系并不密切，时断时续。
至前秦建元七年（371），苻坚遣将王统击司繁，司繁率
骑三万拒统于苑川，后因诸部叛降，司繁也降，苻坚以
其为南单于，留于长安；又"以司繁叔父吐雷为勇士护
军，抚其部众"[3]。按，建元七年，正是前秦势力伸入陇

1　见《晋书》卷一〇五《石勒载记下》。

2　此事亦见《晋书》卷一二五《乞伏国仁载记》。

3　《晋书》卷一二五《乞伏国仁载记》。

右的时候，三月苻坚遣苻雅、王统等伐仇池（今甘肃西和西南）氐主杨纂，纂降。据河西的张天锡，也遣使向前秦谢罪称藩，甚至远在今甘南、青海的吐谷浑碎奚也遣使献马于前秦。故有王统击乞伏司繁部之事。王统系秦州屠各族首领，屠各王氏一族在陇西颇有势力，拥有自己的部曲，历仕晋、前赵、后赵、前凉。[1] 晋永和十年（354），王统父王擢从前凉叛归前秦，其子统初任前秦扶风内史，后转益州刺史（治扶风）。晋太和六年（371），统随苻雅等击杨纂，后又击乞伏司繁。

至前秦建元九年（373），有陇西鲜卑勃寒掠陇右，苻坚以司繁为使持节、都督讨西胡诸军事、镇西将军击之，勃寒降。于是，苻坚令司繁回镇勇士川，甚有威惠。[2]

从晋末至十六国初，陇右地区民族关系十分复杂，而乞伏氏部落联盟何以成为陇右地区最为强大的势力，终至建立西秦政权呢？这主要与这一时期陇右地区各民族的兴衰有关。陇右地区的民族，除上述陇西鲜卑各部之外，主要还有汉、氐、羌、匈奴屠各、休官、

---

1 见拙作《甘肃张家川出土北魏〈王真保墓志〉试析》，载《四川大学学报》1978 年第 3 期。
2 《晋书》卷一二五《乞伏国仁载记》;《资治通鉴》卷一〇三，晋孝武帝宁康元年十一月条等。

丁零、卢水胡等。下面我们对居于陇右各族的情况，略加叙述。

（一）汉族

汉族分布于陇右各地，自魏晋以来，形成了一些豪门大族，如皇甫、胡、梁、韦、杜、牛、辛等[1]，还有南安的秘氏等。这些豪门大姓自晋末以来，大都受到前、后赵政权的打击，有的东徙，势力衰落。留于陇右的豪族，拥有自己的坞堡和部曲，且依附于占领陇右的政权，不论这些政权是否汉族所建。

（二）羌族

陇右地区自秦汉以来就是羌族聚居之地，羌人众多。最著名者为南安赤亭羌姚氏（汉烧当羌之后），首领姚弋仲于后赵时率众东迁于清河（今山东清平南）。后赵亡，又属前秦。至弋仲子苌时，杀苻坚，建后秦。此外，还有南安羌雷氏、秦州羌莫折氏，以及漒川羌、枹罕羌彭氏等。

（三）氐族

此族汉化较早，在陇右主要聚居于仇池，以杨姓为首，十六国以来处于依附中原地区政权的半独立状

---

1 《晋书》卷一〇六《石季龙载记上》云："镇远王擢表雍、秦二州望族，自东徙已来，遂在戍役之例……自是皇甫、胡、梁、韦、杜、牛、辛等十有七姓蠲其兵贯……"所列姓氏是秦州、雍州大姓，其中包括陇右大姓。

态。其中一部分早迁于略阳等地的氐族，如蒲（苻）氏、吕氏等。蒲氏，后改苻氏，后赵时首领蒲洪率部东迁枋头（今河南汲县北）。后赵亡后，洪子健率部入关中，建前秦。吕氏，也是略阳氐族，首领吕婆楼为前秦太尉，苻坚时曾命婆楼子吕光征西域，后据河西，建后凉。

（四）屠各

此族原是匈奴休屠王所领部众，汉初居河西，后降汉，分置秦陇各地。[1]秦州略阳屠各王氏一族，于晋时迁至略阳，颇有势力。至王擢子统时，降前秦，为益州刺史，曾击降乞伏部。其后擢孙伏仁为西秦祁连、汉阳二郡太守。[2]

（五）休官

如前所述，休官为陇西杂夷部落，主要分布在今天水、陇西一带。

（六）丁零（高车）

陇右的丁零，主要是东汉建武时逃至武威、酒泉北的匈奴奴婢赀虏中的丁零。曹魏时，有的赀虏已东迁至广魏郡（治今甘肃天水东），南下到今成县一带。[3]

1　见《汉书》卷二八《地理志下》等。

2　见上引拙作《甘肃张家川出土北魏〈王真保墓志〉试析》。

3　见拙作《敕勒与柔然》，上海人民出版社，1983，第16页。

（七）卢水胡

主要指在河西张掖，以沮渠氏为首的临松卢水胡，其中可能有一部分迁入陇右地区。前述的"卢水尉地拔"即是。

以上七族之中，势力最大的是汉、氐、羌三族。汉族自东汉末年以来，元气大丧，许多豪门大族被迫东迁，有的随苻氏、姚氏入关中。氐族苻氏虽建前秦，但中心在关中长安。吕氏在前秦时，也主要活动于关中、中原等地，后又入西域。羌族姚氏，前秦时也主要活动在关中，其余羌族分散于陇右南部较为偏僻的地区，势分力弱。屠各王氏，于前秦初为陇右势力较强者，苻坚曾以王统为南秦州刺史，镇仇池，后又为凉州刺史[1]，不在陇右。总之，在前秦建元初，陇右各族势力或东迁，或衰弱，这就给漠北等地的鲜卑深入陇右、势力发展提供了有利时机。

其次，自东汉末年，历魏、晋，陇右地区由于连年不断的战乱，及历代统治者强迫的迁徙，人口减少。这也就使徙入陇右的鲜卑各部得以立足，并且迅速发展起来（见表三）。

---

1 《资治通鉴》卷一〇三，晋简文帝咸安元年二月条；卷一〇四，晋孝武帝太元元年五月条。

表三 汉至晋时陇右地区户口升降

郡名	时代	包括的县名	人户数		资料出处
			户数	人数	
武都郡	西汉	武都、上禄、故道、平乐道、沮、嘉陵道、循成道、下辨道、河池	51376	235560	《汉书》卷二八《地理志下》
	东汉	下辨、武都道、上禄、故道、河池、沮、羌道	20102	81728	《后汉书》卷第二三《郡国志五》
	西晋	下辨、河池、沮、武都、故道	3000	—	《晋书》卷一四《地理志上》
陇西郡	西汉	狄道、上邽、安故、氐道、首阳、予道、大夏、羌道、襄武、临洮、西	53964	236824	《汉书·地理志下》
	东汉	狄道、安故、氐道、首阳、大夏、襄武、临洮、枹罕、白石、鄣县、河关	53964	236824	《后汉书·郡国志五》
	西晋	襄武、首阳、临洮、狄道	5628	29637	《汉书·地理志下》

郡名	时代	包括的县名	人户数		资料出处
			户数	人数	
天水郡	西汉	平襄、街泉、戎邑道、绵诸道、罕开、龚道、勇士、成纪、清水、陇、奉捷、襄道、兰干、望垣	60370	261348	《汉书·地理志下》
	东汉（改名汉阳郡）	冀、望垣、阿阳、略阳、勇士、成纪、陇、豲道、兰干、平襄、显亲	27423	130138	《后汉书·郡国志五》
	西晋（应包括天水、南安、略阳三郡）	上邽、冀、始昌、新阳、成纪、兴、中陶；豲道、平襄、略阳、临渭、清水	22120	—	《晋书·地理志上》
金城郡	西汉	允吾、浩亹、令居、枝阳、金城、榆中、枹罕、白石、河关、破羌、允街、临羌	38470	149648	《汉书·地理志下》
	东汉	允吾、浩亹、令居、枝阳、金城、榆中、安夷、允街、临羌、破羌	3858	18947	《后汉书·郡国志五》
	西晋（应包括金城、西平两郡）	榆中、金城、白石、浩亹；西都、允街、长宁、安夷、临羌	6000	—	《晋书·地理志上》

表三所列数字是不完整的，西汉、东汉和晋时郡县区划、辖县的多少并不相同，我们虽然尽量把各郡人口的统计限制在同一地区之内，但历代终究有所不同。如果我们将以上陇右四郡各时代的总人数、户数相比较，则其误差又会小一些，试见下列数字：

西汉时上述四郡总户数 204180　总人数 883380

东汉时上述四郡总户数 57011　总人数 260450

西晋时上述四郡总户数 34120　总人数（缺）

再次，从西汉到西晋历代封建政权所统计的人口数，一般是国家能够控制，并向国家纳赋税、服徭役的人户，而自东汉以后，豪门士族多有自己的坞堡和部曲。这些部曲多不直接向国家缴纳贡赋，故未统计在内。因此，表内东汉至晋陇右四郡的人口数大量减少。基于上述两个原因，表内所列数字只能作为参考。尽管如此，从表中不完全的统计来看，从西汉至晋，陇右的户口有明显下降的趋势，其中武都、陇西、金城三郡更甚。

总之，从陇右各民族的分析及从西汉以来户口下降的趋势来看，都有利于鲜卑族大量迁入陇右地区，并逐渐成为一支不可忽视的力量。以乞伏氏为首的鲜卑部落大联盟能逐渐成为陇右的霸主，最终于陇右地区建立西秦政权，绝不是偶然的。

二 西秦政权的建立

前秦建元十二年（376），苻坚遣梁熙、王统、姚苌等击灭前凉张氏，以梁熙为凉州刺史，"徙豪右七千余户于关中"[1]。于是，河西、陇右之地全为前秦所有，《资治通鉴》卷一〇四，晋孝武帝太元元年十二月条记："是岁（376），乞伏司繁卒，子国仁立。"乞伏国仁继承父业，仍为前秦镇西将军，假前秦之强盛，逐渐发展自己的势力。

建元十九年（383），苻坚一面遣吕光率兵七万从长安出发，西征西域；一面征集全国丁壮，戎卒六十余万、骑二十七万，南击东晋，欲完成统一全国的大业。陇西乞伏部亦在征调之列，苻坚以乞伏国仁为前将军，领先锋骑。淝水之战前夕，国仁叔父步颓反于陇西，苻坚即遣国仁率军还击之。步颓乃迎国仁于路。国仁置酒高会，大言曰："当与诸君成一方之业。"[2] 不久传来苻坚淝水大败的消息，国仁"乃招集诸部，有不附者，讨而并之，众

---

1 《晋书》卷一一三《苻坚载记上》。
2 《晋书》卷一二五《乞伏国仁载记》。

至十余万"。此时，前秦境内其他鲜卑、羌、丁零等纷纷反秦自立，原前燕贵族慕容垂和丁零翟斌合兵攻洛阳，慕容冲起兵攻围长安，羌姚苌反于渭北。建元二十一年（385），苻坚被姚苌杀于新平。乞伏国仁在陇西对部帅说："苻氏以高世之姿而困于乌合之众，可谓天也。夫守常迷运，先达耻之；见机而作，英豪之举。吾虽薄德，藉累世之资，岂可睹时来之运而不作乎！"内所云之"藉累世之资"，是指国仁以前几代在陇西积聚了实力，故国仁要乘前秦即将瓦解之机，称王独立。同年九月，国仁即"自称大都督、大将军、大单于，领秦河二州牧，建元曰建义。以其将乙旃音埿（《资治通鉴》作'乙旃童埿'）为左相，屋引出支为右相，独孤匹蹄为左辅，武郡勇士为右辅，弟乾归为上将军，自余拜授各有差。置武城、武阳、安固、武始、汉阳、天水、略阳、濄川、甘松、匡朋、白马、苑川十二郡，筑勇士城以居之"[1]。

国仁自称大都督、大将军、大单于，领秦、河二州牧，及改元建义，标志着以乞伏部为首的部落联盟从此建立了国家，历史上也以此年作为西秦建国之始。西秦建国初的官制显然是受汉魏以来汉族政权的影响，但仍保留了"大单于"的称号，这与南凉建国的情况相同。

1 《晋书》卷一二五《乞伏国仁载记》。

此时原组成乞伏部部落联盟的斯引、出连、叱卢三部首领，在新建的西秦政权中已退居次要地位。在政权中任要职的，皆为少数民族。乙旃氏、屋引氏为高车人的姓氏[1]；独孤氏，《北朝胡姓考》以为原为匈奴屠各[2]；武群氏不详，但绝非汉族。其所置十二郡，《西秦录》及《魏书》卷九九《乞伏国仁传》等均记为十一郡，误。此十二郡皆在陇西地区，其建置沿革及位置容后再考。国仁所筑的勇士城当在勇士川，为西秦第一个都城。

如前所述，西晋末至十六国初陇右地区的民族关系极为复杂，刚由部落联盟进入国家的西秦还是极不稳固的。乞伏氏建国前，势力主要在陇西郡（治今甘肃陇西），陇西郡以东势力较弱。据《晋书·乞伏国仁载记》，国仁建立政权后，有"鲜卑匹兰率众五千降"，此匹兰应即前述秦州陇西鲜卑匹兰，故国仁所置十二郡中有"天水""略阳"等郡。而事实上，国仁所置天水、略阳等郡只是名义上或侨置在他处的。其余如漒川、甘松、匡朋、白马等郡大抵均如此。因为当时在陇右还有一些割据势力存在。

首先，是前秦苻坚亡后，其子丕于晋阳（今山西太

1　《魏书·高车传》记高车十二氏，内有乞旃氏。屋引氏为高车，见姚薇元《北朝胡姓考》，科学出版社，1958，第158页。

2　姚薇元：《北朝胡姓考》，科学出版社，1958，第44~47页。

原）继位，时"左将军窦冲、秦州刺史王统、河州刺史毛兴、益州刺史王广、南秦州刺史杨璧、卫将军杨定，并据陇右"，丕均加以敕封。其中，王广在前秦苻丕太安元年（385）长安陷于慕容冲后，即从成都奔至秦州，与兄王统会合。次年四月，王广袭河州牧毛兴于枹罕（今甘肃临夏），失败后奔还秦州，为陇西鲜卑匹兰所执，送于后秦姚苌。九月，王统即以秦州降后秦，姚苌以姚硕德为使持节、都督陇右诸军事、秦州刺史，镇上邽（今甘肃天水）。[1] 如此，今甘肃天水一带为后秦所有，西秦所设置之天水、略阳诸郡是侨治在其他地区的。

其次，西秦对天水以西的南安郡（治今甘肃陇西东）的控制也是极不稳固的。就在西秦建立后第二年（386）初，南安的豪族秘宜[2] 率羌、胡五万多人攻乞伏国仁，四面而至。国仁率精骑五千，袭其不意，大破之，秘宜逃回南安。七月，河州枹罕诸氐废卫平而拥立苻丕族子苻登为"使持节、都督陇右诸军事、抚军大将军，雍、河二州牧，略阳公"。登帅众五万，东下陇，攻拔南安。秘宜与莫侯悌眷率其众三万余户降于国仁，国仁以宜为东

---

1 《晋书》卷一一五《苻丕载记》；《资治通鉴》卷一○六，晋孝武帝太元十一年九月条。

2 《资治通鉴》卷一○六，晋孝武帝太元十一年正月条，胡注："秘，姓也。前汉书功臣表有戴侯秘彭。时秘氏为南安豪族。"

秦州刺史，悌眷为梁州刺史。[1]国仁所置东秦州、梁州当在南安之西，南安为苻登所据有。苻丕封登为征西大将军、南安王，登则积极准备东攻后秦。九月，姚硕德镇秦州，为苻登所败。十月，登闻丕死，即前秦帝位于陇东，改元太初。以后，苻登与后秦姚苌、姚兴在秦州、陇东和关中西部进行了长达八年的拉锯战。

在刚建立的西秦西边的河西地区自苻坚死后，形势也发生了变化。征西域的吕光于前秦苻丕太安元年（385）自龟兹（今新疆库车）返回河西，杀前秦凉州刺史梁熙，据姑臧。次年光闻坚死，改元太初（一作太安），正式建立政权，史称后凉。由于后凉初建，主要力量放在巩固政权之上，一时还无力向东扩张，故暂时与西秦相安无事。

西秦的南边主要是较为分散的羌族部落，以漒川羌最强。漒川，据《资治通鉴》卷一一四胡注引段国《沙州记》云："洮水出强台山东北，径吐谷浑中。自洮、强

---

1 《资治通鉴》卷一〇六，晋孝武帝太元十一年七月条；按《晋书》卷一二五《乞伏国仁载记》云：秘宜"与其弟莫侯悌眷率众三万余户降于国仁"。中华书局标点本《晋书》此卷校勘记［三］云："通鉴一〇六'悌'下有'眷'字。广韵十九铎亦作'莫侯悌眷'，下乾归载记称'南梁州刺史悌眷为御史大夫'即其人。'莫侯'当即'莫何'之异译，乃官名。此处单作'悌'当是省称。"按，作"莫侯悌眷"是，但云"莫侯"即官号"莫何"之异译，误；"莫侯"应为少数民族姓氏，胡注已指明。

南北三百里中，地草皆是龙须，而无樵柴，谓之强川。"
强台山即西倾山（今甘南西倾山）。则漒川之地当在今
甘南西倾山东北、洮水中上游一带。国仁初置十二郡中
有漒川，说明此地羌族首领至少在名义上是臣属于西秦
的。漒川以西、以南就是在永嘉末（312~313）由阴山一
带迁至陇右的慕容吐谷浑部。吐谷浑原居辽东，为鲜卑
慕容部的一支，首领吐谷浑为慕容廆庶兄，因与廆部争
夺牧场，而西迁阴山，永嘉末又度过陇山至枹罕西北罕
开原。后向西向南扩展，领有今四川西北部、甘南和青
海等地。东晋建武元年（317）吐谷浑死，子吐延立。吐
延死，子叶延立，始建政权，以祖父吐谷浑名为姓氏、
部族名，亦为国号。前秦建元七年（371），叶延子碎
奚曾向前秦献马、黄金，苻坚封之为"安远将军、漒川
侯"[1]。在乞伏国仁建立政权前后，正是碎奚子视连在位时
（376~390）。[2]由于南边有吐谷浑政权，刚建立的西秦也
不可能向南扩张。

从以上的分析知西秦建立初，自南安以东先后为后
秦姚苌和前秦苻登所据，双方不断争战；西边自兰州、

---

1 《晋书》卷一一三《苻坚载记》内"坚拜纂安远将军、漒川侯"的"纂"
为"奚"之误。
2 以上关于吐谷浑早期历史，参见上引拙作《关于吐谷浑的来源、迁徙和
名称诸问题》。

黄河以西，为后凉吕光所有；南边是吐谷浑政权。这一形势对刚建立的西秦是不利的，限制了它向东、西、南三个方向的发展，这一形势也就决定了西秦对外、对内的政策。

在对外方面，西秦周围的政权，除吐谷浑建国较早外，其余均是在苻坚死后先后兴起的，他们都有一个巩固自己政权的过程；除前、后秦之外，他们之间的矛盾还不十分尖锐，处于暂时和平相处的阶段。因而，西秦采取与邻近的三个政权（前秦苻登、后凉吕光、吐谷浑视连）和好的政策。在对前秦苻登方面，国仁还有进一步的考虑，即因后秦雄踞关中，势力最强，苻登与后秦的连年战争，将会削弱双方的力量，而苻登的存在对于抵挡后秦势力的西进，有一定的作用。所以，国仁于前秦太初二年（387）三月，接受了苻登给予的"大将军、大单于、苑川王"的封号[1]，明显站在苻登一边。

在对内方面，国仁则以全力巩固自己的政权。西秦建义三年（387），国仁率骑先攻苑川东北六泉的鲜卑密贵、裕苟、提伦三部，击败由高平南下的鲜卑没奕于等于渴浑川（在勇士县东北）[2]，以上三部降；封密贵为建义

---

1 《晋书》卷一二五《乞伏国仁载记》；《资治通鉴》卷一〇七，晋孝武帝太元十二年三月条。
2 见《读史方舆纪要》卷六二。

将军、六泉侯，裕苟为建忠将军、兰泉侯，提伦为建节将军、鸣泉侯。次年（388）初，西秦建威将军叱卢乌孤跋拥众反，保牵屯山。按，叱卢乌孤跋应为原以乞伏部为首的部落联盟中叱卢部首领，一直守牵屯山，此时叛保牵屯山。国仁率骑七千击之，斩其部将叱罗侯，降者千余户。乌孤跋降，国仁复其官位。[1]四月，国仁以平乌孤跋之威，击居平襄的鲜卑越质部首领越质叱黎，俘获其子诘归、弟子复半及部落五千余人而还。后又以诘归为陇西太守，镇平襄。

同年六月，国仁卒，群臣以国仁子公府年幼，推国仁弟乾归为"大都督、大将军、大单于、河南王"，改元太初。乾归立其妻边氏为王后，"置百官，仿汉制，以南川侯出连乞都为丞相，梁州刺史悌眷为御史大夫[2]，金城边芮为左长史，东秦州刺史秘宜为右长史[3]，武始翟勃为左司马，略阳王松寿为主簿，从弟轲弹（《晋书》作轲殚）为梁州牧，弟益州为秦州牧，屈眷为河州牧"。九月，乾归由勇士城迁都至金城（今甘肃兰州西）。[4]乾

---

1 《晋书》卷一二五《乞伏国仁载记》。
2 《晋书》卷一二五《乞伏乾归载记》作"南梁州刺史悌眷"。
3 《资治通鉴》卷一〇七，晋孝武帝太元十三年七月条胡注云："乞伏氏置东秦州于南安。"按，当时南安在苻登控制之下，西秦所设东秦州不过是名义上的侨治州而已。
4 以上见《资治通鉴》卷一〇七，晋孝武帝太元十三年七月、九月条。

归所置的这些州牧，正如胡三省注所云，"不过分居河、陇之间"，带有名义上的侨治性质。尽管如此，乾归继立后所采取的措施仍然促进了西秦政权的建设和发展。如从上述所记职官及任职官吏的人名，可知西秦政权进一步汉化，而且摆脱了国仁时基本上任命少数民族上层为官吏的情况。内左、右长史金城边芮、南安秘宜系陇右豪族，左司马武始翟勃是汉化了的丁零大姓，主簿略阳王松寿，似为汉族。即是说，乾归继立后，开始了西秦王族乞伏氏与陇右一些汉族豪族结合的过程。这是十六国时少数民族所建政权能够巩固和发展的必要条件之一。

在对外、对内政策方面，乾归即位初期仍承袭兄国仁的方针，以巩固政权为主。西秦太初二年（389）正月，前秦苻登以乾归新立，即封之为大将军、大单于、金城王。接着，有南羌独如率众七千降乾归。五月，乾归又击盘据在牵屯山的休官阿敦、侯年二部，破之，二部众五千余落悉降，于是"声振边服"。"鲜卑豆留鞬、叱豆浑及南丘鹿结并休官曷呼奴、卢水尉地跋并率众降于乾归，皆署其官爵。"[1]这正如《资治通鉴》卷一〇七所记："于是秦、凉鲜卑、羌，胡多附乾归。"同年十一月，枹罕羌族首领

---

1 《晋书》卷一二五《乞伏乾归载记》。

彭奚念附于乾归，以奚念为北河州刺史。[1] 按，枹罕原为河州刺史治所，乾归既先以弟屈眷为河州牧，置河州（治所不详），后又置北河州，以奚念为刺史，治枹罕。这样，西秦政权在西至金城、苑川，东到南安、平襄，北抵牵屯，南达枹罕的广大地区，开始巩固和发展起来。

三 西秦政权的发展及其与邻近政权的关系

西秦太初三年（390），由于四周一些鲜卑、羌、休官等部的归附，西秦政权日益巩固，影响所及，甚至南边的吐谷浑政权也向西秦称臣纳贡。同年四月，吐谷浑视连遣使向西秦贡方物，乾归拜视连为"沙州牧、白兰王"[2]。按，吐谷浑中心在沙州（今青海贵南北穆格塘），白兰（今青海都兰、巴隆一带）[3] 也为吐谷浑重要根据地，故有此封号。九月，视连卒，子视罴立。十月，乾归遣使拜视罴沙州牧、白兰王。视罴有大志，不愿向西秦称臣，不接受封号，从此两国交恶。[4] 年底，西秦陇西太守

---

1 《资治通鉴》卷一〇七，晋孝武帝太元十四年十一月条。

2 《晋书》卷九七《吐谷浑传》；《资治通鉴》卷一〇七，晋孝武帝太元十五年四月条。

3 关于沙州、白兰地理位置的考证，见拙作《吐谷浑史》，宁夏人民出版社，1985；周伟洲、黄颢：《白兰考》，载《青海民族学院学报》1983 年第2 期。

4 《晋书》卷九七《吐谷浑传》。

越质诘归据平襄叛西秦，自称建国将军、右贤王。乾归于次年（391）元月，率军击之，诘归东奔陇山，后又率众降，乾归妻以宗女，署立义将军。[1]同年七月，在高平的前秦苻登骠骑将军没奕于（即前述鲜卑破多罗部首领）以二子为质，请与乾归共击鲜卑大兜国，于是乾归等攻陷安阳城及鸣蝉堡，收其部众而还，并归没奕于二子。八月，乾归率骑一万击没奕于于高平，没奕于奔他楼城（在高平东），乾归射之，中其目。[2]这样，西秦的势力从东北方向，一直扩展到平襄、高平一带。

西秦的巩固和扩展，引起其西边后凉吕光的注意。吕光此时基本上平息了内乱，开始准备向东扩展。因此，当乾归击败高平没奕于时，吕光乘虚向西秦进攻，乾归闻信，引兵还金城，光兵亦退。[3]这是后凉与西秦的第一次冲突。由于河西、陇右相接，是内地与西方交通必经之地，后凉欲东，西秦欲西，皆相互有碍，故两个政权均欲吞并对方，一开始交往就处于敌对状态。至太初四年（391）八月，吕光遣弟吕宝等攻乾归，败之于鸣雀峡，乾归退屯青岸（在金城郡），反击，杀吕宝等。

---

1 《晋书》卷一二五《乞伏乾归载记》；《资治通鉴》卷一〇七，晋孝武帝太元十六年正月条。

2 《资治通鉴》卷一〇七，晋孝武帝太元十六年八月条。

3 《资治通鉴》卷一〇七，晋孝武帝太元十六年十月条。

光又遣子吕纂等率骑五千南击西秦彭奚念，亦败。吕光大怒，亲自率军击奚念于枹罕，奚念惧，于白土津（在今青海尖扎附近）累石为堤，以水自固，遣精骑一万距守河津（今青海循化东黄河岸）。光遣将军王宝潜赴上津，夜渡湟河，自率大军攻克枹罕，奚念单骑奔甘松（今白龙江上游甘松山），光引军还。[1]后凉吕光虽然两次败于乾归，但是最后攻克了西秦的枹罕，成了西秦西边的劲敌和威胁。

这时，西秦东面的形势也发生了变化。前秦苻登因进攻后秦，势力东进至陇东，而据仇池一百二十里的历城氏族杨定，乘机于太初三年（390）北上，取陇城、冀城（今甘肃甘谷南）、略阳，遂领有秦州之地，自称秦州牧、陇西王。[2]太初四年底，又有休官首领权千成据秦州显亲（今甘肃天水西北），自称秦州牧。[3]次年（西秦太初五年，392）初，权千成为前秦所逼，降西秦，乾归以其为"东秦州刺史、休官大都统、显亲公"[4]。乾归势力

---

1 见《晋书》卷一二二《吕光载记》、同书卷一二五《乞伏乾归载记》等。

2 《宋书》卷九八《氐胡传》。按《资治通鉴》卷一〇七系此事于晋太元十四年（389）九月，从《宋书》。

3 《资治通鉴》卷一〇八，晋孝武帝太元十七年十二月条、太元十八年正月条。又《晋书》卷一一七《姚兴载记上》"权千成"作"权干城"。

4 《资治通鉴》卷一〇八，晋孝武帝太元十七年十二月条、太元十八年正月条。

东进至显亲一带。而此时前秦苻登也因与后秦连年战争，势渐衰。后秦姚苌多次击败苻登，太初四年高平的没奕于又转降后秦，姚苌封其为车骑将军、高平公。太初六年，姚苌死，子姚兴立。苻登乘机准备大举向后秦进攻。次年初，登遣使拜乾归为"假黄钺、大都督陇右河西诸军事、左丞相、大将军、河南王，领秦、梁、益、凉、沙五州牧，加九锡之礼"[1]，欲借西秦之力以攻后秦，故有是封。四月，苻登为姚兴击败，与太子苻崇奔平凉（今甘肃华亭附近）。六月，登遣子汝阴王苻宗为质于乾归，晋封乾归为梁王，纳其妹东平长公主为梁王后。乾归即遣前将军益州、冠军将军翟瑥率骑二万救之。七月，苻登即为姚兴所击杀，太子苻崇奔湟中，即帝位[2]，前秦已名存实亡。益州等率军回。

同年十月，乾归因苻崇残余势力不利于己，遂遣军逐之，崇奔据有秦州的氐族陇西王杨定。苻崇与杨定势力的结合，对西秦是一个威胁，因为他们见东边后秦强盛，欲西进取乾归，率骑四万攻西秦。[3]乾归遣凉州牧

---

1 《晋书》卷一二五《乞伏乾归载记》；《资治通鉴》卷一〇八，晋孝武帝太元十九年正月条。

2　以上均见《资治通鉴》卷一〇八，晋孝武帝太元十九年条；《晋书》卷一二五《乞伏乾归载记》。

3　同上两书。《资治通鉴》云定率骑二万，《晋书》作"四万"，盖《通鉴》未记苻崇二万之故，从《晋书》。

轲弹、秦州牧益州、立义将军诘归[1]率骑三万拒之。杨
定先击败益州于平川（今甘肃陇西与天水间），轲弹、
诘归惧而退兵。轲弹司马翟瑥奋剑而曰："吾王以神武
之姿，开基陇右，东征西讨……将军以维城之重，受阃
外之寄，宜宣力致命，辅宁家国。秦州虽败，二军犹
全，奈何不思赴救，便逆奔败，何面目以见王乎！"轲
弹于是率骑赴前，益州、诘归亦勒众而进，遂反败为
胜，杀杨定及苻崇，斩首万七千级。这次战争对于西秦
的巩固和发展是十分关键的一仗。至此，乾归"尽有陇
西之地"[2]。

　　十二月，乾归改河南王号为"秦王"[3]，史称乞伏氏所
建政权为"西秦"，即由此而来。接着，乾归大赦，"署
其长子炽磐领尚书令，左长史边芮为尚书左仆射，右长
史秘宜为右仆射，翟瑥为吏部尚书，翟勍为主客尚书，
杜宣为兵部尚书，王松寿为民部尚书，樊谦为三公尚书，
方弘、麹景为侍中，自余拜授一如魏武、晋文故事。犹

1　《资治通鉴》卷一〇八，晋孝武帝太元十九年十月条胡注："轲弹、益
州、诘归皆乞伏氏也"，按其中诘归为鲜卑越质部，非乞伏氏，胡三省误。
2　以上均见《晋书》卷一二五《乞伏乾归载记》；《资治通鉴》卷一〇八，
晋孝武帝太元十九年十月条。
3　按，此事见《资治通鉴》卷一〇八，晋孝武帝太元十九年十二月条。
《西秦录》也有记载，独《晋书·乞伏乾归载记》缺记。

称大单于、大将军"[1]。乾归采取的这一政权建设的措施，基本上是"一如魏武、晋文故事"，即仿魏晋的官制，正式在中央机构中置尚书省、门下省，进一步汉化。从参政的人名中可见，汉族豪门士族增多，表明乞伏氏政权进一步与陇右汉族豪门大族结合起来了。此外，乾归还保留"大单于、大将军"之号，一方面说明其境内少数民族众多，故存"大单于"号以便于统治；另一方面保存"大将军"号，则反映西秦统治者崇尚武力，掌握兵权，以利于争战。

西秦虽然破杨定、符崇，取秦州之地，但秦州重镇上邽（今甘肃天水）却为天水姜乳所袭据。[2]太初八年（395）四月，乾归遣乞伏益州率骑六千击姜乳，左仆射边芮、民部尚书王松寿言于乾归，说益州屡胜而骄，不宜专征。乾归以益州骁勇，又恐其专擅误事，遂以平北将军韦虔为长史、散骑常侍乞伏务和为司马[3]，辅益州出

---

1 《晋书》卷一二五《乞伏乾归载记》。按，《载记》系此事于晋"太元十七年"，误。考《资治通鉴》卷一〇八及《西秦录》，此事应在晋太元十九年底至二十年初。

2 《晋书》卷一二五《乞伏乾归载记》。按，姜乳袭据上邽，在杨定败死之时，即晋太元十九年十月。

3 按，《资治通鉴》卷一〇八，晋孝武帝太元二十年四月条云：务和为"左禁将军"。胡注："务，姓也。古有务光。"务和应为《晋书·乞伏乾归载记》后记之"乞伏务和"，非务氏，胡误。

征。军至大寒岭（在上邽西），益州轻姜乳为乌合之众，不为部阵，命战士解甲游猎、纵饮。韦虔等劝谏不听，遂为姜乳所败。乾归赦益州等战败之罪。[1] 这样，西秦仅占有秦州大部，上邽仍为姜乳所据，留下了隐患。六月，乾归迫于后凉的势力，由金城迁都于苑川西城。[2] 时又有河西秃发如苟率户二万降西秦，乾归妻以宗女。[3]

同年七月，西秦西边后凉吕光率众十万将击西秦。西秦左辅将军密贵周、左卫将军莫者羖羝劝乾归遣子为质，称藩于后凉。乾归即以子敕勃（《西秦录》作"勃勃"）为质，既而悔之，杀密贵周、莫者羖羝。[4] 按，莫者，又译作莫折，为秦州羌族大姓，北魏末于秦州起义的羌族莫折念生，即此族莫折氏。

西秦太初九年（396）正月，有休官权万世率众降西秦。[5] 权万世，与前述显亲休官权千成同族姓，当亦在秦州。十月，西秦乾归弟秦州牧益州与从弟凉州牧轲弹发生矛盾，轲弹叛投后凉。[6] 接着，西秦立义将军越质诘归

1　《晋书》卷一二五《乞伏乾归载记》等。
2　均见《资治通鉴》卷一〇八，晋孝武帝太元二十年六月条；《晋书》卷一二五《乞伏乾归载记》。
3　同上所引。
4　同上所引。
5　《资治通鉴》卷一〇八，晋孝武帝太元二十一年正月条。
6　《资治通鉴》卷一〇八，晋孝武帝太元二十一年十月条。

率户二万又叛西秦，降后秦，姚兴以其为镇西将军、平襄公，处之于成纪（今甘肃秦安北）。姚兴即以成纪为据点，遣陇西王姚硕德攻上邽姜乳，乳率众降。后秦即以姚硕德为秦州牧，镇上邽，征姜乳为尚书。时西秦的东秦州刺史权千成联合原后秦安南将军强熙（氏族强氏）率众三万共围上邽，为硕德击败。强熙奔仇池，后投东晋。硕德又进攻权千成于略阳，千成降后秦。[1]以上这些事件说明：后秦的势力遂渐西进，威胁着西秦，而后凉吕光因得乞伏轲弹，也有东击西秦之意。[2]

果然，在西秦太初十年（397）正月，吕光遣弟吕纂率步骑三万攻西秦金城，乾归率众二万救之。光遣其将王宝等邀击，乾归惧而不进。光又遣将梁恭、金石生等以甲卒万余出阳武下峡，与秦州刺史没奕于攻乾归之东；令弟吕延以枹罕之众攻西秦之西，克临洮（今甘肃岷县）、武始（今甘肃临洮）、河关（今临夏西）。吕纂一路，攻克金城，执西秦太守卫鞔。乾归四面受敌，处于困境之中，泣谓群下曰："死中求生，正在今日也。"于是纵反间之计，遣人诣吕延，称乾归众溃，东奔成纪。吕

---

1 《资治通鉴》卷一〇八，晋孝武帝太元二十一年十二月条。

2 《晋书》卷一二二《吕光载记》记："乾归从弟轲弹来奔，光下书曰：'乾归狼子野心，前后反复。朕方东清秦、赵，勒铭会稽，岂令竖子鸱峙洮南！且其兄弟内相离间，可乘之机，勿过今也。其敕中外戎严，朕当亲讨。'"

延欲率轻骑追之，其司马耿稚谏曰："乾归雄勇过人，权略难测，破王广，克杨定，皆赢师以诱之[1]，虽蕞尔小国，亦不可轻也。因兽犹斗，况乾归而可望风自散乎！且告者视高而色动，必为奸计。而今宜部阵而前，步骑相接，徐待诸军大集，可一举灭之。"延不从，遂率轻骑追击，为乾归所杀，稚等收散卒，还屯枹罕。吕光闻延死，退军。[2]

吕光虽退军，但仍然据金城，恰好此时秃发乌孤据廉川，自称西平王，治兵广武，攻吕纂于金城，拔之。接着，又击败后凉将军窦苟于街亭。乌孤初建政权，遣使与西秦和亲[3]，西秦为了联络南凉以抗后凉，双方暂时结成了联盟，炽磐王后秃发氏即此次和亲入西秦的。不久，后凉境内发生沮渠氏之变，段业被拥立。六月，西秦可能乘机从后凉手中夺回了枹罕，因为《资治通鉴》卷一〇九于此年六月记："西秦王乾归征北河州刺史彭奚念为

1 按，《资治通鉴》卷一〇九晋安帝隆安元年正月条胡注云："太元十一年，王广为鲜卑匹兰所执，送于后秦；此时乾归未统国事也。乾归破广当在乞伏国仁之时。"乾归以赢师诱敌，败王广一事，不见史籍记载，具体情况不知。
2 关于这次战争，见《晋书》卷一二二《吕光载记》、同书《乞伏乾归载记》，《资治通鉴》卷一〇九，晋安帝隆安元年条正月条等。
3 《晋书》卷一二五《乞伏乾归载记》。

镇卫将军；以镇西将军屋弘（引）破光为河州牧；定州刺史翟瑥为兴晋太守，镇枹罕。"年底，又有后秦长水校尉姚珍奔降西秦，乾归以女妻之。[1]

西秦太初十一年（398）初，西秦乘后凉郭黁、杨轨之乱，遣益州攻克后凉支阳（今甘肃兰州西北）、允吾（今甘肃永登南）、鹯武（在支阳、允吾之间），虏万余人而去。[2]六月，郭黁、杨轨为吕纂所败，轨奔南凉秃发乌孤，郭黁则投西秦，乾归以为建忠将军、散骑常侍。至此，因后凉的衰弱，无力进攻西秦，双方处于相持的阶段。

这时，西秦则将注意力转向南边的吐谷浑政权。如前所述，吐谷浑视罴立后，拒绝了乾归所加之封号，"乾归大怒，然惮其强，初犹结好"[3]，等待时机。至西秦太初十一年（398），乾归遣乞伏益州与武卫将军慕兀[4]、冠军将军翟瑥率骑二万击视罴，至度周川（今甘肃岷县西）。视罴战败后，退保白兰，遣子宕岂为质，降西秦，乾归

---

1 《资治通鉴》卷一〇九，晋安帝隆安元年十月条。

2 《资治通鉴》卷一一〇，晋安帝隆安二年正月条。

3 《晋书》卷九七《吐谷浑传》。

4 《资治通鉴》卷一一〇，晋安帝隆安二年九月条；又《晋书》卷一二五《乞伏乾归载记》作"慕容兀"；据《资治通鉴》胡注："慕兀，晋书载记作慕容兀。慕兀盖亦乞伏氏，载记误也。"

以宗女妻之。[1]

太初十二年（399），对西秦来说，此年是较为平静的一年。四月，有鲜卑叠掘河内率户五千降于西秦，乾归以其为叠掘都统，妻以宗女。六月，西秦丞相南川宣公出连乞都卒，十一月以金城太守辛静为右丞相。[2]在这平静的背后，却隐藏着巨大的危险，因为西秦这几年全力对付西边的后凉和南边的吐谷浑，而忽略了逐渐西进的后秦。

1　见《晋书》卷九七《吐谷浑传》；《资治通鉴》卷一一〇，晋安帝隆安二年十月条。

2　均见《资治通鉴》卷一一一，晋安帝隆安三年条。

第三章
西秦的亡国和复兴

一 后秦的西进和西秦的亡国

西秦太初十三年（400）正月，乾归因所居金城南景门崩，恶之，遂迁都还于苑川。[1]这时，后秦的势力进一步西进，直接威胁着西秦。自太初九年后秦取上邽，原西秦越质诘归、休官权千成等先后降后秦，姚兴以姚硕德为秦州牧，积极准备西击乾归。是年五月，姚兴与硕德率军五万，从南安峡（今甘肃张家川西）向西进攻西秦。乾归帅诸将拒之于陇西。姚兴则潜军走绝道深入，乾归闻姚兴军将至，对诸将说："吾自开建以来，屡摧勍敌，乘机藉算，举无遗策。今姚兴尽中国之师，军势甚盛。山川阻

---

1 《资治通鉴》卷一一一，晋隆安四年正月条；《晋书》卷一二五《乞伏乾归载记》。按，《资治通鉴》卷一〇八记乾归已于太元二十年（395）六月，由金城迁都于苑川西城，后金城先后落入后凉、南凉手中，隆安二年西秦又夺回金城，复都金城，至是又迁于苑川。

狭，无纵骑之地，宜引师平川，伺其怠而击之。存亡之机，在斯一举，卿等勠力勉之。若枭翦姚兴，关中之地尽吾有也。"从乾归这番话，可知后秦这次西进，是尽全国之力，军势甚盛，而乾归虽然因屡胜而有骄色，但也知此役乃决定西秦存亡的关键一仗。为了实现引师平川的作战方针，乾归令其卫军将军慕兀（《晋书》作"慕容兀"）率中军二万屯于柏阳（今甘肃清水西南）[1]，镇军将军罗敦将外军四万迁于侯辰谷（在柏阳附近），自率轻骑数千以候姚兴军至。会大风昏雾，与中军慕兀相失，为姚兴军所逼，走投外军罗敦。第二日晨，乾归整军与后秦军大战，为姚兴击败，走还苑川，其部众三万六千皆降于后秦。姚兴进军枹罕。时乾归又由苑川奔金城，谓诸将曰："吾才非命世……叨窃名器，年逾一纪，负乘致寇，倾丧若斯！今人众已散，势不得安，吾欲西保允吾（今青海乐都西南），以避其锋。若方轨西迈，理难俱济，卿等宜安土降秦，保全妻子。"部众不愿，乾归说："吾今将寄食于人，若天未亡我，庶几异日克复旧业，复与卿等相见，今相随而死，无益也。"于是乾归独引数百骑奔允吾，降南凉秃

---

[1] 《水经注》卷一七渭水条云："渭水又东，伯阳谷水入焉。水出刑马之山伯阳谷，北流，白水出东南白溪水，西北注伯阳水。伯阳水又西北历谷，引控带流，北注渭水。"则伯（柏）阳当在今清水县西南。

发利鹿孤。[1] 利鹿孤待以上宾之礼，处之于晋兴城。后乾归与南羌叛，为利鹿孤所知，乾归乃送子炽磐于西平。八月，南奔枹罕，降后秦。十一月，乾归至长安，姚兴署其为"镇远将军、河州刺史、归义侯，复以其部众配之"[2]。

这样，西秦从东晋太元十年（385）建国，至东晋隆安四年（400）为后秦所灭，前后经十五年。西秦虽然灭亡，但其在陇右的实力，即以陇西鲜卑为主的势力，仍然存在。我们之所以说西秦此时已亡于后秦，是因为西秦与南凉、北凉和西凉之降于后秦不同，他确为后秦用军事力量所击灭，原国土为后秦所据，分设郡县，任命官吏；西秦国主乾归也真正投降，为后秦一方之州牧（河州刺史）。而南凉、北凉和西凉等向后秦称臣纳贡，只是名义上的臣属关系，其国内一切内政、外交均自主，与西秦亡于后秦的关系有本质的不同。由于后秦姚兴还想利用乾归父子在陇右的潜在势力巩固和扩大他在河陇的统治，故对乾归父子及原西秦的势力采取笼络的政策，保存了他们的实力，"复以其部众配之"。这就为以后乾归父子复国创造了条件。

1　关于后秦灭西秦的战争，见《晋书》卷一二五《乞伏乾归载记》，《资治通鉴》卷一一一，晋安帝隆安四年七月条等。
2　《晋书》卷一一七《姚兴载记上》。

西秦之亡于后秦，不是一次偶然的事件，而是有其必然的原因。首先，乞伏氏建立的西秦政权主要依靠陇西鲜卑各部贵族，以军事征服为手段，合并各地方实力派所组成，故其内部经常发生各地地方实力派叛服不常的情况，政权还不十分巩固。乞伏氏虽然也注意了与陇右汉族豪门士族的结合，但这种结合才刚开始。同时，其内部的经济状况，处于各鲜卑部落由游牧向农业定居的转化过程之中，经济实力远比不上据有关中的后秦。无怪乎《晋书·姚兴载记上》多次提到，后秦占领陇右后，"军无私掠，百姓怀之"；取后凉姑臧后，"祭先贤，礼儒哲，西土悦之"。此中多有溢美之处，但也反映汉化较早的后秦，进入河陇是颇得该地区广大汉族豪门及人民支持的。其次，西秦仅据陇右西部，四面强敌压境，西有后凉、南凉，南有吐谷浑，东有后秦。而乞伏氏统治者，又专与后凉、吐谷浑连年征战，忽略了西进的后秦。故其在后秦大军压境的情况下，一战溃散，终至灭亡。从此开始了其作为后秦统治下一部分的历史。

后秦弘始三年（401），姚兴为借乞伏氏势力统治陇右，并继续向河西深入，遣乾归还镇苑川，尽以部众配之。乾归还苑川后，"以边芮为长史，王松寿为司马，公卿大将已下悉降号为偏裨"[1]。姚兴采取的这一措施，使乞

---

1 《晋书》卷一二五《乞伏乾归载记》。

伏氏死灰复燃，有了立足之地。乾归表面上为后秦河州刺史，但暗中积聚力量，准备一旦时机成熟，即自立复国。五月，姚兴命硕德进围姑臧，乾归领骑七千从征。九月，吕隆降后秦，河西的南凉、北凉及西凉等皆畏后秦之强，遣使入贡于姚兴。

弘始四年（402），在南凉西平的乞伏炽磐自西平逃归苑川，投其父乾归。南凉王秃发傉檀归其妻子，乾归使炽磐入朝后秦。姚兴以炽磐为"振忠将军、兴晋太守"[1]，镇枹罕；又遣使加乾归散骑常侍、左贤王[2]。这样，乾归父子就领有苑川、枹罕等旧地，原部众多附之，势力复振。

弘始五年（403）五月，乾归随后秦左仆射齐难等至姑臧，迎后凉王吕隆至长安，后凉亡。又讨叛羌党龙头于滋川（不详），攻据仇池的氐王杨盛将符帛于皮氏堡（今甘肃天水南），并克之。[3]六年（404）八月，乾归随硕德等伐仇池杨盛，与杨盛战于竹岭（在今甘肃天水西南），为盛所败[4]，后硕德等击败杨盛，盛弟寿等惧，请降。

七年（405）正月，乾归因吐谷浑乌纥堤（视罴弟）在西秦败亡时，"屡抄其境"，至是率骑击吐谷浑，乌纥

1　《晋书》卷一二五《乞伏乾归载记》。

2　同上所引。

3　同上所引。

4　《资治通鉴》卷一一三，晋安帝元兴三年九月条。

堤大败，失万余口，走保南凉而卒。[1]这是乾归为扩展自己势力而采取的行动，说明后秦对乾归父子的控制已开始动摇。接着，乾归至长安。[2]同年九月，乾归又向仇池杨盛进攻，先攻杨盛将杨玉于西阳堡（今甘肃天水西南），克之，后为杨盛所败。[3]八年（406）五月，苑川地震，十一月乾归朝于长安。九年（407）正月，姚兴见乾归父子势力逐渐扩张，终为其西方之心腹大患，乃因其入朝，留为主客尚书，以炽磐为建武将军、行西夷校尉，监抚其众。[4]十月，因后秦河州刺史彭奚念降于南凉，姚兴即以炽磐为河州刺史。[5]

从以上西秦亡后七年中乞伏乾归父子的活动可知，乾归父子仍作为后秦的臣僚，或随之征战，或定期入朝觐见，但也乘机积聚力量，准备自立复国。至后秦弘始十年（408），后秦也因连年战争，数败于东边的北魏和北方的赫连夏国，而势力中衰。加之后秦统治者广事兴佛，"事佛者十室而九矣"[6]，国内用度不足，阶级矛盾、民

1 《晋书》卷九七《吐谷浑传》；《晋书》卷一二五《乞伏乾归载记》。

2 《西秦录》。

3 《晋书》卷一二五《乞伏乾归载记》；《资治通鉴》卷一一四，晋安帝义熙元年九月条。

4 《晋书》卷一二五《乞伏乾归载记》

5 《晋书》卷一二五《乞伏乾归载记》。

6 《晋书》卷一一七《姚兴载记上》。

族矛盾日益尖锐，内乱将起。因此之故，乞伏炽磐遂于此年十月，召结诸部二万七千余人，筑城于嶻嵲山，以抗后秦。嶻嵲山，据《资治通鉴》卷一一四胡注："丁度曰：嶻嵲山在西羌。予据乞伏氏据苑川，其地西至枹罕，东极陇坻，北限赫连，南界吐谷浑。嶻嵲山当在苑川西南。宋朝西境尽秦、渭，嶻嵲山始在西羌中。"又《元和郡县图志》卷三九兰州五泉县（今甘肃兰州）有"康狼山，亦名热薄汗山，在县南一百四十里。西秦乞伏乾归太子炽磐，招结诸部二万七千，筑城于康狼山以据之，即此山也"。则嶻嵲山在今甘肃兰州南一百四十里之地。十二月，炽磐攻羌彭奚念于枹罕，这是他以后秦河州刺史的名义，企图夺取枹罕作根本的尝试，但为奚念所败，还于嶻嵲城。

次年（409）二月，乞伏炽磐至上邽见后秦太原公姚懿，彭奚念乘虚攻之。炽磐闻讯后，不告懿而返，击奚念，破之，遂围枹罕。时乾归正从秦王姚兴至平凉，炽磐攻克枹罕，即遣人告乾归，乾归遂逃回苑川。姚兴因弟姚冲反叛，又欲伐夏国赫连勃勃，无暇顾及，乾归遂于四月至枹罕与炽磐会合。[1]时又有鲜卑悦大坚部自龙马

---

1 《晋书》卷一二五《乞伏乾归载记》;《资治通鉴》卷一一五，晋安帝义熙五年四月条;《西秦录》等。

苑降乾归。于是，乾归以炽磐留守枹罕，收众三万迁于坚度山。[1] 此地原是乞伏司繁时的根据地，鲜卑部众较多，是乞伏氏复国的最好基地。从此，乞伏氏与后秦决裂，积极准备复国。

二 复兴和极盛时期的西秦及其与邻国的关系

后秦弘始十一年（409）七月，乾归父子分据度坚、枹罕后，部众皆劝乾归自立称王，乾归以寡弱，不许。部下固请说："姚数将终，否极斯泰，乘机抚运，实系圣人。今见众三万，足可以疆理秦、陇，清荡洮、河。陛下应运再兴，四海鹄望，岂宜固守谦冲，不以社稷为本！愿时即大位，允副群心。"乾归从之。于是重新称"秦王"，改元更始，置百官，公卿以下皆复本位。[2] 乾归所置百官的情况，《资治通鉴》卷一一五，晋安帝义熙五年十月有简约的记载，云："西秦王乾归立夫人边氏为皇（应为'王'）后，世子炽磐为太子，仍命炽磐都督中外诸军、录尚书事。以屋引破光为河州刺史，镇枹罕；以南安焦遗为太子太师，与参军国大谋。"最有意思的是，乾归复国后，更

---

1 《晋书》卷一二五《乞伏乾归载记》。又《资治通鉴》卷一一五，晋安帝隆安五年四月条云"收其众得二万"。
2 《晋书》卷一二五《乞伏乾归载记》内云"义熙三年，僭称秦王"，误，应为义熙五年（见中华书局标点本《晋书》卷一二五校勘记）。

为注意对陇右汉族豪门、名儒的拉拢，进一步汉化，这也许是乾归总结亡国教训及在长安吸取的经验吧。他不仅以南安名儒焦遗为太子太师，参与军国大谋，而且还说"焦生非特名儒，乃王佐之才也"，要求炽磐："汝事之当如事吾。"炽磐拜焦遗于床下。遗有子名华，至孝，乾归欲以女妻之，遗辞。乾归说："卿之所行，古人之事，孤女不足以强卿。"乃以华为尚书民部郎。[1]

乞伏氏经过九年之后，又重新复国，其之所以能够复国，主要是后秦灭其国时，仍保留了他们在陇西的势力，欲借之巩固自己对陇西地区的统治。同时，后秦的逐渐衰弱，内忧外患，接踵而来，也为乞伏氏的复国创造了有利的条件。经过九年而终于复国的西秦，从此进入了复兴和强盛的时期。

西秦更始元年（409），河西、陇右的形势对西秦的发展是有利的：东面的后秦日益衰弱；西边的南凉也因与北凉连年征战，而元气大伤；南边的吐谷浑树洛干（视罴子，继乌纥堤立）虽然少年有为，但一时还不能构成对它的威胁。因此，乾归父子利用这一有利的时机，积极扩张自己的势力。在短短的两年中，西秦不仅恢复

---

1 《资治通鉴》卷一一五，晋安帝义熙五年十月条。内胡注云："魏尚书郎有民曹，晋初分置左民、右民，江左以后，省右民郎，有左民郎。民部郎至是始见于《通鉴》。"

了原有的疆域，而且向四周扩张。

据《晋书·乞伏乾归载记》云，乾归复国后，"遣炽磐讨谕薄地延，师次烦于，地延率众出降，署为尚书，徙其部落于苑川"。按薄地延族属不明，从姓氏上看与慕利延、勿地延等鲜卑姓氏同，疑其为鲜卑部落。烦于，地名，疑即后述之"番夷"（番，古音读"盘"），在今青海西宁东北。接着，乾归遣陇西羌昌何攻克后秦金城郡，以骁骑将军乞伏务和为东金城太守。[1]《资治通鉴》卷一一五，系此事于晋安帝义熙六年（410）三月，仅云乾归攻拔秦金城郡。《十六国疆域志》卷一五《西秦》对"东金城太守"有考证，云："案疑是时后秦、西秦并有金城郡，故乾归攻克姚秦金城后，遂以为东金城也。"此说可信。

此外，《资治通鉴》卷一一五还记载了更始二年（410）西秦对邻近一些鲜卑、羌族部落的征服及对后秦的战争。此年七月，"西秦王乾归讨越质屈机等十余部，降其众二万五千，徙于苑川"。越质部系鲜卑部落，其首领诘归于后秦皇初三年（396）叛西秦，降后秦。胡三省注云："屈机即诘归也，语稍讹耳。"此部居平襄，至是被徙至苑川。八月，乾归从度坚山再次迁都苑川。这正如胡三省注所云：乾归"今部众浸盛，不畏秦，复都苑

---

1 《晋书》卷一二五《乞伏乾归载记》。

川"。接着,乾归又攻后秦略阳、南安、陇西诸郡,皆克之,"徙二万五千户于苑川、枹罕"[1]。时又有鲜卑仆浑部,羌句岂、输报、邓若等率户二万降于乾归。

西秦更始三年(411)正月,后秦姚兴见乾归势力增强,欲命重臣镇抚西北,陇东太守郭播请权臣姚弼出镇,姚兴不从,以太常索棱为太尉,领陇西内史,使招抚西秦。乾归遂遣使向后秦遣还去年所掠南安、略阳、陇西诸郡的守宰,谢罪请降。乾归所作出的这些妥协,只不过是以这种名义上的臣属,来换取后秦对他在陇右地位的承认,并减少对他的猜忌,便于他的扩张。而姚兴也明知"力未能西讨,恐更为边害",遂遣使拜乾归"使持节、散骑常侍、都督陇西岭北匈奴杂胡诸军事、征西大将军、河州牧、大单于、河南王",以太子炽磐为镇西将军、左贤王、平昌公。乾归方图河右,权宜受之,遂称藩于后秦。[2]这种臣属关系,正如南凉、北凉臣属于后秦的关系一样,丝毫不会妨碍乾归的扩张。

同年二月,乾归将去年降服的鲜卑仆浑部三千余户徙于度坚城,以子敕勃为秦兴太守以镇之。接着,又徙羌句岂等部众五千余户于叠兰城,以兄子阿柴为兴国太

---

1 《晋书》卷一二五《乞伏乾归载记》。
2 《资治通鉴》卷一一六,晋安帝义熙七年正月条;《晋书》卷一二五《乞伏乾归载记》。

守以镇之，复以子没奕于为武威太守，镇嶤峳城。[1] 按，叠兰城的位置，据《资治通鉴》卷一一六胡注："叠兰城在大夏（今甘肃临夏东）西南，嶤峳东北。"又《读史方舆纪要》卷五九秦安县兴国城条云："晋太元中，乞伏乾归西徙羌众，以兄子阿柴为兴国太守，盖即故城置郡也，后魏废。"以上两说，均有疑问。胡注所云叠兰城在大夏西南较确，此地当枹罕东南，西秦徙羌于此，便于控制也。但又云在嶤峳东北则误。按嶤峳城，如前述在今兰州南一百四十里，胡三省也注在苑川西南，此城东北与大夏西南的叠兰城的方位无论如何也联系不上。至于《读史方舆纪要》则因西秦于叠兰城置兴国郡，而与汉时兴国氏所据之兴国城（在今甘肃秦安西北）混而为一，显然是错误的。乞伏乾归于度坚城置"秦兴郡"，在叠兰城置"兴国郡"，意思相同，即兴复西秦之意，而兴国郡治叠兰城，并不同于在汉时的兴国城置兴国郡，西秦只不过是"因其地名置郡"而已。另外，《纪要》所记"晋太元中"，也误，应为"晋义熙中"。总之，西秦的叠兰城应在大夏西南，为其所置兴国郡治所。

同年七月，乾归即向西边日益衰弱的南凉进攻，遣太子炽磐、次子中军将军审虔率骑一万，渡过金城黄河，

---

1 《资治通鉴》卷一一六，晋安帝义熙七年五月条。

大败傉檀太子武台于洪池岭南，获牛马十余万而还。[1]十月，乾归又攻后秦略阳太守姚龙于柏阳堡（即柏阳），克之；十一月，攻后秦南平太守王憬于水洛城（今甘肃庄浪附近），又克之，徙四千余户于苑川，三千余户于谭郊（今甘肃临夏西北）[2]；十二月，西羌彭利发袭据枹罕，自称大将军、河州牧，乾归率军击之，不克。[3]按，彭利发与前据枹罕之彭奚念同姓同族，疑为奚念子弟，至是从西秦手中夺回枹罕。

西秦更始四年（412）正月，乾归率军三万攻彭利发于枹罕，至奴葵谷（今甘肃临夏东），利发弃众南奔。乾归遣振威将军公府（国仁子）追至清水（今甘肃清水西），杀利发。乾归入枹罕，收羌户一万三千[4]，以乞伏审虔为河州刺史，镇枹罕[5]。二月，乾归由苑川徙都谭郊，命炽磐镇苑川。[6]时西秦南边的吐谷浑树洛干败南凉太子武台，夺得浇河之地，势力北上，于是乾归率军击之。

1 《晋书》卷一二五《乞伏乾归载记》；《资治通鉴》卷一一六，晋安帝义熙七年八月条。

2 《资治通鉴》卷一一六，晋安帝义熙七年十一月条。《晋书·乞伏乾归载记》"柏阳堡"作"伯阳堡"；"水洛城"作"永洛城"，误。

3 《资治通鉴》卷一一六，晋安帝义熙七年十二月条。

4 《晋书》卷一二五《乞伏乾归载记》。

5 《资治通鉴》卷一一六，晋安帝义熙八年正月条。

6 同上所引。

《晋书·吐谷浑传》记此事云："乞伏乾归甚忌之，率骑二万攻之于赤水。树洛干大败，遂降乾归，乾归拜为平狄将军、赤水都护，又以其弟吐护真为捕虏将军、层城都尉。"而同书《乞伏乾归载记》却记：乾归率骑二万，"讨吐谷浑支统阿若干于赤水，大破降之"。据考证，《晋书·吐谷浑传》所记乾归击吐谷浑"树洛干"，因与"阿若干"形近而讹，乾归所击应为树洛干"支统"（即别部首领意）阿若干。赤水，即《水经注》卷二河水所记之"赤水城"，"亦曰临洮东城"，在今甘肃岷县东北。层城在今岷县西、临潭附近。吐护真，当为阿若干弟，非树洛干弟。[1]四月，乾归遣炽磐攻南凉三河太守吴阴于白土，克之，以乞伏出累为太守。[2]

总之，从乾归复国（409）至西秦更始四年（412），短短的四年时间，西秦先后与后秦、南凉、吐谷浑发生战争，每战皆胜，其疆域东扩至平襄、略阳，西至金城、白土，南抵层城、赤水，北达度坚山以北。值得注意的是，乾归每攻占一地之后，大多迁该地人民于其中心苑川、枹罕、谭郊一带。这实际上是一种对劳动力的掠夺，说明复国后的西秦国内严重地缺乏劳动力和兵员，故掠

1　详细考证见拙作《吐谷浑史》，宁夏人民出版社，1985，第21~22页。
2　《资治通鉴》卷一一六，晋安帝义熙八年四月条。

夺人口成为复国的西秦一个十分突出的特点。

就在更始四年六月，西秦统治阶级内部发生了一次大的内乱。乾归及其诸子十余人为国仁子乞伏公府所杀[1]，公府走保大夏。公府之所以要杀乾归，是因国仁死时，其年幼，故乾归继立，至是长大，不得立而刺杀乾归。但是，乾归长子炽磐已掌握了西秦政权的权力，驻守苑川，未被刺杀。因此，炽磐遣其弟广武将军智达、扬武将军没奕于率骑三千追击公府，以其叔昙达为镇京将军，镇谭郊，以骁骑将军娄机镇苑川。炽磐率文武及民二万余户迁都枹罕。[2]西秦的内乱，自然引起邻国的注意，后秦国内及夏国赫连勃勃均有乘机伐西秦之意[3]，但见炽磐在其国威望甚高，并及时采取了平息内乱的措施，故未采取行动。七月，乞伏智达等击破公府于大夏，公府奔其弟阿柴，智达攻拔叠兰城，杀阿柴父子五人。公府逃至嵝峨南山，智达追获公府父子四人，杀之于谭郊。[4]

炽磐平息内乱后，即于同年八月袭位，改元永康，自

---

1 《晋书》卷一二五《乞伏乾归载记》云："乾归畋于五谿（在今甘肃陇西东），有枭集于其手，甚恶之。六年（应为八年），为兄子公府所弑，并其诸子十余人。"

2 均见《资治通鉴》卷一一六，晋安帝义熙八年六月条。

3 同上所引。

4 《资治通鉴》卷一一六，晋安帝义熙八年七月条；《晋书》卷一二五《乞伏乾归载记》；《西秦录》。

称"大将军、河南王"，葬乾归于枹罕，谥曰武元王，庙号高祖。[1]同时对政权机构作了一些调整："署翟勍为相国，麴景为御史大夫，段晖为中尉，弟延祚为禁中录事，樊谦为司直。罢尚书令、仆射、尚书、六卿、侍中、散骑常侍、黄门郎官，置中左右常侍、侍郎各三人。"[2]史称炽磐"性勇果英毅，临机能断，权略过人"[3]，"勇略明决，过于其父"[4]。炽磐继承父业，东征西讨，使西秦进入了极盛的时期。

西秦永康二年（413）初，炽磐遣龙骧将军乞伏智达、平东将军王松寿将兵击吐谷浑树洛干于浇河，大破之，俘获其将呼那乌提，虏三千余户而还。[5]又遣镇东将军昙达与王松寿率骑一万，东击破休官权小郎、吕破胡于白石川，虏其男女万余口，进据白石城（今甘肃清水西），休官降者万余人。后显亲休官权小成、吕奴迦等二万余户据保白坑（在显亲境）反，昙达攻斩之，于是陇右休官悉降[6]。此时，为后秦镇守陇西的太尉索棱，以

1　《资治通鉴》卷一一六，晋安帝义熙八年八月条等。
2　《晋书》卷一二五《乞伏炽磐载记》。按，"麴景"，《资治通鉴》卷一一六晋安帝义熙八年十二月条作"赵景"，误。
3　《晋书》卷一二五《乞伏炽磐载记》。
4　《资治通鉴》卷一〇八，晋孝武帝太元十八年六月条。
5　《晋书》卷一二五《乞伏炽磐载记》。
6　《资治通鉴》卷一一六，晋安帝义熙九年三月条；《晋书》卷一二五《乞伏炽磐载记》。

陇西郡降炽磐。[1]这样，就使西秦的势力向东扩展到显亲、陇西一带。四月，炽磐遣安北将军乌地延、冠军将军翟绍击吐谷浑别统句旁于泣勤川，大破之，俘获甚众；六月，炽磐击吐谷浑支旁于长柳川，虏旁及民五千余户而还；九月，又击吐谷浑别统掘逵（《晋书》作"掘达"）于渴浑川，虏男女二万三千[2]；十月，掘逵即率其余众降于西秦[3]。泣勤川、长柳川，《读史方舆纪要》卷六〇云均在洮州卫（今甘肃临潭）西南，渴浑川不详。则炽磐击吐谷浑的一系列战争，大致发生在洮河中上游的"漒川"之地。经过对陇西休官和吐谷浑的多次战争，西秦在东部和南部的势力大为扩张。

永康三年（414）正月，时有五色云起于枹罕南山，炽磐以为是一个好兆头，对群臣说："吾今年应有所定，王业成矣。"于是缮甲整兵，以待四方之隙。[4]五月，炽磐闻南凉傉檀西征乙弗，欲乘机袭之，群臣皆言不可。独太府主簿焦袭说："傉檀不顾近患而贪远利，我今伐之，绝其西路（指回救乐都之路），使不得还救，则虎台独

1　《资治通鉴》卷一一六，晋安帝义熙八年三月条等。

2　见《资治通鉴》卷一一六，晋安帝义熙九年二月条；《晋书》卷一二五《乞伏炽磐载记》。

3　《资治通鉴》卷一一六，晋安帝义熙九年十月条。

4　《西秦录》；又《晋书·乞伏炽磐载记》亦记其事，时间作"僭立十年"，应为"僭立三年"之讹。

守穷城，可坐禽也。此天亡之时，必不可失。"炽磐遂率骑二万袭乐都，一旬城溃，入乐都；遣平远将军犍虔率骑五千追击傉檀，徙武台与其文武及百姓万余户于枹罕。"以镇南将军谦屯为都督河右诸军事、凉州刺史，镇乐都；秃发赴单为西平太守，镇西平；以赵恢为广武太守，镇广武；曜武将军王基为晋兴太守，镇浩亹。"[1]由此可知，炽磐攻下乐都后，南凉余下的乐都、西平、广武、晋兴等郡均为西秦所有。炽磐分遣众将驻守各地，其中仅浩亹仍为南凉尉贤政固守。六月，傉檀势穷，率众降西秦，至左南，尉贤政闻之，乃降；七月，炽磐以傉檀为骠骑大将军、左南公。不久即使人毒死傉檀，南凉亡。《晋书·乞伏炽磐载记》说："炽磐既兼傉檀，兵强地广，置百官，立其妻秃发氏（傉檀女）为王后。"《资治通鉴》卷一一六，晋安帝义熙十年亦记，此年"冬，十月，河南王炽磐复称秦王，置百官"[2]。即是说，炽磐于此时又恢复"秦王"名号，而且复其即位时所罢之尚书令、仆射、侍中、九卿等职官。这可从次年炽磐子元基自后秦长安逃归后，炽磐以其为"尚书左仆射"可证。[3]

西秦乘南凉与北凉连年征战、南凉衰弱之机，没费

---

1 《资治通鉴》卷一一六，晋安帝义熙十年五月条等。

2 关于炽磐于是年十月复称秦王事，又见《西秦录》。

3 《资治通鉴》卷一一六，晋安帝义熙十一年四月条等。

多大的力气，就灭南凉而据有其地，这一切自然引起早已企图兼并南凉的北凉沮渠氏的不满。因此，在南凉亡后一年（415）的二月，沮渠蒙逊遣其将运粮于湟河[1]，自率军攻占西秦广武郡。因运粮不继，蒙逊遂渡浩亹河（今青海大通河）到湟河，炽磐即遣将军乞伏魋尼寅击蒙逊，为蒙逊所杀；炽磐又遣将王衡、折斐、麹景等率骑一万据勒姐岭（今青海平安境内），蒙逊且战且进，擒折斐等七百余人，麹景逃还。蒙逊以弟汉平为折冲将军、湟河太守，遂引军还。[2]接着，炽磐自率众三万袭北凉湟河郡，太守沮渠汉平遣司马隗仁夜袭炽磐营，杀数百人。炽磐将撤兵时，汉平长史焦昶、将军段景潜召炽磐。于是，炽磐复攻，昶、景劝汉平出降于西秦。仅隗仁据守，力屈被擒，炽磐欲杀之，为散骑常侍段晖劝止。炽磐以左卫将军匹达（《晋书》作"匹逵"）为湟河太守；匹达西击乙弗部的乙弗窟乾，降其三千余户而归。[3]炽磐又"以尚书右仆射出连虔为都督岭北（洪池岭北）诸军事、凉州刺史；以凉州刺史谦屯为镇军大将军、河州牧"；"以

1　按湟河郡为北凉所据，是在413年南凉湟河太守文支降蒙逊之时。

2　见《晋书》卷一二九《沮渠蒙逊载记》。

3　《晋书》卷一二五《乞伏炽磐载记》；《晋书》卷一二九《沮渠蒙逊载记》；《资治通鉴》卷一一七，晋安帝义熙十一年五月条。

秦州刺史昙达为尚书令，光禄勋王松寿为秦州刺史"[1]。

在将北凉势力逐出湟河后，炽磐把注意力转向东面，欲乘后秦衰弱之机，扩展东边的势力。同年底，炽磐遣昙达等率骑一万击降南羌弥姐康薄于赤水。此赤水，据《资治通鉴》卷一一七胡注："《水经注》：赤亭水出南安郡东山赤谷，西流，径城北，南入渭水。"则弥姐康薄所据之赤水在今甘肃渭水上游陇西东北。炽磐以王孟保为略阳太守，镇赤水。[2] 至永康五年（416）正月，炽磐再攻后秦洮阳公彭利和于漒川。此彭利和似与原据枹罕的西羌彭利发同族，利发为炽磐击杀，利和降后秦，守漒川。正在此时，北凉沮渠蒙逊乘虚进攻西秦石泉（在今甘肃临夏西北），以救之。炽磐遂至沓中（今甘肃临潭西），引还。二月，炽磐遣昙达救石泉，蒙逊也引退。[3] 后蒙逊遣使与西秦和亲，双方暂时处于和平时期。这就解除了西秦进一步向东扩张的后顾之忧。

而此时，后秦姚兴病死，长子泓立，兴兄弟、诸子争权，加之国内又发生了李润镇（今陕西澄城境）羌的变乱，势力更加衰弱。炽磐于是于此年四月遣昙达、王

1 《资治通鉴》卷一一七，晋安帝义熙十一年七月条。

2 《资治通鉴》卷一一七，晋安帝义熙十一年十一月条；《晋书》卷一二五《乞伏炽磐载记》。

3 《晋书》卷一二五《乞伏炽磐载记》。

松寿等率一万骑击后秦秦州刺史姚艾于上邽，进据蒲水（今甘肃天水西），艾拒战，大败而还。昙达进至大利，破黄石、大羌二戍（皆在今甘肃天水西北），徙五千余户于枹罕。[1]接着，仇池氏王杨盛攻拔后秦祁山（今甘肃西和西北），围秦州；夏国赫连勃勃又率骑四万袭上邽，杀后秦秦州刺史姚军都，克之，毁其城。杨盛、勃勃虽然最后为后秦击退，但是后秦的统治已经摇摇欲坠。同年八月，东晋太尉刘裕乘后秦的衰弱，开始北伐关中，一路所向皆捷，连下徐州、兖州。十月，攻占洛阳。时西秦炽磐乘机使秦州刺史王松寿镇马头（今甘肃天水西），以逼后秦之上邽。十二月，炽磐又遣使至刘裕处，求击后秦以自救。刘裕拜炽磐为平西将军、河南公。[2]这是西秦与南方汉族政权建立关系之始。

永康六年（417）初，西秦又开始进攻南边日益兴盛的吐谷浑树洛干，炽磐遣安东将军没奕于（《资治通鉴》作"木弈干"）率骑七千击树洛干于塞上，破其弟阿柴于尧杆川[3]，俘虏五千余口而还。树洛干走保白兰山（今青海布尔汗布达山），惭愤发疾而死，阿柴立。炽磐闻树洛

1 《晋书》卷一二五《乞伏炽磐载记》
2 《资治通鉴》卷一一七，晋安帝义熙十二年十二月条。
3 《资治通鉴》卷一一八，晋安帝义熙十三年二月条胡注："尧杆川在塞外。"所谓"塞外"，当指西秦边塞之外，即今洮水上游一带。

干死，喜谓群下曰："此虏矫矫，所谓有豕白蹢。往岁昙达东征，姚艾败走；今木弈于西讨，黠虏远逃。境宇稍清，奸凶方殄，股肱惟良，吾无患矣。"[1]七月，西秦相国翟勃卒。八月，炽磐"以尚书令昙达为左丞相，左仆射元基为右丞相，御史大夫麴景为尚书令，侍中翟绍为左仆射"[2]。

九月，东晋刘裕入长安，灭后秦，送姚泓于建康，斩于市，后秦亡。十月，炽磐乘机遣昙达、元基等击后秦故将姚艾于上邽，艾遣使称藩，炽磐以姚艾为征东大将军、秦州牧，征原秦州刺史王松寿为尚书左仆射。[3]后刘裕还建康，留刘义真等守关中，而关中北面的夏国赫连勃勃虎视眈眈，欲取关中。在这种形势下，西秦继续东进是十分困难的。因此，西秦把主要的力量放在整顿内部和向西扩展自己的势力之上。

永康七年（418）初，炽磐置沙州，以乞伏没奕于为刺史，镇乐都。[4]按沙州原系吐谷浑之地，乾归曾封吐谷浑视连为沙州牧、白兰王。《水经注》卷二河水引段国《沙州记》云："浇河西南一百七十里有黄沙，沙南北

1 《晋书》卷一二五《乞伏炽磐载记》。

2 《资治通鉴》卷一一八，晋安帝义熙十三年、十四年条。

3 同上所引。

4 同上所引。

一百二十里，东西七十里，西极大阳川，望黄沙犹若人委乾糒于地，都不生草木，荡然黄沙，周回数百里，沙州于是取号焉。"则此沙州在今青海贵德西南百二十里之地，即今贵南北穆格塘一带。此地当时仍为吐谷浑阿柴所据有，故西秦所置沙州，治乐都，后又治西平。二月，在青海湖一带游牧的乙弗鲜卑部惧西秦势强，首领乙弗乌地延率户二万降于炽磐，署为建义将军。乌地延不久死，弟他子立，以子轲兰为质于西平。他子从弟提孤等率户五千西迁，叛西秦。凉州刺史出连虔遣使招谕，提孤复降。"炽磐以提孤奸猾，终为边患，税其部中戎马六万匹。"过了两年（420），提孤果然煽动部落西奔出塞。他子率户五千入居西平。[1]

而降附西秦的上邽姚艾于永康七年十月叛西秦后，降北凉，蒙逊遣兵迎之。艾叔父姚俦对部众说："秦主宽仁有雅度，自可安土事之，何为从凉主西迁？"部众乃与之逐艾，推俦为主，复降于西秦。炽磐征俦为侍中、中书监、征南将军，封陇西公，邑一千户。[2]又以左丞相昙达为都督洮、罕（临洮、枹罕）以东诸军事、征东大将军、秦州牧，镇南安。[3]这一措施，乃是炽磐为削弱姚氏

1 《晋书》卷一二五《乞伏炽磐载记》。
2 同上所引。
3 《资治通鉴》卷一一八，晋安帝义熙十四年十月条。

在上邽的势力而采取的。同年十一月，夏赫连勃勃逐刘义真，据有关中，即皇帝位，改元昌武，以长安为南都。为了防御夏国乘胜西进，炽磐遂东巡，并徙上邽民五千余户于枹罕[1]，以进一步削弱原后秦姚氏的势力，加强东部的防御力量。

永康八年（419）四月，西秦遣征西将军孔子[2]率骑五千击吐谷浑觅地于弱水南，大破之。觅地率众六千降，西秦以其为弱水护军。[3]《资治通鉴》卷一一八，晋恭帝元熙元年四月条胡注："地志云弱水出删丹县，亦谓之张掖河。合黎在酒泉会水县东北。流沙，张掖居延县东北之居延泽是也。曾氏曰：弱水出穷谷"。则弱水当即今流经张掖之黑河，其南之地应在今青海鄂博河以南。西秦发动这次战争虽然指向吐谷浑的西北境，实际上有扼制北凉势力南下的意图。九月，炽磐又遣左卫将军匹达、建威将军梯君等击彭利和于漒川，大破之，利和单骑奔仇池，获其妻子，徙羌豪三千户于枹罕，"漒

---

1 《资治通鉴》卷一一八，晋安帝义熙十四年十二月条。

2 中华书局标点本《晋书》卷一二五校勘记［十七］云："孔子，各本'孔子'作'他子'，张元济校勘记云，所见另一宋本作'孔子'。按《册府》二三一、《通鉴》一一八、《通志》一九一并作'孔子'，今从之。"又《资治通鉴》胡注："孔子，亦乞伏氏也。"

3 《资治通鉴》卷一一八，晋恭帝元熙元年四月条；《晋书》卷一二五《乞伏炽磐载记》。

川羌三万余户皆安堵如故"[1]。按，利和曾于永康五年为
西秦所进攻，因北凉攻石泉，炽磐退兵，至是炽磐攻灭
之，重据溉川之地。

次年（420）正月，炽磐立第二子慕末为太子，仍
领抚军大将军、都督中外诸军事，改元曰建弘。[2]此年中
国南北的形势发生了很大的变化。六月，南方东晋政权
正式为刘裕所夺取，建国号宋，改元永初。北方据有中
原的北魏逐渐强大，有西灭夏国之志；而夏国新得关中，
正努力巩固自己在关中的地位；北凉则与西凉连年争战。
这一形势对强盛的西秦是很有利的，因此炽磐一方面继
续与刘宋联络，以对付夏国；另一面则乘北凉和西凉的
战争，向河西扩张势力。同年七月，刘裕遣使拜炽磐为
"安西大将军"。[3]此时，北凉沮渠蒙逊欲击西凉，先引兵
攻西秦浩亹，既至，又潜师返。西凉公李歆中计，率军
三万乘虚东出，为蒙逊击溃，歆被杀。蒙逊取酒泉、敦
煌，分置太守。后歆弟李恂复取敦煌，称凉州刺史，改
元永建。九月，炽磐乘李恂欲取敦煌时，遣振武将军王

1 《资治通鉴》卷一一八，晋恭帝元熙元年九月条；《晋书》卷一二五《乞
伏炽磐载记》。

2 《资治通鉴》卷一一九，宋武帝永初元年正月条。又《晋书·乞伏炽
磐载记》系此事于元熙元年（419），误（见中华书局标点本《晋书》卷
一二五校勘记［一八］）。

3 《资治通鉴》卷一一九，宋武帝永初元年七月条。

基等袭北凉胡园戍（在张掖西南），俘二千余人而归。[1]

西秦建弘二年（421）初，"秦王炽磐遣征北将军木弈干、辅国将军元基攻上邽，遇霖雨而还"[2]。上邽之地，永康七年姚僎降西秦后，已附西秦。此云征上邽，可能上邽又叛之故，史籍阙载，详情不知。五月，吐谷浑阿柴为保存实力，遣使降西秦，炽磐以阿柴为征西大将军、开府仪同三司、安州牧、白兰王。[3]安州，《资治通鉴》卷一一九胡注："秦盖以吐谷浑之地为安州。"事实上，阿柴时据沙州之地，因西秦已置沙州（治乐都），故不用沙州牧之号封阿柴。此时，北凉沮渠蒙逊已于三月攻陷敦煌，李恂自杀，西凉亡，故对西秦采取报复措施。七月，蒙逊遣右卫将军沮渠鄯善、建节将军沮渠苟生率众七千击西秦。炽磐遣征北将军没奕于率步骑五千拒战，败沮渠鄯善于五涧（今甘肃武威东北），俘虏苟生，斩首二千而还。[4]从此，西秦与北凉又重启战端，两者的战争断断续续一直到西秦灭亡为止。十二月，炽磐还遣征西将军孔子等率骑二万击契汗部首领契汗秃真于罗川。次年

1 《资治通鉴》卷一一九，宋武帝永初元年九月条。
2 《资治通鉴》卷一一九，宋武帝永初二年正月条。
3 《资治通鉴》卷一一九，宋武帝永初二年五月条。又《十六国春秋辑补》卷八七《西秦》记此事，但从《晋书》系于宋永初元年，误。
4 《资治通鉴》卷一一九，宋武帝永初二年七月条。

（422）一月，孔子大破秃真，获男女二万口，牛羊五十余万头。秃真率骑数千西走，其别部树奚等五千户降西秦。[1]与此同时，炽磐遣骑七千袭北凉姑臧，因蒙逊屯兵东苑，炽磐见有备，引还。[2]四月，西秦以折冲将军乞伏是辰为西胡校尉，筑列浑城于汁罗（即罗川）以镇之。[3]七月，北凉沮渠蒙逊遣前将军沮渠成都率众一万，耀兵洪池岭南，还屯于五涧；九月，炽磐遣征北将军出连虔率骑六千击之；十月擒沮渠成都。[4]十二月，"炽磐征秦州牧昙达为左丞相、征东大将军"[5]。

西秦建弘四年至六年（423~425），西秦仍然保持着强盛的势头，向西、向南扩展，并采取远交近攻的策略：联络北魏，以抗夏国。建弘四年四月，北魏败刘宋，取许昌，围洛阳；炽磐见北魏势强，对群臣说："今宋虽奄有江南，夏人雄据关中，皆不足与也。独魏主奕世英武，贤能为用，且谶云，'恒、代之北当有真人'，吾将举国而事之。"于是遣尚书郎莫者阿胡、积射将军乞伏又寅等

1 《资治通鉴》卷一一九，宋武帝永初三年正月条。

2 《太平御览》卷八七七引《十六国春秋·西秦录》。

3 《资治通鉴》卷一一九，宋武帝永初三年四月条。

4 《资治通鉴》卷一一九，宋武帝永初三年条。又《十六国春秋辑补》卷九六《北凉》系此事于北凉玄始十二年（423），从《通鉴》。

5 《资治通鉴》卷一一九，宋武帝永初三年十二月条；《魏书》卷九九《乞伏国仁传》。

贡黄金二百斤，请伐赫连夏，并陈伐夏方略。[1]这是史籍所载，西秦向北魏第二次遣使。[2]同年十月，西秦统治阶级内部又发生一次事变，操纵这次事变的幕后者即北凉沮渠蒙逊。原来蒙逊曾多次遣人诱原南凉太子秃发武台叛西秦，为父报仇，许以借给军队，以番禾、西安二郡处之。武台暗许，后事泄而止。因炽磐王后秃发氏系武台妹，故炽磐待武台如初，没有深究此事。武台后又与秃发氏密谋，联络武卫将军越质洛城谋杀炽磐。王后妹为炽磐左夫人，知武台等谋，告炽磐。于是炽磐遂杀武台、王后等十余人，事变平息。[3]

五年（424）四月，"炽磐遣镇南将军吉毗等帅步骑一万南伐白苟、车孚、崔提、旁为四国，皆降之"[4]。《资治通鉴》卷一二〇，宋文帝元嘉元年四月条胡注："白狗国至唐犹存，盖生羌也；其地与东会州接。车孚、崔提、旁为无所考。"按白苟即隋唐时之白狗羌，《元和郡县图志》卷三二维州条云："武德七年（624），白狗羌首领内附，于姜维城置雍州以统之。"则白苟当在今四川理县东

---

1 按，《魏书·乞伏国仁传》记：乾归复国后，曾"遣使请援，太宗许之"。此为西秦向北魏第一次遣使。
2 《资治通鉴》卷一一九，宋营阳王景平元年四月条。
3 《资治通鉴》卷一一九，宋营阳王景平元年十月条。
4 《资治通鉴》卷一二〇，宋文帝元嘉元年四月条。

北一带。车孚，疑即隋唐时的"左封"羌，在今四川黑水附近。崔提、旁为无考。这样西秦的势力从漒川一直向南，深入今四川西北诸羌的居地。

七月，西秦与北凉重起战端。首先是炽磐遣太子慕末（《资治通鉴》作"暮末"）率征北将军没奕于等步骑三万出貂渠谷（不详），攻北凉白草岭、临松郡，皆破之，徙民二万余口而还。[1]《水经注》卷二河水云，浩亹河（今青海大通河）"出西塞外，东入塞，径敦煌、酒泉、张掖南，东南径西平之鲜谷塞尉故城南。又东南与湛水合。水有二源，西水出白岭下，东源发于白岸谷"。内白岭即白草岭，位于今青海西宁西北。六年（425）四月，炽磐遣平远将军叱卢犍等又袭北凉河西镇将沮渠白蹄于临松（今甘肃张掖南），擒之，徙其民五千余户而还。[2]七月，西秦遣镇南将军吉毗等深入羌族聚居地区，击黑水（今四川白水江上游）羌酋丘檐，大破其众。丘檐降，炽磐以其为归善将军，拜折冲将军乞伏信帝为平羌校尉以镇之。[3]

总之，永康元年炽磐即位后，西秦进入极盛阶段。

---

1 《资治通鉴》卷一二〇，宋文帝元嘉元年七月条。又《十六国春秋辑补·北凉》系此事于北凉玄始十二年（423），从《通鉴》。

2 《资治通鉴》卷一二〇，宋文帝元嘉二年四月条。

3 《资治通鉴》卷一二〇，宋文帝元嘉二年条。

在西部，炽磐灭南凉，逐北凉势力出湟河，并不时向河西进攻，虏掠人口；在南部，西秦多次击败吐谷浑，树洛干自杀，又取漒川，将势力伸入今四川西部羌族之地；在东部，于后秦灭亡前后，将势力扩展至上邽一带。但是，西秦政权的强盛只是表面上的，到建弘七年（426），国内阶级矛盾和民族矛盾急骤尖锐起来，北凉、吐谷浑、夏国等外敌不断进攻，西秦丢地丧师，很快就衰落了。

第四章
西秦的衰亡及其原因

一 西秦的衰亡

建弘七年（426），西秦国内外的形势逐渐恶化：东边的夏国，自前一年赫连勃勃死后，其子赫连昌继立，进一步巩固了对关中的统治，并窥伺西边的西秦。而西边北凉灭西凉后，从对西秦的防御转入进攻。最严重的是，西秦东、西的两个强敌夏和北凉有联合夹击西秦之势。南边的吐谷浑阿柴已于宋元嘉元年（424）卒，弟慕璝立。慕璝即位后，势力渐强，史称"慕璝招集秦、凉亡业之人及羌戎杂夷众至五六百落，南通蜀、汉（指刘宋），北交凉州（指北凉）、赫连（指夏国），部众转盛"[1]。夏、北凉和吐谷浑形成了对西秦的包围，使西秦处于困境之中。在西秦国内，被征服的各族部落及直接受

---

1 《魏书》卷一〇一《吐谷浑传》。

西秦统治阶级压迫的汉、羌等族人民，也相继起来反抗西秦的统治，长期潜伏的阶级矛盾和民族矛盾日益尖锐。西秦统治者为了改变这种不利的局面，仍然采取东联北魏，以牵制夏国，并不断压迫河西，争取主动的策略，但是也无济于事。

正月，炽磐复遣使北魏，请魏出兵击夏。[1] 八月，炽磐率大军击北凉，至廉川，命太子慕末等步骑三万攻西安郡（治今甘肃张掖东），不克，又攻番禾郡。沮渠蒙逊一面发兵抗御，一面遣使说夏国出兵，乘机击西秦国都枹罕。夏主赫连昌遣征南大将军呼卢古为一路，出高平，攻苑川；又以车骑大将军韦伐为一路，出安定，指向南安。炽磐闻讯，迅即撤回进攻北凉的军队，可是为时已晚。九月，在夏国两路大军的进逼之下，炽磐徙国都枹罕一带老弱、畜产于浇河及莫何仍寒川[2]，留左丞相昙达守枹罕。夏韦伐所率的一路军队，攻拔南安，执西秦秦州刺史翟爽、南安太守李亮。[3]

正当夏军进逼枹罕之时，西秦国内又发生了原吐谷

---

1 《资治通鉴》卷一二〇，宋文帝元嘉三年正月条。
2 按莫何仍寒川应即《北史·吐谷浑传》所云树洛干所奔之"莫何川"，地在今青海贵德西莫渠沟河一带（见拙作《吐谷浑史》，宁夏人民出版社，1985，第20页）。
3 《资治通鉴》卷一二〇，宋文帝元嘉三年九月条。

浑降将握逵等叛回吐谷浑的事件。握逵，应即前述永康二年率众降西秦的吐谷浑别统掘逵（或作"掘达"），他见西秦渐衰，乘夏军进逼之机，"帅部众二万落叛秦，奔昂川（今四川阿坝），附于吐谷浑王慕璝"[1]。这是史籍所载西秦国内被征服部落第一次大规模的反抗。握逵等的叛走，竟率部众二万落，对西秦自然是一个沉重的打击。更严重的是，握逵等的叛走正是在夏军进攻西秦之时，这就为夏军继续深入西秦境内创造了条件。

十月，呼卢古所率的一支夏军与西秦左丞相昙达大战于苑川南之嵻㟰山，昙达兵败退走。接着，呼卢古军与攻占了南安的韦伐军会合，进逼西秦的国都枹罕。炽磐迁保定连（今甘肃临夏东南）[2]，呼卢古遂进枹罕南城，西秦镇京将军赵寿生率死士三百人力战，击退夏军。韦伐、呼卢古又合攻沙州刺史出连虔于湟河，出连虔遣后将军乞伏万年出战，击败夏军。夏军又转攻西平，执安西将军库洛干，坑杀士卒五千余人，掠民二万余户而还。[3]这次夏军深入西秦境内，连下南安、苑川，攻围枹罕、湟河、西平，掠民二万余户，使西秦遭到了沉重的打击，迅速由盛转衰。因此，可将这次夏、秦战争视为西秦衰落的起点。

---

1 《资治通鉴》卷一二〇，宋文帝元嘉三年九月条。

2 见《读史方舆纪要》卷六〇河州定连城条。

3 《资治通鉴》卷一二〇，宋文帝元嘉三年十一月条。

西秦对夏战争的惨败，又使长期潜伏的阶级矛盾和民族矛盾公开爆发，被征服的部落和各族人民相继起兵反秦。同年底，驻守在南漒（漒川之南）的西秦征南将军吉毗，为城内陇西人辛澹所逐，辛澹率户三千据城，毗走还枹罕。辛澹率众投仇池氏王杨玄。[1]

次年（427）正月，居于西秦武始（治今甘肃临洮）、洮阳（今甘肃临潭北）南山的山羌掀起了反抗西秦的斗争。二月，炽磐遣左丞相昙达招慰武始诸羌，征南将军吉毗招慰洮阳诸羌。羌人执昙达，送于夏国；吉毗则为羌人所击，奔还，士马死伤者十之八九。[2] 昙达为西秦左丞相，系西秦股肱之臣，竟然为山羌所执，送于夏国，可见当时西秦统治下羌族的反抗是十分激烈的。西秦政权经过内外的冲击，损兵折将，统治者感到有必要对内部进行一番调整。于是在三月，炽磐"以辅国将军段晖为凉州刺史，镇乐都；平西将军麹景为沙州刺史，镇西平；宁朔将军出连辅政为梁州刺史，镇赤水（今甘肃岷县东之赤水）"[3]。段晖、麹景的任命，是为了加强西部和西南部的防御，主要是抵御北凉和吐谷浑；出连辅政的任命，则主要是镇压漒川以南羌

---

1 《资治通鉴》卷一二〇，宋文帝元嘉三年十二月条。

2 《资治通鉴》卷一二〇，宋文帝元嘉四年正月条。

3 《资治通鉴》卷一二〇，宋文帝元嘉四年二月条。

族的反抗。

同年四月至六月，北魏太武帝攻拔夏国都城统万城，夏主赫连昌亡保上邽，夏国也处于风雨飘摇之中。这对西秦来说，无疑是十分有利的。因此，炽磐于六月还都于枹罕。七月，炽磐甚至对群臣说："孤知赫连氏必无成，冒险归魏，今果如孤言。"[1]八月，炽磐遣其叔平远将军泥头（《资治通鉴》作"渥头"）、弟安远将军度（《十六国春秋辑补》作"安度"）质于魏，又遣中书侍郎王恺、丞相从事中郎乌讷阗奉表贡方物。[2]可是，西秦的局势并未因此而有所改变，姑且不论北魏取统万，逼使赫连氏向西发展，对西秦有致命的威胁；就是西秦的邻国北凉、吐谷浑和东南的仇池等国的进攻，以及国内各族人民的反抗，均使西秦统治者疲于奔命。这一切使西秦没有得到一点儿喘息的时机，迅速走向衰亡。

九月，仇池氏王杨玄遣将军苻白作攻围西秦梁州刺史出连辅政于赤水，城中粮尽，民执辅政降。后辅政逃还枹罕。十月，炽磐以骁骑将军吴汉为平南将军、梁州刺史，镇南漒。十二月，吴汉即为群羌所攻，只好"帅

1　《资冶通鉴》卷一二〇，宋文帝元嘉四年七月条。

2　《魏书》卷九九《乞伏国仁传》。

户二千还于枹罕"[1]。

建弘九年（428）正月，西秦商州刺史领浇河太守姚潜叛降北凉。按，西秦商州，据《资治通鉴》卷一二一胡注："晋时，张祚以敦煌郡为商州。时敦煌属河西，炽磐盖以潜遥领商州而守浇河也。"炽磐见姚潜叛，即以尚书焦嵩代潜，率骑三千追击。二月，焦嵩为吐谷浑慕璝子元绪所执[2]，浇河之地即为吐谷浑所据。

同年五月，西秦王炽磐卒，太子慕末即位，改元永弘。慕末，或译作暮末，字安石跋[3]，史称其"幼而好学，有文才"[4]。他即位后，对西秦统治机构作了调整，《资治通鉴》卷一二一，宋文帝元嘉五年五月条记载较详，云："秦王暮末以右丞相元基为侍中、相国、都督中外诸军、录尚书事，以镇军大将军、河州牧谦屯为骠骑大将军，征安北将军、凉州刺史段晖为辅国大将军、御史大夫，叔父右禁将军千年为镇北将军、凉州牧，镇湟河，以征北将军木弈干为尚书令、车骑大将军，以征南将军吉毗为尚书仆射、卫大将军。"这份西秦主要大臣、将军名单中共有六

---

1 《资治通鉴》卷一二〇，宋文帝元嘉四年十二月条。

2 《资治通鉴》卷一二一，宋文帝元嘉五年二月条。

3 《魏书》卷九九《乞伏国仁传》。又《西秦录》"安石跋"作"安石"。

4 《西秦录》。

人，其中除段晖为武威汉族[1]、吉毗亦似为汉族外，其余四人均为乞伏氏王族子弟。这与炽磐即位时多用汉族豪门和俊杰之士的情况不同，说明西秦统治者越来越不相信其他民族的人，而逐渐把权力集中到本族子弟手中。

慕末刚继位，北凉即率军击西秦之西平，西平太守麹承对蒙逊说，"殿下若先取乐都，则西平必为殿下之有"，蒙逊于是转攻乐都。西秦相国元基自枹罕率骑三千救乐都，刚入城，蒙逊即攻拔乐都外城，绝水道，城中居民饥渴，死者甚众。元基所率援军中有东羌乞提部，阴与蒙逊通谋，从城内下绳引北凉兵入城，有数百人，元基率左右奋战，蒙逊乃退兵。自南凉亡后，北凉一直是西秦的劲敌，炽磐临终时，曾对慕末明言："吾死之后，汝能保境则善矣。沮渠成都为蒙逊所亲重，汝宜归之。"沮渠成都前为西秦所擒，炽磐预料自己死后，北凉将不断进攻，因而告诫慕末，以成都作为求和的"厚礼"，以与北凉通好。慕末想起其父的话，于是遣使蒙逊，许归成都以求和。蒙逊引兵还，遣使入西秦祭吊炽磐。慕末遣将军王伐送成都还北凉，厚资以遣之。但是，蒙逊怀疑西秦无诚意，使恢武将军沮渠奇珍伏兵于扪天岭，执

1　按《魏书》卷五二《段承根传》云：承根"武威姑臧人……父晖……乞伏炽磐以晖为辅国大将军、凉州刺史、御史大夫、西海侯"。

王伐及骑士三百人而归；后遣尚书郎王柠送王伐还西秦，并赠慕末马千匹、锦罽银缯。七月，慕末又遣记室郎中马艾至北凉报聘。[1]

西秦与北凉的和好只是暂时的，因为衰落的西秦虽然多方与北凉和好，安定其西部，但是强盛的北凉早欲占有西秦的河湟地区，把势力伸向陇右，双方的和好只是西秦一厢情愿，注定是不能长久的。同年十月，西秦镇守湟河的凉州牧乞伏千年因嗜酒残虐，不恤政事，为慕末所责，惧而奔降北凉。慕末以叔父光禄大夫沃陵为凉州牧，镇湟河。十一月，蒙逊就撕下了和好的面纱，率军向西秦进攻，至番夷（今青海西宁东北）。西秦相国元基率骑一万五千拒战，蒙逊还攻西平，征虏将军出连辅政领二千骑救西平。

次年（429）正月，出连辅政率军还未赶到西平时，蒙逊已攻拔西平，执太守麹承。[2]这样，北凉就掩有河湟之地，占据了重镇西平。二月，慕末立妃梁氏为王后，子万载为太子。三月，西秦统治阶级内部又产生了更大的裂痕。慕末的尚书、陇西豪族辛进，曾随炽磐游陵霄观，弹飞鸟，误伤慕末母之面，留下伤痕。慕末

1　以上均见《资治通鉴》卷一二一，宋文帝元嘉五年条。
2　以上均见《资治通鉴》卷一二一，宋文帝元嘉六年正月条。

即位后，问明原委，遂借故杀辛进及其五族二十七人。[1]
按，陇西辛氏，是陇西的汉族大姓，慕末杀辛氏五族，
必然使原支持西秦政权的汉族豪门大姓寒心，造成西秦
乞伏氏与汉族地主豪族联盟逐渐瓦解的恶果。

　　至五月，北凉沮渠蒙逊再次向西秦进攻，慕末无力
抵御，只好留相国元基守枹罕，自己迁保定连。时西秦国
内相继有叛降北凉者，如南安太守翟承伯等据罕开谷（今
甘肃临夏西），以应蒙逊。慕末率军击破承伯，进至治
城（在今甘肃临夏西北、黄河南岸）。同时，西秦西安太
守莫者幼眷据沔川（在枹罕附近）叛，慕末击之，为幼眷
所击败，还于定连。蒙逊乘机至枹罕，遣子沮渠兴国进攻
定连。六月，慕末在治城大败兴国，擒之，追击蒙逊至谭
郊。此时，吐谷浑慕璝遣弟慕利延率骑五千，与蒙逊合
军，又攻西秦，为西秦辅国大将军段晖击走。七月，蒙逊
遣使送谷三十万斛以赎世子兴国，慕末不许。蒙逊乃立兴
国母弟菩提为世子。慕末之所以不许，是鉴于上次送沮渠
成都返北凉求和，蒙逊很快即挑起战端的教训，因而留兴
国，以其为"散骑常侍，以其妹平昌公主妻之"[2]。

　　同年十月，西秦统治集团内乱又起：慕末之弟轲殊

1　《魏书》卷九九《乞伏国仁传》；《资治通鉴》卷一二一，宋文帝元嘉六
年三月条。
2　以上均见《资治通鉴》卷一二一，宋文帝元嘉六年条。

罗按鲜卑父死妻其后母的旧俗，烝炽磐左夫人秃发氏，慕末知而禁之。轲殊罗惧，与叔父什寅密谋杀慕末，投北凉。秃发氏盗门钥，钥误，门不开，守门侍卫知而告发。慕末怒，收轲殊罗党杀之，赦轲殊罗，鞭打什寅。什寅求死，慕末遂刳其腹，投尸于河，秃发氏自杀。[1]

永弘三年（430）三月，什寅母弟前将军白养、镇卫将军去列，以什寅惨死，有怨言，慕末皆杀之。[2]这是西秦统治者乞伏氏的纷争，慕末用严刑峻法，致使众叛亲离，亡国之日不远矣。同年六月，吐谷浑慕璝率众万八千袭西秦定连，为辅国大将军段晖击走。[3]西秦自去年底以来，境内地震，"野草皆自反"，"自正月不雨，至于九月，民流叛者甚众"[4]。西秦处于内外崩析的境地，特别是北凉、吐谷浑的进逼，最后迫使西秦统治者投靠北魏。[5]

同年十月，慕末遣王恺、乌纳阗使北魏，请求投归于魏，魏太武帝许以平凉、安定封之。"慕末乃焚城邑，

---

1 《魏书》卷九九《乞伏国仁传》；《资治通鉴》卷一二一，宋文帝元嘉六年十月条。

2 《资治通鉴》卷一二一，宋文帝元嘉七年条。

3 同上所引。

4 同上所引。

5 按，慕末决定投魏，诸书记其原因有异，《资治通鉴》卷一二一，宋文帝元嘉七年十月条云："为河西所逼"；《魏书·乞伏国仁传》云："后为赫连定所逼"；《宋书·吐谷浑传》又云因"慕璝前后屡遣军击"。以当时形势论，应为北凉、吐谷浑的进逼，迫使慕末东投北魏。

毁宝器，帅户万五千，东如上邽。"[1] 至高田谷（在南安郡内）时，西秦给事黄门侍郎郭恒谋劫沮渠兴国投北凉，事觉，为慕末所杀。北魏封慕末于安定以西、平凉以东，这一地区乃是夏国赫连定的领地，显然魏太武帝是企图使西秦与夏国互相争夺这一地区，以坐收渔人之利。果然，当慕末君臣临近上邽时，夏主赫连定就发兵拒之[2]，慕末只好退保南安。原西秦故地"皆入于吐谷浑"[3]。

十一月，北魏大军攻围夏国平凉，赫连定由安定率步骑二万北救平凉，为魏军击败，定收其余众，西保上邽。魏军取安定，围平凉，夏陇西守将降魏。这时，太武帝即遣尚书库结帅骑五千迎秦王慕末。西秦卫将军吉毗劝慕末不可内徙，慕末从之，库结引还。接着，慕末所据南安诸羌万余人叛西秦，他们推西秦安南将军、督八郡诸军事、广宁太守焦遗为主，遗不从；众羌劫遗族子长城护军焦亮为主，率众攻南安。慕末求救于仇池氏王杨难当，难当遣将军苻献帅骑三千救之，慕末与之合军，击溃诸羌。焦亮奔还广宁（治今甘肃漳县）。十二

---

1 《资治通鉴》卷一二一，宋文帝元嘉七年十月条。

2 原夏国主赫连昌于宋元嘉五年（428）为魏军所擒，弟赫连定继立于平凉，改元胜光。

3 《资治通鉴》卷一二一，宋文帝元嘉七年十月条。又《宋书》卷九六《吐谷浑传》亦云："慕璝前后屡遣军击，茂蔓（即慕末）率部落东奔陇右，慕璝据有其地。"

月，焦遗擒杀焦亮，慕末进遗号镇国将军。时又有西秦略阳太守弘农杨显以郡降于夏国。[1] 辅国大将军段晖父子，可能也在此前后降于吐谷浑。[2] 这样，西秦仅保有南安、广宁二地，朝不保夕。

永弘四年（431）正月，在上邽的夏主赫连定见平凉为魏攻占，决定避魏军之锋，而向陇右、河西扩展；先击败西秦将姚献，再遣叔父北平公韦伐率众一万攻南安。时南安城内大饥，人相食。西秦侍中、征虏将军出连辅政，侍中、右卫将军乞伏延祚，吏部尚书乞伏跋跋等逾城降于夏。慕末山穷水尽，只好率宗族五百余人舆榇出降。韦伐将慕末及沮渠兴国等送于上邽。[3] 原西秦太子司直焦楷奔广宁，说其父焦遗，准备择乞伏氏王族贤者为王，复建西秦。焦楷乃筑坛誓众，二旬之间，赴者万余人。后焦遗死去，楷奔降北凉。六月，夏主赫连定杀乞伏慕末及其宗族五百人 [4]，西秦灭亡。

---

1 《资治通鉴》卷一二一，宋文帝元嘉七年十二月条；《魏书》卷九五《铁弗刘虎传》。

2 《魏书·段承根传》云："磐子暮末袭位，国政衰乱，晖父子奔吐谷浑暮璝，暮璝内附，晖与承根归国（北魏）。"

3 《魏书》卷九九《乞伏国仁传》；《资治通鉴》卷一二二，宋文帝元嘉八年正月条。

4 《资治通鉴》卷一二二，宋文帝元嘉八年六月条；《魏书》卷九九《乞伏国仁传》。

西秦自乞伏国仁于东晋太元十年（385）建国，至刘宋元嘉八年（431）亡于夏国，共历四主，四十七年。其间东晋隆安四年（400）至东晋义熙五年（409），西秦曾为后秦击灭，国主只作为后秦一个驻守陇右的一州之长而存在，但中国历史家仍然将这十年时间，算在西秦政权存在的时间之内。从时间上看，西秦在十六国时河西、陇右所建的六个政权（前凉、后凉、北凉、西凉、南凉、西秦）中，建国时间之长，仅次于前凉和北凉。在乞伏炽磐在位的十七年（412~428）中，西秦经历了兴盛及由盛转衰的阶段，因此在西秦史上，炽磐也是一个值得注意的人物。《晋书》撰者对炽磐的评论是："炽磐叱咤风云，见机而动，牢笼俊杰，决胜多奇，故能命将掩浇河之酋，临戎袭乐都之地，不盈数载，遂隆伪业。览其遗迹，盗亦有道乎！"[1] 尽管《晋书》撰者站在汉族封建地主阶级的立场上，对少数民族乞伏鲜卑所建的西秦存有民族偏见，视之为非正统的华夏之国，但从字里行间也透露了对炽磐的赞赏。炽磐能继承父乾归的遗策，笼络陇右汉、羌等豪族，重用汉族豪门、俊杰之士，巩固了政权；在对外方面，能采取较为有利于西秦发展的策略，纵横捭阖，使处于强邻包围之中的西秦，立国达四十七

---

1 《晋书》卷一二五《乞伏炽磐载记》。

年；在对外战争中，他"决胜多奇"，显示出杰出的军事才能。总之，西秦的存在及其兴盛，对于陇右地区经济、文化的发展，以及各民族之间的融合，都有重大的意义。所以，乞伏炽磐与南凉的秃发傉檀一样，作为十六国时期的杰出人物是当之无愧的。

二　西秦衰亡的原因及乞伏鲜卑的分散和汉化

为什么西秦自炽磐即位后开始兴盛，至其死前二年突然走向衰落，又迅即灭亡了呢？从上述西秦历史看，西秦的衰落显得有些突然，但如果仔细分析一下，这种突然其实是可理解的。西秦的衰亡有内因，也有外因，而内因是其衰亡的根据。

西秦衰亡的内因，主要是其国内民族矛盾和阶级矛盾的日趋尖锐。这些基本矛盾在西秦建弘七年（426）以前，并没有充分暴露出来。西秦是一个由乞伏部为主的部落联盟发展而来的政权，其统治的陇右地区，自秦汉以来就是一个多民族聚居的地区。因此，西秦统治下的民族极为复杂，主要有汉、羌、氐、鲜卑、休官、吐谷浑、屠各、丁零、卢水胡等。而每一个民族的社会状况又有所不同：有的是封建的坞堡，有的还处于原始社会末期部落或部落联盟的阶段；有的汉化较早，有的则僻远在山区，与外界接触不多。而这些民族大多是西秦乞伏氏统治者以武力征服的，它们的上层投靠西秦统治者，成为统治阶级的组成部分，然而广大的各族人民却深受西秦统治阶级的压迫和剥削。其中大多数人，都是统治者通过战争强迫迁徙至西秦境内，为统治阶级从事农牧业生产。这样，民族矛盾与阶级矛盾紧紧地交织在一起，一旦有了时机，就会像火山一样爆发出来，形成摧毁西秦政权的主要力量。西秦建弘七年，西秦在北凉、夏国的夹击下，损失惨重，各地被统治的民族则相继爆发反西秦统治者的斗争，如吐谷浑掘达，陇西人辛澹，武始、洮阳的山羌，赤水城民，以及东羌乞提等。这些斗争，正是使西秦自盛转衰的主要内因。而这一主要的内因，又是通过外因，即北凉、夏、吐谷浑、仇池等多次进攻西秦，使之遭到失败，而发生作用的。

同时，西秦衰亡还有一些内因，如在乞伏乾归、炽磐统治时期，作为西秦统治者的乞伏氏还能够极力拉拢陇右等地汉族豪门和俊杰之士，建立以鲜卑为主联合汉族地主阶级的统治，故其统治基础较为巩固。可是慕末即位后，逐渐对汉族豪门、俊杰之士采取不信任的态度，其所重用的大臣中，汉族只有段晖、吉毗二人，这与乾归、炽磐重用汉族上层人士形成鲜明对照。更有甚者，慕末还因一些小事滥杀有势力的汉族豪门，如陇西辛进五族二十七人就惨遭杀害，造成了陇右汉族豪门大族离心的倾向。这一切无疑大大削弱了西秦的统治力量。又如，西秦最后一个统治者慕末，政刑酷滥，因弟轲殊罗按鲜卑旧俗烝父炽磐左夫人秃发氏，遂杀叔什寅及什寅母弟白养、去列等，以致众叛亲离；在夏军围南安时，乞伏氏族人先后投夏国。此外，西秦所据的陇右地区虽然较河湟地区开发早，但山地多，平原少，自然条件不如河西、关中，同时西秦社会生产力水平不高，经济实力本来就很薄弱，加上连年战争和自然灾害，国内用度不足，最终使其战争接连失败，内忧外患相继而来。慕末再也无法维持其统治，终于率部投归北魏。

至于西秦衰亡的外因是比较清楚的。在西秦后期，西边的北凉已兼并了西凉，占据了整个河西及新疆东部地区，成为西秦的劲敌；东面的夏国，虽遭到北魏的打击，势力日衰，但由于北魏的进逼，使之必然向西发展，与西秦争夺陇右。这对西秦来说，是十分危险的势力，而慕末君臣恰好对此估计不足。更为危险的是，北凉、夏国结成联盟，形成东西夹击之势，使西秦防不胜防，而最终丧师失地，加速了它的崩溃。此外，南边的吐谷浑国，自慕瑰即位后，招纳秦、凉亡业之人，大力吸收汉族先进文化，势力增强。为了收复过去为西秦占据的领土和掳掠的人民，它死死咬住西秦不放，乘虚从南面进攻。当西秦君臣向陇西上邽迁徙后，吐谷浑立即占领

了原西秦大部分领土，领有沙州、河州、秦州的大部分，
凉州的一小部分。[1]

综上所述，知西秦的衰亡绝不是偶然的。《魏书·乞
伏国仁传》对西秦衰亡的原因作了概括的说明，云慕末
时"政刑酷滥，内外崩离，部民多叛，人思乱矣"。其中
也明确指出，西秦衰亡的根本原因还主要是内因，而西
秦正是在"部民多叛，人思乱矣"的情况下，为夏国灭
亡了。

最后，叙述一下西秦亡后乞伏鲜卑的分散和汉化问题。

西秦永弘四年（431）初，夏围南安，乞伏慕末及
宗族五百余人出降，后为赫连定所杀。这是西秦乞伏氏
王族主要一支的下落。还有一批乞伏氏族人先后投归了
北凉、夏国，见于记载的有乞伏轲弹、乞伏千年（投北
凉）、昙达（为羌执送夏）、跋跋、延祚（投夏）等。夏
国赫连定灭西秦后，欲渡黄河夺北凉河西之地，在治城
渡河时，为吐谷浑慕璝击灭，其所率西秦降户（包括乞
伏鲜卑人）及赫连部人均为吐谷浑所虏。因此，乞伏鲜
卑有一部分后来融合到吐谷浑之中。《周书》卷五〇《吐
谷浑传》记有吐谷浑仆射"乞伏触扳"。而北凉于北魏太
延五年（439）为北魏所灭，河西之地归魏所有，后北魏

1　见拙作《吐谷浑史》。

又逐吐谷浑出陇右，尽有黄河以北之地。这样，散处在河、陇地区的乞伏鲜卑均为北魏所统治，不论居于该地区的一般乞伏鲜卑部人，或是在北魏政权中做官为吏的上层，以后均通过不同途径融合、同化到汉族之中。

乞伏氏及乞伏氏部落联盟中的出连氏、叱卢氏等，在《魏书》卷一一三《官志氏》中有著录，其中"内入诸姓"中有"乞扶（伏）氏，后改为扶氏"，"出连氏，后改为毕氏"。"四方诸姓"中西方有"叱卢氏，后改为祝氏"。此三种姓氏的人可能大部分是在北魏统治河、陇之后，归属北魏的。原西秦上层贵族有许多人在北朝政府中任职，如魏有并州刺史乞佛成龙[1]，金城伯乞伏凤，泾州刺史乞伏悦[2]，沙州刺史、宁国伯乞伏宝（字菩萨）[3]，还有第一领民酋长乞伏周、乞伏纂[4]，叛胡乞扶莫于，乞步落[5]。东魏有齐州长史乞伏锐[6]，北齐有骠骑将军乞伏保达[7]，

1 《魏书》卷五《高宗纪》。

2 见《陶斋戎石》录《乞伏保达墓志》。

3 《故持节都督沙凉二州诸军事、沙州刺史、宁国伯乞伏君墓志铭》，转见《历代人物年里碑传综表》，中华书局，1959，第109页。

4 《隋书》卷五五《乞伏慧传》。

5 《魏书》卷七四《尔朱荣传》。

6 《东魏齐州长史乞伏锐题记》，转见姚薇元《北朝胡姓考》，科学出版社，1958，第108页。

7 见《陶斋藏石》录《乞伏保达墓志》。

北周有大将军乞伏令和乞伏慧[1]。到宋时还有此姓者，如宋端拱登科的有乞伏矩[2]等。

以上这些原乞伏鲜卑部落联盟的氏族，经过西秦、北魏等的长期统治，均已汉化。乞伏氏贵族在北魏时，他们的籍贯大都变为"金城"或"金城榆中"、"马邑"等，与汉族士大夫、官僚没有什么区别了。

---

1 《隋书》卷五五《乞伏慧传》。

2 《通志·氏族略五》。

第五章
西秦的社会制度

一 西秦的政治制度及其特点

乞伏鲜卑在向陇西迁徙过程中，其部落联盟组织逐渐巩固和发展，后期虽出现了师傅、左辅和右辅将军、率义将军等名号，但这只是乞伏等四部由部落联盟向国家政权的过渡形式。到乞伏国仁率部在苑川一带居住后，由于受陇右及邻近政权的影响，迅速向国家政权过渡。东晋太元十年（385），国仁正式建立政权，置官，设州郡，自号"大都督，大将军，大单于，领秦、河二州牧"。其中有原匈奴的"大单于"之号，这一称号一直保持到西秦太初七年（394）乞伏乾归之时，但自此以后，此号即不复见。尽管西秦政权在发展的过程中，其政治制度时有变化，但总的说来，是日趋完善[1]，而且"一如魏武、晋文故事"。即是

---

[1] 关于西秦政治制度的变化和发展，在前述西秦历史中已叙及，不赘述。

说，西秦的政治制度基本上是仿照内地曹魏和西晋政权的。

西秦最高统治者一般称"王"。国仁建立政权时，仅称"大都督，大将军，大单于，领秦、河二州牧"。以后，前秦苻登封国仁为"苑川王"。乾归即位后，始自称"河南王"，苻登先后又封乾归为"金城王""河南王""梁王"。西秦太初七年，乾归自称"秦王"，后世史家据此号统称乞伏氏政权为"西秦"。西秦太初十三年（400）西秦为后秦击灭，至后秦弘始十一年（409）乾归复国，复称"秦王"。西秦永康元年（412）炽磐即位，又改称"河南王"，三年复称"秦王"，一直到西秦灭亡。可见，乞伏氏所建政权称"秦王"的时间最长，且其所在地区主要在汉魏以来的秦州，所以史称其为"西秦"，以别于在关中立国的东秦（即后秦）和前秦。

由于资料缺乏，我们探讨西秦的政治制度，只能从其官制中加以分析，从而找出一些特点来，这与南凉的情况相似。关于西秦的官制，清代练恕曾撰《西秦百官表》（见《二十五史补编》第三册），内对西秦的官制作了一番整理，按年排列史籍中所见的西秦职官名，有一些错讹和遗漏之处。下面我们按前述南凉官制的方法，将西秦职官分为中枢、军事、地方三个方面，加以探讨。[1]

1　以下所列西秦职官，因前已叙及，故不再引出处；如有与南凉篇南凉职官相同，也不再加以考述。

（一）中枢之官

丞相 有时又作"相国"，或分为"左相、右相"，"左丞相""右丞相"。此官系百官之首，始于战国，秦汉因之。《晋书·职官志》云："丞相、相国，并秦官也。晋受魏禅，并不置，自惠帝之后，省置无恒。"西秦自建立政权始，即置左、右相。任过西秦丞相（相国）的有出连乞都、翟勃、元基（炽磐子）；左丞相（左相）有乙斿音堙、乞伏昙达；右丞相（右相）有屋引出支、辛静、元基等。

丞相从事中郎 《晋书·职官志》云："诸公及开府位从公为持节都督，增参军为六人，长史、司马、从事中郎……如常加兵公制。"则丞相从事中郎为丞相属官，故附丞相之后。西秦任此职者有乌纳阗。

太傅 西秦有太傅索棱。按"太宰、太傅、太保，周之三公官也"。魏、晋皆有之，以"论道经邦，燮理阴阳，无其人则阙"[1]。

御史大夫 西秦设此官职，见于记载的有悌眷、麴景、段晖等。《汉书》卷一九上《百官公卿表》云："御史大夫，秦官，位上卿，银印青绶，掌副丞相。"东汉不设，置"司空"，晋以后亦多不设此官。

---

1 《晋书》卷二四《职官志》。

以上是中枢之官中职位最崇，为秦汉以来所谓"三公"（丞相、太尉、御史大夫）的官职。西秦也有仿汉魏以来中枢的"三台"，即隋以后的"三省"制，设尚书省、门下省、中书省三部职官。

（1）尚书省

录尚书事　此为尚书省最高官职，总领尚书事。任西秦录尚书事的有：乞伏炽磐、元基，均为当时西秦王之子弟。

尚书令　此官始于秦，汉以后沿置，权渐重。西秦任此职的有：炽磐、翟勍、昙达、麴景、没奕于（干）等。

尚书左、右仆射　西秦任此职的有：边芮、元基、翟绍（以上左仆射），秘宜、出连虔、王松寿（以上右仆射），吉毗（仆射）。

尚书　《晋书·职官志》云："列曹尚书，案尚书本汉承秦置。……至成帝建始四年（前29），罢中书宦者，又置尚书五人，一人为仆射，而四人分为四曹，通掌图书秘记章奏之事，各有其任。"西秦任尚书一职者甚多，有尚书薄地延、辛进、焦嵩；也有具体任何曹尚书者，如有吏部尚书翟瑥、主客尚书翟勍、民部尚书王松寿、三公尚书樊谦、吏部尚书乞伏跋跋、兵部尚书杜宣等。

尚书郎 《晋书·职官志》云："尚书郎，西汉旧置四人，以分掌尚书。……及光武分尚书为六曹之后，合置三十四人，秩四百石，并左右丞为三十六人。"西秦有尚书郎莫者阿胡、尚书民部郎焦华等。

（2）门下省

侍中 《晋书·职官志》云："侍中，案黄帝时风后为侍中，于周为常伯之任，秦取古名置侍中，汉因之。秦汉俱无定员，以功高者一人为仆射。魏晋以来置四人，别加官者则非数。掌傧赞威仪，大驾出则次直侍中护驾，正直侍中负玺陪乘，不带剑，余皆骑从。"西秦置侍中，员额不清，任侍中的有方弘、麹景、翟绍、姚儁、元基、出连辅政、乞伏延祚等。

给事黄门侍郎 "给事黄门侍郎，秦官也，汉已后并因之，与侍中俱管门下众事，无员。及晋，置员四人。"[1]西秦置此官，有"给事黄门侍郎郭恒"。

散骑常侍 《晋书·职官志》云："散骑常侍，本秦官也。秦置散骑……魏文帝黄初初，置散骑，合之于中常侍，同掌规谏，不典事，貂珰插右，骑而散从，至晋不改。"西秦任此职的有：乞伏务和、郭黁、段晖、沮渠兴国等。

---

1 《晋书》卷二四《职官志》。

（3）中书省

中书监 《晋书·职官志》云："中书监及令，案汉武帝游宴后庭，始使宦者典事尚书，谓之中书谒者，置令、仆射。成帝改中书谒者令曰中谒者令，罢仆射。……魏武帝为魏王，置秘书令，典尚书奏事。文帝黄初初改为中书，置监；令，以秘书左丞刘放为中书监，右丞孙资为中书令；监、令盖自此始也。及晋因之，并置员一人。"西秦任此职者为姚儁。

中书侍郎 "中书侍郎，魏黄初初，中书既置监、令，又置通事郎，次黄门郎。……及晋，改曰中书侍郎，员四人。中书侍郎盖此始也"[1]。西秦有中书侍郎王恺。

除"三省"外，西秦也置"六卿"。《晋书·乞伏炽磐载记》云，炽磐即位后，曾"罢尚书令、仆射、尚书、六卿、侍中、散骑常侍、黄门郎官，置中左右常侍、侍郎各三人"。内"六卿"见于记载的有：

光禄勋 《汉书·百官公卿表》云："郎中令，秦官，掌宫殿掖门户，有丞。武帝太初元年（前104）更名光禄勋。属官有大夫、郎、谒者，皆秦官。"晋列卿中也有此职。西秦有光禄勋王松寿。

光禄大夫 上引《汉书》云光禄勋有属官"大夫、

---

1 《晋书》卷二四《职官志》。

郎、谒者，皆秦官。……大夫掌论议，有太中大夫、中大夫、谏大夫，皆无员，多至数十人。……太初元年更名中大夫为光禄大夫，秩比二千石，太中大夫秩比千石如故"。西秦有光禄大夫乞伏沃陵。

太府主簿 "太府"之设始于梁，梁以前与"六卿"中的少府相对而言。西秦所置"太府"应相当于魏晋的"少府"，主管皇室用度。太府主簿，为太府内的官员。西秦有太府主簿焦袭。

为了吸收汉族先进文化，西秦统治者十分注意培养自己的接班人，在政权机构中仿汉魏以来为太子所设诸官，见于记载的有：

太子太师、太子詹事 《晋书·职官志》云："太子太傅、少傅，皆古官也。……及愍怀建官，乃置六傅，三太、三少，以景帝讳师，故改太师为太保，通省尚书事，詹事文书关由六傅。然自元康之后，诸傅或二或三，或四或六，及永康中复不置詹事也。自太安已来置詹事，终孝怀之世。"西秦有太子太师焦遗，太子詹事赵（应为"麹"）景。

太子司直 按汉置"司直"，掌佐丞相举不法，太子司直，唐代始见设置，掌弹劾官僚，纠举职事。[1] 西秦任

---

1 《旧唐书》卷四四《职官志三》。

此职者有焦楷。

此外，西秦政权中中枢之官还有：

中尉　《汉书·百官公卿表》云："中尉，秦官，掌徼循京师，有两丞、候、司马、千人。"西秦有中尉段晖。

司直　如前述，司直系汉置，掌佐丞相收举不法。西秦有司直樊谦。

主簿　汉代以来中枢及州郡官署均有此职，以典领文书，办理事务。西秦主簿王松寿，应为中枢一级主簿。

禁中录事　按"录事"是晋代骠骑大将军及诸大将军属官[1]，掌管文书。西秦的禁中录事，可能是管禁中的录事官，有乞伏延祚任此职。

记室郎中　郎中，是古代对皇帝侍从的通称。西汉有郎中、侍郎等。东汉时尚书省下设侍郎三十六人，在诸曹尚书之下。西秦所设记室郎中，不知设于何职之下，可能为诸公及开府位从公者之下所置属吏——纪室督。任此职者有马艾。

左、右长史　如前所述，秦汉以来丞相、三公等均有长史。西秦长史也有各种类型：有西秦王下属之左、右长史的，即在西秦建立初期及乾归降后秦之后，如左长史边芮、右长史秘宜、长史边芮等，也有一方

1　《晋书》卷二四《职官志》。

将帅出征所领长史，如乞伏益州征天水姜乳时，有长史韦虔。

左、右司马 与长史同。有秦王下属司马，如左司马翟勍、司马王松寿，也有为一方州牧的司马，如司马翟瑶（为凉州牧轲弹司马）、司马乞伏务和（为益州司马）等。

值得注意的是，在今甘肃永靖炳灵寺西秦所造的编号一六九窟，北壁（完成时间大约在西秦永康、建弘间）的供养人行列图中，有国师、博士、侍军等题名。

国师 西秦统治阶级信奉佛教，任命高僧为国师。可考的有释玄高（说见后）。

博士 《晋书·职官志》云："晋初承魏制，置博士十九人。及咸宁四年（278），武帝初立国子学，定置国子祭酒、博士各一人，助教十五人，以教生徒。博士皆取履行清淳，通明典义者，若散骑常侍、中书侍郎、太子中庶子以上，乃得召试。"壁画上的人名已残缺。

侍军，系为带军者之侍从、参谋之类的人物，不属中枢之官，故略去。

以上是史载或文物中所见西秦中枢之官的情况，官号共三十四个，任职官员共四十五人（重名者只记一人）。如按任职官员的族属来划分，大致是乞伏氏王族八人，原乞伏氏为首部落联盟出连部三人，高车族五人，鲜卑族二人，羌族二人，匈奴沮渠氏一人，汉族二十三人，不明族属者一人。

（二）军事之官

西秦与南凉一样，以乞伏氏为首的军事贵族掌握着国家权力，四处征战，对外掠夺邻近国家的人民与财物，并防止他国的进攻；对内则镇压各族人民的反抗。因此，他们需要较为完整和庞大的军事机器，表现在政权内的军事之官，则更为健全，而且基本上按魏晋以来汉族政权的军事体制而设置。现据史籍分叙如下。

大将军或上将军 乞伏国仁、乾归即位时，均自称"大将军"。"大将军，古官也。汉武帝置，冠以大司马名，为崇重之职。"[1]国仁建政权后，自称大将军，封弟乾归为"上将军"，此名不见汉魏以来职官名，想必是因国仁称大将军，故命弟乾归为"上将军"，其掌职、地位均应与汉魏以来大将军同。

骠骑大将军 炽磐曾以南凉王秃发傉檀为骠骑大将军、左南公。慕末以乞伏谦屯为骠骑大将军。

车骑大将军 西秦任此职者为乞伏没奕于（干）。

卫大将军 《晋书·职官志》云："骠骑、车骑、卫将军、伏波、抚军、都护、镇军、中军、四征、四镇、龙

---

1 《晋书》卷二四《职官志》。

襄、典军、上军、辅国等大将军，左右光禄、光禄三大夫，开府者皆为位从公。"内卫大将军，西秦亦置，有吉毗任之。

抚军大将军　见上。西秦炽磐曾封太子慕末为抚军大将军。

冠军大将军　《宋书·百官志上》云："冠军将军，楚怀王以宋义为卿子冠军。冠军之名，自此始也。"冠军将军加"大"字，魏晋均有。西秦乾归曾封子炽磐为冠军大将军。

镇军大将军　见前引《晋书·职官志》。西秦有此号者为乞伏谦屯。

"四征"大将军　西秦有征东大将军姚艾、乞伏昙达，征西大将军吐谷浑阿柴等。

"四镇"大将军　西秦有镇东大将军谦屯。

辅国大将军　西秦有辅国大将军段晖。

前将军　东汉时有前、后、左、右将军。[1]西秦有前将军乞伏益州、白养。

后将军　西秦有乞伏万年。

"四征"将军　西秦置征南将军，有吉毗、姚僬任之；征西将军乞伏孔子；征北将军没奕于（干）、出连虔。

1　《后汉书》卷一一四《百官一》。

"四镇"将军　镇东将军秘宜、昙达，镇南将军梯眷、谦屯、吉毗，镇西将军屋引破光，镇北将军乞伏千年。

"四安"将军　安东将军乞伏没奕于，安南将军焦遗，安西将军库洛干，安北将军段晖、乌地延等。

"四平"将军　平东将军王松寿、平西将军麹景、平南将军吴汉、平北将军韦虔。

中军将军　西秦任此职者为乞伏审虔。

征虏将军　《宋书·百官志上》："征虏将军，汉光武建武中，始以祭遵居之。"西秦有征虏将军出连辅政。

镇军将军　西秦有镇军将军罗敦。

冠军将军　西秦有冠军将军翟瑥、翟绍。

辅国将军　《通典》卷三四云："后汉献帝置辅国将军，以伏完为之。"西秦有此号者，为元基、段晖。

镇京将军　西秦有镇京将军赵寿生、昙达。

镇国将军　西秦有镇国将军焦遗。

镇卫将军　西秦有此号者为彭奚念、去列。

左、右辅将军　西秦有左辅将军独孤匹蹄、密贵周；右辅将军武群勇士。

左、右禁军将军　西秦有左禁军将军乞伏务和、匹达，右禁军将军乞伏千年。

左、右卫将军　西秦有左卫将军莫者羖羝、右卫将军乞伏延祚。

龙骧将军 《宋书·百官志上》云："龙骧将军，晋武帝始以王濬居之。"西秦任此职者为乞伏智达。

建威将军 同上书云："建威将军，汉光武建武中，以耿弇为建威大将军。"西秦有建威将军叱卢乌孤跋、梯君。

振威将军 同上书云："振威将军，后汉初，宋登为之。"西秦有振威将军乞伏公府。

振武将军 同上书云："振武将军，前汉末，王况为之。"西秦有振武将军王基。

广武将军 西秦任此职者有乞伏智达。

骁骑将军 《晋书·职官志》云："骁骑将军、游击将军，并杂号将军也。"西秦有此号者为乞伏务和、娄机、吴汉。

武卫将军 西秦有武卫将军慕兀、越质洛城。

卫军将军 西秦有卫军将军慕兀。

曜武将军 西秦有此号者为王基。

折冲将军 《宋书·百官志上》云："折冲将军，汉建安中，魏武以乐进居之。"西秦有折冲将军乞伏信帝、乞伏是辰。

安远将军 西秦有安远将军乞伏安度。

平远将军 西秦任此职者为捷虔、叱卢犍、渥头。

宁朔将军 西秦有宁朔将军出连辅政。

镇远将军、大夏镇将 《北史》卷四二《常爽传》记：

爽"父坦，乞伏世镇远将军、大夏镇将、显美侯"。

积射将军　西秦有积射将军乞伏又寅。

建义将军　西秦有此号者为密贵、乌地延。

建忠将军　西秦有建忠将军裕苟、郭麾。

建节将军　西秦有建节将军提伦。

平狄将军　吐谷浑别统阿若干降西秦，乾归以其为平狄将军。

捕虏将军　乾归以阿若干弟吐护真为捕虏将军。

立义将军　西秦封越质部首领越质诘归为立义将军。

归善将军　炽磐以羌酋丘檐为归善将军。

以上自安远将军以下，大多为魏晋以来"杂号将军"。还有一些史籍只记作"将军"或"将"，如有将军乞伏魑尼寅、折斐、王伐，将姚献等。

西秦也仿照汉代以来内地汉族政权所设之校尉、都护、都尉等职，以统治境内少数民族。见于记载的有：

西胡校尉　炽磐曾以折冲将军乞伏是辰为西胡校尉，筑列浑城于汁罗以镇之，主要是统治青海湖一带的乙弗、契汗等部。

赤水都护　乾归击降吐谷浑别统阿若干于赤水，以其为赤水都护。

层城都尉　乾归又以阿若干弟吐护真为层城都尉。

平羌校尉 因黑水羌丘檐等降，炽磐以折冲将军乞伏信帝为平羌校尉以镇之。

休官大都统 乾归曾封显亲休官首领权千成为休官大都统。

叠掘都统 鲜卑叠掘河内率五千户降西秦，乾归以其为"叠掘都统"。

以上是西秦军事之官设置情况，其完备程度远远超过南凉。共见官号七十三个（内包括将军、将各一），任职官员名（重复的不计）计七十四人，内有乞伏氏王族二十六人、汉族十五人、陇西鲜卑十四人、羌族六人、高车族三人、原乞伏氏为首部落联盟叱卢部二人、出连部二人、不明族属五人、休官一人。

（三）地方之官

西秦仿秦汉以来郡县制度，置刺史（牧）、郡太守，且名目繁多。见于记载的有：

秦州刺史（牧） 西秦任此职的有乞伏益州、乞伏昙达、王松寿、姚艾、翟爽等。

河州刺史（牧） 西秦任此职的有屈眷、屋引破光、乞伏审虔、谦屯。

东秦州刺史 西秦设东秦州，曾以秘宜、权千成为刺史。

南梁州刺史 西秦曾设此州，以悌眷为刺史。

梁州刺史　西秦设此州，曾以轲弹、出连辅政、吴汉等为刺史。

北河州刺史　西秦曾以枹罕羌彭奚念为北河州刺史。

沙州刺史（牧）　西秦曾以吐谷浑视连为沙州刺史，后又以乞伏没奕于（干）、出连虔、麹景为沙州刺史。

凉州刺史（牧）　西秦设凉州，先后以轲弹、谦屯、出连虔、段晖、乞伏沃陵、乞伏千年等为刺史。

定州刺史　西秦曾以翟瑫为定州刺史。

益州刺史　西秦设益州，以王松寿为刺史。

安州牧　西秦曾以吐谷浑阿柴为安州牧。

商州刺史　西秦曾以姚儁、焦嵩为商州刺史。

西秦郡太守有：

陇西太守越质诘归、王润[1]，金城太守辛静、卫犍，秦兴太守乞伏敕勃，兴国太守乞伏阿柴，武威太守没奕于，三河太守乞伏出累，东金城太守乞伏务和，兴晋太守翟瑫，西平太守秃发赴单、麹承，广武太守赵恢，晋兴太守王基，湟河太守匹达，略阳太守王孟保、杨显，南安太守李亮、翟承伯，祁连、汉阳二郡太守王伏仁[2]，西安太

1　见秦明智等《甘肃张家川发现"大赵神平二年"墓》，载《文物》1975年第6期。

2　见秦明智等《甘肃张家川发现"大赵神平二年"墓》，载《文物》1975年第6期。

守莫者幼眷，浇河太守姚濬，广宁太守焦遗等。

此外，西秦还有弱水护军吐谷浑觅地、长城护军焦亮。

以上是史籍中所见西秦地方之官号，共三十二个，其中州牧十二、郡太守十八、护军二。任职官吏共四十七人，其中乞伏氏王族十三人、汉族十四人、鲜卑（包括吐谷浑、秃发氏）五人、高车族四人、羌族四人、出连部二人、屠各二人、休官一人、不明族属二人。

西秦与南凉一样，还有仿汉魏以来的封爵，史籍所载大致有王、公、侯等。如白兰王吐谷浑视连、阿柴；陇西公姚儁、显亲公权千成；南川侯出连乞都、六泉侯密贵、兰泉侯裕苟、鸣泉侯提伦、显美侯常坦、西海侯段晖等。

西秦自乞伏国仁建国始，也建立了年号制度，共建六个年号：即国仁建义（385~388），凡四年；乾归太初（388~400），凡十三年；乾归更始（409~412），凡四年；炽磐永康（412~419），凡八年；炽磐建弘（《魏书》作"建洪"）（420~428），凡九年；慕末永弘（《魏书》作"永洪"）（428~431），凡四年。其间太初十三年（400）七月西秦为后秦所灭，至东晋义熙五年（409）乾归复国，年号为更始。

至于西秦国家的法律及有关政治措施，因文献记载阙如，我们已无从查考。所以，在探讨西秦政治制度及其特点时，只能通过对上述西秦官制等的分析，得出一些结论。

首先，根据马克思主义唯物史观的观点，国家机器，即上层建筑，是由经济基础决定的。马克思指出："在生产、交换和消费发展的一定阶段上，就会有一定的社会制度、一定的家庭、等级或阶级组织，一句话，就会有一定的市民社会。有一定的市民社会，就会有不过是市民社会的正式表现的一定的政治国家。"[1]由西秦官制所反映出来的特点，是它的国家政治制度基本上仿照汉魏以来内地汉族封建政权的形式，中枢、军事和地方的建置和职官，几乎全部与内地政权相同。因此，西秦与南凉一样，可以说是一个汉化了的封建政权。可是，西秦这个汉化了的封建政权的政治制度，又有别于南凉及其他十六国时少数民族所建的汉化封建政权：它的政治制度较南凉更为完备，而较之汉化较深的氐、羌族所建的前秦、后凉、后秦等政权，又更多地保留了本民族的特色。比如，西秦军事之官的完备程度，远胜于南凉、北凉和西凉等河陇地区政权，它不仅设有魏晋以来的所谓"四大将军"（上将军和骠骑、车骑、卫大将军），而且"四征""四镇""四安""四平"将军齐全，杂号将军名号

---

1 《马克思致巴·瓦·安年柯夫（1846 年 12 月 28 日）》，载《马克思恩格斯选集》第 4 卷，人民出版社，1972，第 321 页。

更为众多。其军事之官名号也多，有七十三个，任职官员达七十四人。其中乞伏氏王族就占二十六人，而且大都为军事之官之首。如果再加上原乞伏氏为首的部落联盟及鲜卑族官员十八人，则鲜卑族贵族就占军事之官总数的59%以上。这一切反映了西秦政权残存着早期军事民主时期军事部落联盟的特点，具有军事封建政权的性质。西秦从建立后，就四处征伐，掠夺邻国土地和人口，与四邻争战不休，因此政权中军事之官最为完整和庞大，而且主要掌握在乞伏氏军事贵族之手，就不足为怪了。

西秦政治制度第二个特点是，大量吸收河、陇地区汉族士族豪门和俊杰之士，形成以乞伏氏鲜卑贵族为主，联合汉族豪门地主的政权。这一特点与上述西秦为汉化的封建政权有密切的关系，因为大批汉族士族豪门加入了西秦政权，必然使其政权的形式具有魏晋以来汉族政权的特征。但是，西秦乞伏氏与汉族士族豪门的结合，又有其特点，与南凉有所区别。乞伏氏鲜卑部落联盟进入陇西地区，时间较秃发鲜卑入河西晚，汉化程度最初也不如秃发鲜卑。可是，自他们进入陇西后，汉化过程急剧加快。其原因一方面是陇右地区汉族较多，靠近关中汉族的中心，汉族文化较河湟之地发达；另一方面乞伏鲜卑最初势力较小，当他们进入陇西之后，最早依靠征服的陇西鲜卑各部的力量，以后逐渐又依靠陇右的汉族士族豪门，只有这样，乞伏鲜卑才能巩固和发展自己的国家，在陇右站住脚跟。西秦政权不仅像南凉一样网罗一批汉族豪门和俊杰之士，而且能真正重用和依靠他们。特别是乾归复国之后，统治者痛切地感到必须依靠汉族士族豪门，大力吸收汉族先进的文化，故重用焦遗，以为太子太师，参与军国大谋。前述南凉政权中汉族豪门与俊杰之士人数不少，但其任职绝大多数为低级官吏，故有相当一部分人史籍根本未提其官职名。到南凉后期，统治者秃发氏对汉族官吏越来越不信任，加速了南凉的崩溃。而西秦与南凉则有所不同，在中枢之官内，汉族不仅占了优势，为总数的52%以上，而且丞相、尚书令、左右仆射、侍中、中书监等高级官吏中汉族所占的比例也不少。在军事之官中，汉族所占比例不大，但也有十五人之多，占总数的20%左右。在地方之官中，汉族共有十四人，占总数的29%以上，其中州牧一级达七人（次）之多。在西秦政权中，如王松寿、麹景、边芮、秘宜、焦遗，还有后期西秦政权的支柱——武威段晖等，都具有很高的地位，并掌握了一定的权力。而西秦政权之所以存在时间较长，其重要原因之一，是乞伏氏鲜卑与汉族豪门结合得较为紧密。

西秦政治制度的第三个特点，是其所设置的地方一级州、郡较多，且有侨置的情况。西秦最盛时，也不过领有汉魏以来区区数郡之地，但其所置州一级行政单位，达十二个，其中除在吐谷浑境所设安州是名义上属西秦之外，其余十一州皆在西秦境内设置。于是就产生了两三个州同治一处的现象，如秦州、东秦州和定州曾一度同治或寄治于南安，河州与北河州一度同治于枹罕。即是说，西秦所置州郡名目繁多，大多名不副实。其侨治州郡的情况也有，如商州，本应领敦煌而置，但却侨治于浇河。以上情况说明，西秦统治者企图用这种多分州郡的办法，来笼络被征服的各族上层，以扩大自己的统治力量。如东秦州的设置，系国仁因南安汉族豪族秘宜降后而设，以秘宜为刺史，后又因休官权千成降，以其为东秦州刺史。北河州的设置，系因枹罕羌酋彭奚念降后而置，以奚念为刺史；沙州原系因吐谷浑视连遣使称臣而置，后才令乞伏没奕于（干）为刺史，治乐都等。

有人认为，西秦"在处理民族问题上的首要措施是实行胡汉分治"，如早期"犹称大单于"，"这就是西秦实行民族分治政策的具体表现。以民族为区别实行分治，是十六国时期少数民族统治者普遍采取的办法"。下举前、后赵等设置"单于台"主六夷十万落的情况为例，说明"乞伏氏建立政权后，仿效他们保持单于名义，固然在一定意义上反映着当时民族尚未融合的现实，但是更重要的还在于实行分治，以达到依靠鲜卑来控制其他各族的目的"[1]。

前、后赵，甚至后燕、北燕均设置"单于台"，主管境内以部落为主的各少数民族（所谓"六夷"），与采取汉族封建官制并行，进行"胡汉分治"，但是作为西秦、南凉政权是在十六国后期才建立起来的，他们是否也同前、后赵一样设有"单于台"，进行"胡汉分治"呢？对此，则应作具体分析和考察。如前所述，南凉、西秦等建国初，其王号前多有"大单于"之号。此号原是匈奴单于的称号，从漠北迁入西北的鲜卑（如秃发、乞伏、吐谷浑等）自然首先深受匈奴的影响，故其建国初，有"大单于"之号是不足为奇的。有"大单于"之号是否就一定设立"单于台"，实行胡汉分治呢？那就不一定了。

首先史籍并未载南凉、西秦等有"单于台"之设置，其次"大单于"号在他们建立政权以后，均于无形中取消。因此，我们有理由认为，南凉、西秦等政权最高首领称"大单于"，只是一种名号，他们并未实行单于台制。更重要的是，从上述对西秦官制的分析中，知它的政权机构基本上是仿照魏晋以来内地汉族封建政权，无"单于台"之类的制度。而对其境内少数民族部落的统治方式：一是对居陇右等地较久、汉化较深的民族，如屠

---

1 见前引王俊杰《西秦史钩沉》。

各、休官、羌族姚氏等，西秦统治者在他们聚居之地设置州郡，以其首领为州刺史、郡太守，与汉族聚居之地完全一样。二是对较为僻远的乙弗、契汗、吐谷浑、潢川以南的羌族部落，则实行汉魏以来对少数民族的统治办法，设置"西胡校尉""平羌校尉""赤水都护""层城都尉""弱水护军"等进行统治。因此，那种认为西秦曾设"单于台"，以实行"胡汉分治"的说法是欠妥的。

关于西秦的疆域及州郡设置问题，清洪亮吉《十六国疆域志》卷一五西秦一节内，有详细的论述，不赘言。我们仅想对《十六国疆域志·西秦》（下简称《疆域志》）作一些必要的修正和补充。

1.《疆域志》共列西秦十一州，但无安州。按，安州系西秦以吐谷浑之地设置，以吐谷浑阿柴为安州牧，吐谷浑仅是名义上臣属于西秦，故其置安州也是名义上的，可以不计在西秦疆域之内。

西秦所置的南梁州，见于《晋书·乞伏乾归载记》，内记乾归即位后，以"镇南将军、南梁州刺史悌眷为御史大夫"。《疆域志》也引《西秦录》说："建义二年，国仁以悌眷为南梁州刺史……建弘八年，南梁州刺史出连虔镇赤水。氐王杨玄遣将苻白作围之，执辅伯以归，至骆谷逃回。"《资治通鉴》卷一〇六记国仁拜"悌眷为梁州刺史"；同书卷一二〇宋文帝元嘉四年（即建弘八

年）三月记炽磐以"宁朔将军出连辅政为梁州刺史，镇
赤水"。九月"氐王杨玄遣将军苻白作围秦梁州刺史出
连辅政于赤水，城中粮尽，民执辅政以降。辅政至骆谷，
逃还"。显然，《疆域志》所引《西秦录》一段，与《资
治通鉴》所记为一事。《资治通鉴》作"梁州刺史出连辅
政"，而不作"南梁州刺史出连虔"，当可信。而《疆域
志》所引《西秦录》中的"出连虔"似有误，后苻白作
所执之"辅伯"，显系"辅政"之讹。这样看来，似乎西
秦并未置"南梁州"。可是，上引《载记》明言，国仁以
悌眷为南梁州刺史，又《通志·氏族略五》莫侯氏下云：
"《西秦录》：有南凉（梁）州刺史莫侯弟眷。"所以，根
据目前所掌握的资料，西秦在国仁建义二年以悌眷为南
梁州刺史是可信的。此州的设置，不过与悌眷同时降西
秦的秘宜为东秦州刺史一样，只是名义上的。而到乾归
时，以悌眷为御史大夫后，此州可能即废，而炽磐时的
"南梁州刺史出连虔"中的南梁州，应如《资治通鉴》所
记，为"梁州刺史出连辅政"。

2.《疆域志》共列西秦郡三十二个，其中十八个见
前地方之官郡太守，又国仁建立政权时设郡十二（武城、
武阳、安固、武始、汉阳、天水、略阳、漒川、甘松、
匡朋、白马、苑川），内除汉阳、略阳已见地方之官部
分外，则又有十郡。此外，上引1972年在今甘肃张家川

出土的《王真保墓志》内，云真保"列祖伏仁，乞伏世，祁连、汉阳二郡太守。父润，陇西太守"。内汉阳、陇西二郡见前，祁连郡则不见史载。按，祁连郡前凉、后凉均置，在今甘肃张掖之东。西秦势力未达于此，且见伏仁为汉阳、祁连二郡太守，则西秦祁连郡当也寄治在汉阳郡（治今甘肃天水西南）内。这样，见于记载和文物的西秦所设郡，共二十九个。此外，《疆域志》所列四郡（大夏、永晋、乐都、建昌）是有疑问的。

（1）大夏郡、永晋郡。《疆域志》引西秦更始四年公府刺杀乾归后，奔大夏，又引《北史·常爽传》爽父坦，乞伏世为大夏镇将。故云西秦曾置大夏郡。按，此二条资料均不能说明西秦曾设大夏郡。至于永晋郡之设，《疆域志》更未引所据资料。以上二郡，《疆域志》均列于河州之下，云"河州凡统旧郡一（金城），前凉增置郡二（大夏、永晋），新置郡一（东金城）"。则《疆域志》是把前凉增置永晋、大夏二郡，列入西秦河州之内。这是不妥当的。因为前凉在西秦建国前十年已亡，西秦建国后是否依前凉旧制，设大夏、永晋两郡，是大有疑问的。在无任何资料证明的情况下，以不将此二郡列入西秦所置郡内较为妥当。

（2）建昌郡。《疆域志》列入凉州所属郡内，下又云："西秦领县三（榆中、治城、蒙水）。案郡县并据《地形志》列入。"按,《魏书》卷一〇六《地形志下》凉州有"建昌郡。领县三:榆中、治城、蒙水"。这是北魏时所置郡,前、后凉均未见设此郡,故西秦是否设此郡,是大有疑问的。

(3)乐都郡。《疆域志》列此郡入凉州,下云:"《西秦录》:永康五年五月,炽磐闻傉檀西征,率步骑二万袭乐都,傉檀降,遂并南凉。《通鉴》:蒙逊攻乐都,乞伏元基救之,蒙逊师退,领县可考者一(苕藋)。"按,乐都郡原为南凉所置,且为其国都。据《资治通鉴》卷一一六记,炽磐取乐都后,"以镇南将军谦屯为都督河右诸军事、凉州刺史,镇乐都"。则时乐都为西秦凉州治所,以后又是沙州的治所。可是,史籍并未载西秦曾设乐都郡,故暂不列入西秦郡数之内为妥。

总之,从目前掌握的资料来看,西秦共置郡二十九,即有苑川、武城、武阳、安固、武始、汉阳、祁连、天水、略阳、澆川、甘松、匡朋、白马、陇西、金城、秦兴、兴国、武威、三河、东金城、兴晋、西平、广武、晋兴、湟河、南安、西安、浇河、广宁等郡。

3.《疆域志》仅记西秦所置护军一:弱水护军,遗漏一个"长城护军"。《资治通鉴》卷一二一,宋元嘉七年十一月条记:"南安诸羌万余人叛秦,推安南将军、督八郡诸军事、广宁太守焦遗为主,遗不从;乃劫遗族子长城护军亮为主……"西秦广宁郡治今甘肃漳县。长城，胡三省注云："五代志：平凉郡百泉县，后魏置长城郡。"又《魏书·地形志下》原州（治高平）下有"长城郡。领县二：黄石、白池"。黄石，曾为西秦所攻占，于此设长城护军完全可能，治所当在今甘肃平凉西北。

4. 西秦与南凉一样，史籍均未载其置县及县令（宰）。西秦是否设置有县一级行政机构，目前还难于判断。《疆域志》所列县名，大都是因前凉旧制，故仅能作参考，不可尽信。

西秦最盛时的疆域，是在西秦建弘七年（426）夏国进攻西秦前，时统有十一州、二十余郡。大致疆域的走向是：北从麦田、度坚（秦兴郡）往西南至武威东，西南至青海湖东之汗罗，又东南至浇河南，东南至西倾山、甘松山，又南下到今白龙江上游，然后又东北至今天水西、平凉北，再西北至度坚山。

二 西秦的社会形态

以乞伏氏为首的部落联盟在向陇西迁徙的过程中，还是处于氏族社会末期，以游牧经济为主。迁到陇西之后，乞伏氏部落联盟则迅速向阶级社会过渡。由于陇右地区自秦汉以来很早就确立了封建生产方式，到东汉末年后，地主的坞堡经济在陇西也盛行起来。当时陇右地区不仅有许多占有庄园、领有部曲的汉族豪强地主，而且还有一些早已汉化的其他民族的豪强地主。如前述秦州略阳匈奴屠各族王擢、王统父子，王统曾为前秦益州刺史，击败乞伏司繁于度坚山。屠各王氏一族在晋末已汉化，成为略阳有势力的豪族大姓，"皆有部曲"[1]。王统的兄弟王陵，即王真保曾祖，陵子伏仁后为西秦祁连、汉阳二郡太守[2]。迁至陇西的乞伏氏部落联盟必然在陇西原有的农业经济和封建制度的影响下，逐渐由游牧转向定居农业，由原始社会末期直接向封建社会过渡。这个过程与拓跋鲜卑入主中原，采取"分散诸部""计田授田"等一系列措施，直接封建化的过程相似。可惜文献于乞伏鲜卑封建化的过程，无一语道及，我们只能从一些有关的资料中加以推测。

首先，在乞伏国仁建立政权前后，已大致有了较为固定的中心——苑川，说明他们原有的游牧经济发生了变化。乞伏国仁建立政权后，设秦、河二州，统十二郡之地。从其所置主要官吏为少数民族来看，他主要是依靠鲜卑、高车等族的首领来维持其统治。到乾归即位后，所任官吏就有了一批陇右汉族豪门和汉化了的其他

---

1 《资治通鉴》卷一〇八，晋孝武帝太元十七年三月条，记后秦征南将军姚方成对姚兴语。
2 见前引《王真保墓志》。

族的地主豪强，如南安秘宜、略阳王松寿、武始翟勃等。这一事实标志着乞伏氏统治了陇西大部分地区之后，开始与该地豪门地主相结合。随着西秦政权的巩固和发展，这一结合日益广泛和密切。下面我们将在西秦任职中的汉族或早已汉化的各族豪强地主及俊杰之士作一统计（见表四）。

表四　西秦汉族或汉化的各族豪强、俊杰任职情况

姓名	族属	籍贯	任职官名	资料出处
秘宜	汉	南安	东秦州刺史、右长史、尚书右仆射、镇东将军	《晋书·乞伏乾归载记》、《资治通鉴》卷一〇六等
边芮	汉	金城	左长史、尚书左仆射、长史	同上
王松寿	汉	略阳	主簿、民部尚书、光禄勋、秦州刺史、尚书右仆射、平东将军、益州刺史、司马	《晋书·乞伏乾归载记》，《资治通鉴》卷一〇七、一一七、一一八等
杜宣	汉		兵部尚书	《晋书·乞伏乾归载记》
麹景	汉	金城	侍中、御史大夫、尚书令、太子詹事、沙州刺史	《晋书·乞伏乾归载记》，《资治通鉴》卷一一八、一二〇等
方弘	汉		侍中	《晋书·乞伏乾归载记》
韦虔	汉（？）		平北将军、长史	同上

续表

姓名	族属	籍贯	任职官名	资料出处
郭廑	汉		建忠将军、散骑常侍	《资治通鉴》卷一一○
樊谦	汉		三公尚书、司直	《晋书·乞伏乾归载记》、《晋书·炽磐载记》
辛静	汉	陇西	金城太守、右丞相	《资治通鉴》卷一一一
罗敦	汉		镇军将军	《晋书·乞伏乾归载记》
焦遗	汉	陇西	太子太师、广宁太守、镇国将军	《资治通鉴》卷一一五、一二一
焦华	汉	陇西	尚书民部郎	《资治通鉴》卷一一五
娄机	汉（？）		骁骑将军	《资治通鉴》卷一一六
段晖	汉	武威	中尉、散骑常侍、辅国将军、凉州刺史、安北将军、辅国大将军、御史大夫	《晋书·乞伏炽磐载记》，《资治通鉴》卷一一七、一二○、一二一等
索棱	汉	河西	太傅	《资治通鉴》卷一一六
焦袭	汉	陇西	太府主簿	同上
王基	汉		曜武将军、晋兴太守、振武将军	《资治通鉴》卷一一六、一一九
赵恢	汉	广武	广武太守	《资治通鉴》卷一一六
王孟保	汉（？）		略阳太守	《资治通鉴》卷一一七
吉毗	汉（？）		镇南将军、征南将军、尚书仆射、卫大将军	《资治通鉴》卷一二○

姓名	族属	籍贯	任职官名	资料出处
李亮	汉		南安太守	《资治通鉴》卷一二一
赵寿生	汉		镇京将军	同上
王恺	汉		中书侍郎	《魏书·乞伏国仁传》
王伐	汉		将军	《资治通鉴》卷一二一
吴汉	汉		骁骑将军、平南将军、梁州刺史	《资治通鉴》卷一二〇
马艾	汉		记室郎中	《资治通鉴》卷一二一
麹承	汉	金城	西平太守	同上
辛进	汉	陇西	尚书	同上
郭恒	汉		给事黄门侍郎	《资治通鉴》卷一二一、《魏书·乞伏国仁传》
杨显	汉	弘农	略阳太守	《资治通鉴》卷一二一
焦亮	汉	陇西	长城护军	同上
焦楷	汉	陇西	太子司直	同上
焦嵩	汉		尚书、商州刺史	同上
王伏仁	屠各	略阳	祁连、汉阳二郡太守	《王真保墓志》
王润	屠各	略阳	陇西太守	同上
姚儁	羌		侍中、中书监、征南将军、陇西公	《晋书·乞伏炽磐载记》
姚艾	羌	南安赤亭	征东大将军、秦州牧	《资治通鉴》卷一一八
莫者阿胡	羌	秦州	尚书郎	《资治通鉴》卷一一九
莫者幼眷	羌	秦州	西安太守	《资治通鉴》卷一二一

姓名	族属	籍贯	任职官名	资料出处
姚献	羌	南安赤亭	将	同上
姚濬	羌	南安赤亭	浇河太守	同上
姚珍	羌	南安赤亭	降西秦，乾归妻以宗女	《资治通鉴》卷一一〇
莫者羖羝	羌	秦州	左卫将军	《晋书·乞伏乾归载记》
翟勍	丁零（高车）	武始	左司马、主客尚书、尚书令、相国	《资治通鉴》卷一〇七、《晋书·乞伏乾归载记》
翟瑥	丁零	武始	冠军将军、司马、吏部尚书、定州刺史、兴晋太守	《晋书·乞伏乾归载记》，《资治通鉴》卷一〇七、一〇九
翟绍	丁零	武始	冠军将军、尚书左仆射	《资治通鉴》卷一一六、一一八
翟爽	丁零	武始	秦州刺史	《资治通鉴》卷一二〇
翟承伯	丁零	武始	南安太守	《资治通鉴》卷一二一

以上四十九人，绝大多数是陇右地区的豪强地主，主要是汉族，也有汉化了的屠各、羌、丁零等族。这仅是见于记载的，不见记载的肯定还有。他们与乞伏氏共同治理国家，在国内施行的各项政策，维护哪个阶级的利益，自然是很清楚的。也就是说，乞伏鲜卑进入陇西、建立政权后，与陇西地区封建豪门地主阶级结合，开始了他们封建化的过程。这个过程也就是他们汉化的过程，大致开始于国仁时，最后完成于乾归复国之后。

乞伏鲜卑及其所建西秦政权的封建化，是符合人类社会发展的规律的。处于原始社会末期的乞伏鲜卑，征服陇西地区处于先进的封建制度下的汉族等各族之后，必然由原始社会末期向封建社会转化。我们从史籍中还可找到个别的例证，如《晋书·乞伏炽磐载记》记姚僡降西秦后，炽磐"征僡为侍中、中书监、征南将军，封陇西公，邑一千户"。这是采用汉魏以来封建生产关系的"食邑制"，"一千户"是作为农民（部曲）以封建地租的形式，交纳给邑主。可见，西秦国内已采用了封建的生产方式。

其次，如前所述，西秦基本上采取了汉魏以来内地汉族封建政权的政治制度，而政治制度是社会的上层建筑，它是建筑在生产关系的总和——经济基础之上的。由于资料缺乏，我们对西秦社会生产关系、阶级结构等无法搞清，但是反过来从其封建的政治制度来推测它的经济基础，是与之相适应的封建生产关系，想来也是可以成立的。

最后，乞伏鲜卑原是以游牧为主的部落联盟，迁入陇西并建立政权后，与秃发鲜卑一样，其中一部分必然由游牧转向农业定居。其中，乞伏氏贵族逐渐汉化，成为陇西地区最有势力的地主阶级的代表，而广大的人民则转为部曲，或外出打仗，或耕种田地。这个过程，与建立北魏的拓跋鲜卑也是一致的。拓跋鲜卑的统治者曾采用"息众课农""散诸部落，始同于编民"等措施，从而拓跋鲜卑部由游牧转向农业定居，部落氏族解散后，成了"编民"（即一般农民）。只因史籍缺乏，我们对乞伏鲜卑诸部的这个转化过程不很清楚罢了。

在西秦国内，从事农业生产的农民，主要还不是上述由游牧转化为农业定居的乞伏部人，而是原陇西地区广大的汉族及汉化了的羌、屠各、丁零等族人民。这些人民就构成了西秦封建社会内的农民阶级的主体。

除了农业之外，游牧经济仍然是西秦社会经济中一个组成部分。比如西秦统治下麦田、度坚一带的鲜卑部落，漒川及白龙江上游的羌族部落，青海湖一带的乙弗、契汗部落等，大多还是处于原始社会末期，以游牧为生。这些部落为西秦征服后，首领大多被封为将军之类的名号，如六泉地区三部鲜卑首领、南羌丘檐、吐谷浑别统阿若干和吐护真等。西秦怎样统治他们呢？文献记载很少。仅从一些资料推测，西秦统治者对他们的统治，主要表现在经常征调他们出外打仗和征收一些贡赋之上。如《资治通鉴》卷一三一，宋文帝元嘉五年（428）记：沮渠蒙逊攻围西秦乐都，相国元基率军三千救乐都，此三千人马中，就有东羌乞提部。又《晋书·乞伏乾归载记》记乾归曾遣陇西羌昌何，攻姚兴金城郡等。西秦统治者还向这些部落索取人质，不时抽取税马或其他贡赋。如《晋书·乞伏炽磐载记》云：居青海一带的乙弗鲜卑乌地延降西秦，其弟他子立，以子轲兰为质于西秦的西平。后他子从弟提孤叛而复降，"炽磐以提孤奸滑，终为边患，税其部中戎马六万匹"。此虽带有偶然的性质，但是经常以上述税马的形式，向这些部落收取贡赋是完全可能的。西秦与这些部落的关系，是否就是封建的剥削关系呢？那倒不一定。因为漠北的匈奴、柔然等奴隶制政权，对一些被征服的部落同样是这种关系。问题是在西秦统治的区域内，一些边远的其他民族的部落本身的社会发展情况，事实上与陇西汉族聚居之地是有区别的。后者早已是封建社会的生产关系，而前者仍处于原始社会末期。不过，前者在西秦社会中不占主要地位，改变不了西秦封建社会的性质。

乞伏鲜卑由部落联盟直接过渡到封建社会，这种情况与建立北魏的拓跋鲜卑相似。那么，西秦社会中有无奴隶呢？有关西秦的史籍中，我们没有看到有关奴隶的记载。但是，西秦统治阶级通过战争或其他方式得到了一批奴隶，主要作为家内奴婢或官奴，在西秦社会中不占主要地位。

西秦既然是一个封建社会，国内乞伏氏军事贵族及汉、羌、丁零等族的豪门地主就构成了社会上的封建地主阶级，而地主坞堡、庄园内的部曲及被征服部落的人民，则组成被统治的农民阶级。两者之间的矛盾，也就是西秦社会的基本矛盾。这一基本矛盾又是同民族矛盾交织在一起的。随着西秦社会的发展，以乞伏氏为首的统治阶级日益腐朽，加之对外战争接连失败，潜伏着的民族矛盾和阶级矛盾就爆发出来，最终导致了西秦的衰亡（见前文）。

西秦封建政权还有一个引人注目的特点，那就是经常发动对邻近国家或部落的战争，俘获大批人口，将其迁徙到国内中心或其他地方。见于记载的大致如表五所示。

表五　西秦掠迁人口情况

时间（公元）	掠迁对象	人　数	迁徙地点	资料出处
388	平襄鲜卑越质部	获越质诘归及部落五千余人	还于苑川	《晋书·乞伏国仁载记》
391	安阳鲜卑大兜国	大兜败走，收其部众	还于金城	《资治通鉴》卷一〇七，《晋书·乞伏乾归载记》
398	后凉支阳、允吾鹊武民	房万人	还于金城	《资治通鉴》卷一一〇等
405	吐谷浑乌纥堤	房万余人	还于苑川	《资治通鉴》卷一一四

时间（公元）	掠迁对象	人 数	迁徙地点	资料出处
409	薄地延部	徙其部落	于苑川	《晋书·乞伏乾归载记》
410	越质屈机等十部	降其众二万五千	徙于苑川	《资治通鉴》卷一一五
410	后秦略阳、南安、陇西诸郡民	徙民二万五千户	于苑川及枹罕	《晋书·乞伏乾归载记》等
411	鲜卑仆浑部	徙三千余户	于度坚城	《资治通鉴》卷一一六
411	羌句岂、输报、邓若三部	徙五千余户	于叠兰城	同上
411	后秦柏阳堡、水洛城民	徙四千户，又徙三千余户	于苑川、谭郊	《资治通鉴》卷一一六，《晋书·乞伏乾归载记》
412	羌彭利发部	收羌户一万三千	于枹罕	《资治通鉴》卷一一六
413	击吐谷浑树洛干于浇河	虏树洛干将呼那乌提等三千余户	还于枹罕	《晋书·乞伏炽磐载记》
413	击吐谷浑别统支旁于长柳川	虏支旁及民五千余户	还于枹罕	《晋书·乞伏炽磐载记》、《资治通鉴》卷一一六
413	击吐谷浑别统掘达于渴浑川	虏男女二万三千	还于枹罕	《资治通鉴》卷一一六，《晋书·乞伏炽磐载记》

续表

时间（公元）	掠迁对象	人 数	迁徙地点	资料出处
414	攻克南凉乐都	徙虎台及文武百姓万余户	于枹罕	《资治通鉴》卷一一六
415	乙弗窟乾部	降其三千余户	还于湟河	《资治通鉴》卷一一七
416	破后秦黄石、大羌二戍	徙五千余户	于枹罕	《晋书·乞伏炽磐载记》
417	破吐谷浑阿柴于尧杆川	俘五千余口	还于枹罕	《晋书·乞伏炽磐载记》，《资治通鉴》卷一一八
418	炽磐东巡上邽	徙民五千余户	于枹罕	《资治通鉴》卷一一八
419	击漒川羌彭利和部	徙羌豪三千余户	于枹罕	《资治通鉴》一一九，《晋书·乞伏炽磐载记》
420	击北凉胡园戍	俘二千余人	还于枹罕	《资治通鉴》卷一一九
421	大破契汗秃真部	获男女二万	不明	《资治通鉴》卷一一九
424	击北凉白草岭、临松郡	徙民二万余口	还于枹罕	《资治通鉴》卷一二〇
425	击北凉临松郡	徙民五千余户	还于枹罕	同上

注：表中仅列西秦在战争中掠迁的人口，其余因战争降附但未迁徙以及一般的迁徙人口不计在内。

从表五中可以看出，大约平均两年西秦就有一次掠迁人口的事，与南凉情况大致相同，但无论是从掠迁的人数还是规模来看，远超过了南凉。为什么西秦要不断通过战争掠迁人口呢？有学者认为："脱胎于游牧经济的乞伏鲜卑统治者，对农业经济是陌生的，他们不设想如何推进农业生产，发展农业经济。由部落联盟而迅速建立国家政权的乞伏鲜卑统治者，对管理国家毫无经验，他们不懂得如何开辟财政经济的来源，只知道推动战争机器运转，应用'野蛮民族'惯用的办法掠夺财富和人力资源。"[1] 即是说，西秦统治阶级不知发展本国经济，而用战争掠夺财富和人口来开辟财政的来源。这种看法是有失公允和不够妥当的。如前所述，以乞伏氏为首的鲜卑部落联盟进入陇西建立政权后，其游牧经济已逐渐向农业定居转化，其统治的大部分地区是以汉族为主的农业区，对农业地区及其他被征服的游牧部落的封建剥削，是西秦国家主要的经济财政来源。其次，乞伏氏统治者汉化后，最后也变成了陇西地区最有势力的封建统治阶级成员，说他们惯用"野蛮民族"的手段掠夺财物和人口，的确是有点冤枉。何况乞伏氏还重用了大批汉族豪门及俊杰之士，这些人是不会助长和赞同乞伏氏用这种"野蛮"的方式来维持西秦政权的。

1　见前引王俊杰《西秦史钩沉》。

那么，西秦统治者频繁进行的掠迁人口是什么性质，其目的何在呢？正如南凉掠迁人口一样，在整个五胡十六国时期，由于战争不断，北方的人口大量减少，各族统治者为了巩固和发展自己的势力，经常以武力掠夺土地和人口，攻下一个地区或城镇后，先进行洗劫，然后将大量人口迁徙到自己易于控制的地区，使徙民们供劳役、兵役或耕种田地等。所以，这种掠徙人口的现象，几乎不同程度地存在于十六国之中，甚至汉族及汉化的氐、羌等族所建的前凉、前秦、后凉、西凉等政权也不例外。[1] 这种掠迁人口的性质，不是对奴隶的掠夺，而是在五胡十六国这一特定的割据分争的局势之下，各族封建统治者为掠夺、占有劳动力，增加兵役来源的行为。那种以西秦统治者因不事内部农业生产，依靠掠夺人口、财物来增加国家财源的说法，是不够妥当的。相反，掠迁人口正是在当时劳动力缺乏的情况下，为了发展本身经济而采取的措施。这样，就比较容易理解表五中，西秦复国之前掠迁人口仅四次，而复国后达二十次的疑问了。因为乾归复国后，仅据枹罕、苑川、度坚一带，劳动力、兵员均十分缺乏，但是一时又无力

1　参见唐长孺《晋代北境各族"变乱"的性质及五胡政权在中国的统治》，载《魏晋南北朝史论丛》；前引关尾史郎《南凉政权（三九七～四一四）和徙民政策》。

开疆拓土，因此只好加紧对邻国和邻近地区各族人口的掠迁。

三　西秦的意识形态

在迁徙陇西和建立政权之前，乞伏氏鲜卑基本保持着鲜卑族的习俗，过着游牧生活，以肉酪为粮；信仰原始的巫术，崇拜山川、日、月、星等；盛行子娶母（非生母）、弟纳嫂的婚俗等。[1]可是，乞伏鲜卑建立西秦之后，逐渐汉化，大量吸收汉族的先进文化和意识形态。因此，西秦的意识形态大多是与陇西地区汉族文化紧密联系在一起的。特别是在乾归复国之后，乞伏氏汉化的过程更为迅速。据《资治通鉴》卷一一五，晋安帝义熙五年（409）十月记，乾归复称秦王后，以南安焦遗为太子太师，参与军国大谋，并令太子炽磐拜焦遗于床下，欲以女妻遗子焦华，与之联姻。焦遗系汉族名儒，他对炽磐的教育内容，自然是传统的汉族儒学。西秦还设置博士等职，教授乞伏氏贵族子弟，推广汉族文化。史称炽磐子慕末，"幼而好学，有文才"，与汉族士大夫几乎没有多大差别了。

又前述甘肃永靖炳灵寺内西秦时期的第一六九窟壁

1　见《后汉书》卷九〇《乌桓鲜卑传》及注引王沈《魏书》。

画中，有个供养人身着长袍，完全是汉族士大夫的装束，题名为"乞佛□罗使之像"，这是西秦乞伏氏族人，已完全着汉魏以来汉族宽衣大袖的服饰，与鲜卑人传统的窄袖细腰衣饰相异。从这一现存的实例中，知乞伏鲜卑的上层基本上采取了汉族的服饰。一个民族的服饰、习俗是比较保守，轻易不会改变的，从乞伏氏供养人的汉化，可推知乞伏鲜卑的汉化还是比较彻底的。正因为乞伏鲜卑的汉化较为彻底，故我们推测其风俗及所用的语言文字，也大抵与汉族相同。炳灵寺第一六九窟内的西秦"建弘元年题记"及供养人题名等全为汉文即是明证。

西秦意识形态的最大特点，恐怕就是佛教在国内的传播和流行了。如前所述，五胡十六国时期佛教盛行于北方，是与当时各族统治者企图利用佛教来麻痹人民，而广大的各族人民在战乱中希望从事佛中找到精神的寄托有关。乞伏鲜卑所建的西秦也不例外。佛教可能早已传入陇右地区，到西秦炽磐在位时（412~428），达到了兴盛的阶段。至今在甘肃陇西地区存有两个著名的石窟，即天水的麦积山、永靖炳灵寺石窟，这两个石窟均与西秦有关。

天水麦积山石窟，距今天水45公里，形如堆积之麦垛，故有此名（见图五）。至今石窟内所见最早的墨迹，

图五　天水麦积山石窟（周伟洲摄）

是北魏宣武帝景明三年（502）九月张元伯造石室一区发愿文[1]。但此处作为佛教胜地，还早在此之前。据梁代慧皎撰《高僧传》卷一一《释玄高传》记：玄高曾"杖策西秦，隐居麦积山。山学百余人"，还有"秦（后秦）地高僧"昙弘在麦积山，与玄高为同业友。可见，当时西秦麦积山佛教之盛。而永靖的炳灵寺石窟，原称唐述窟，唐述是羌语"鬼"的意思（见图六）。[2]

　　此地石窟可能开凿于晋初，到十六国西秦时，炳灵寺遂成为另一佛教胜地。至今该寺最有代表性的第一六九窟内，还保存着西秦建弘元年（420）的墨书题记。陇西这两个最有名的石窟的兴盛与西秦大力兴佛是有直接关系的。

1　见原文化部社会文化事业管理局编《麦积山石窟》，文物出版社，1954。
2　《水经注》卷二《河水》。

图六　甘肃永靖炳灵寺（周伟洲摄）

　　西秦统治者，特别是乞伏炽磐在位之时，崇信佛教，曾聘请名僧讲经。[1]唐智昇撰《开元释教录》曾列三国以来译经数，内有西秦译经人数一，译经五六部，共一一○卷。当时著名的禅宗宗师玄高、秦地高僧昙弘在天水麦积山修行，有徒百余人。还有一个外国著名僧人昙无毗也到了西秦，领徒立众，训以禅道。玄高率弟子们也"从毗受法"。在炳灵寺第一六九窟北壁、建弘元年题记下方，画有两排供养人，上排导引僧两名，一人题为"□国大禅师昙摩毗之像"，另一人题为"比丘道融之像"。昙摩毗，即昙无毗，译写不同之故，时在西秦传法，被奉为大禅师（见图七）。

1　见《历代三宝记》卷九。

图七　炳灵寺第一六九窟北壁昙摩毗之像
（摘自甘肃省文物工作队等《永靖炳灵寺》，文物出版社，1989，图 25）

关于玄高，《高僧传》卷一一记载了他在西秦的活动，内云：

> 时乞佛炽槃跨有陇西，西接凉土。有外国禅师昙无毗来入其国……（玄）高乃欲以己率众，即从毗受法……时河南（指西秦）有二僧，虽形为沙门，而权佯伪相……昙无毗既西返舍夷。一僧乃向河南王世子曼谗构玄高，云蓄聚徒众，将为国灾。曼信谗便欲加害，其父不许，乃摈高往河北林阳堂山……昔长安昙弘法师，迁流岷蜀，道洽成都。河南王藉其高名，遣使迎接。弘既闻高被摈，誓欲申其清白，乃不顾栈道之艰，冒险从命。既达河南，宾主仪毕……王及太子赧然愧悔，即遣使诣高，卑辞逊谢，请高还邑。……渐还到国，王及臣民近道候迎，内外敬奉，崇为国师。河南化毕，进游凉土，沮渠蒙逊深相敬事……

内云"河南王"即指西秦乞伏炽槃，其于西秦永康元年（412）称河南王，后两年复称秦王。"河南王世子曼"，曼即乞伏茂蔓之省称，茂蔓即乞伏慕末，南朝史籍均记慕末为茂蔓。玄高虽然经过一番波折，但后来为炽槃父子所崇信，西秦王及臣民近道迎候，"内

外敬奉，崇为国师"。以后，玄高又到北凉传法，北
凉亡后又转至北魏。由于玄高是西北佛教禅宗宗师，
故吸引了内地一些僧人到西秦或北凉，如释僧隐、释
道汪等。[1]西秦佛教兴盛的原因，还有其东西两邻国
（后秦、北凉）佛教特盛，对其有深刻的影响，同时
它处于中西交通必经之道。佛教文化的传播和盛行，
必然对西秦社会产生重大的影响。下面我们想通过对
炳灵寺第一六九窟的分析，看一看佛教对西秦文化的
影响。[2]

炳灵寺的位置在今甘肃临夏西北约40公里，临夏
即西秦国都枹罕所在地，此处也是古代中西交通的枢纽
之一。该寺第一六九窟，洞口在高30余米的崖面上，
洞深19米，洞广27米，高14米。正壁（西壁）上下
均有造像，"这批造像时代较早，大体在公元四〇九年
西秦更始复国以前，可上溯至四世纪末，也许还要更早
一些"[3]。北壁是该窟的精华，主要是造像和壁画，完成
于西秦炽磐永康元年（412）迁都枹罕以后的永康、建

1　见《高僧传》卷一一、七等。

2　以下所叙据甘肃省博物馆、炳灵寺石窟文物保管所编《炳灵寺石窟》，
文物出版社，1982。

3　甘肃省博物馆、炳灵寺石窟文物保管所编《炳灵寺石窟》，文物出版社，
1982，第2页。

弘年间。从北壁北侧上方的"建弘元年岁在玄枵三月廿
四日造"的题记，基本可以确定此龛的创建年代（见图
八）。

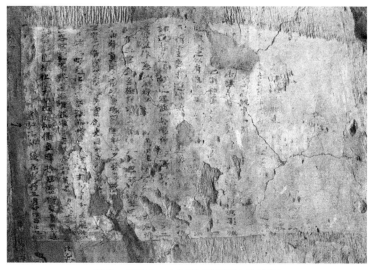

图八　炳灵寺一六九窟西秦建弘元年题记
（摘自甘肃省文物工作队等《永靖炳灵寺》，图28）

　　北壁内容我们大致在前面已做过介绍，这里着重
从雕塑、绘画的角度来谈一谈。北壁有题记的佛龛内，
有造像"一佛二菩萨"，题名为"无量寿佛"，右胁侍
题名"观世音菩萨"，左胁侍题名"得大势志菩萨"。
"佛及菩萨的颜面和肢体涂白色，眼、眉、须、发以
墨线描画，再以浓墨点睛。衣服红色，饰以绿色边缘，
鲜艳华丽，色彩对比强烈。佛身后壁画背光，绘持长

鼓、箜篌、阮、排箫、筝等各种乐器的伎乐天，飘带、披巾萦绕，给人以飘飞之感，并和外缘的联珠纹及火焰纹构成和谐的图案。"[1] 在北壁的显著位置还有一高2.5米的立佛，北壁下侧，还有另外三尊立佛塑像（见图九）。"这些佛像都表现了和建弘元年龛中造像相同的特征。它们是依崖面塑出的高浮雕，面相方圆，仪态庄重，着通肩或半披肩大衣，衣纹线条流畅，使人看去有薄纱透体之感。这几尊造像动态自然，应是这一时期中比较成功的作品。"[2] 北壁正中还存有两幅完整的壁画，一幅上方为说法图，绘有一佛土菩萨，说法图下居中一坐佛，题"无量寿佛"，右侧画文殊菩萨，左侧画维摩诘。这些画以传统的线描刻画人物，线条遒劲，设色明快，以青绿色为主调，具有较高的艺术水平。南壁造像主要有位于高处的五尊坐佛和其下的一佛二菩萨（右菩萨已失）等，估计它们的绘制年代晚于西、北壁的主要造像。

总之，第一六九窟是炳灵寺的精华所在，每当人们进入窟内，立即会被那些栩栩如生的造像和壁画所吸引。这些一千五百多年前的艺术作品显示了古代陇

---

1 甘肃省博物馆、炳灵寺石窟文物保管所编《炳灵寺石窟》，文物出版社，1982，第5页。

2 同上书，第5页。

图九　炳灵寺第一六九窟北壁立佛像

（摘自甘肃省文物工作队等《永靖炳灵寺》，图18）

西各族人民的智慧和文化水平，对于探讨中国石窟艺
术的源流和发展，对于中国雕塑史和绘画史，都是十
分珍贵的资料。而这些高水平的艺术作品不是出现在
中国历史上汉唐的盛世，而是在十六国割据时期乞伏
鲜卑所建的西秦之时，这不能不引起我们的深思。它

说明乞伏鲜卑所建的西秦并不是像过去封建史家所说的那样：一味破坏文化和经济，而是积极吸收汉族的先进文化，是对陇西地区的文化有所建树的中国历史上的政权之一。

第六章
西秦在中国历史上的地位

西秦是中国历史上五胡十六国割据分裂时期在陇西地区建立的政权，共存在四十七年，在中国几千年的历史中，西秦的存在可以说是十分短暂的。过去汉族封建史家出于封建正统思想和大汉族主义的偏见，对十六国中由非汉族所建的政权总是贬之过甚，视之为"伪僭"，斥之为"野蛮"。就是近现代一些历史学家也认为在像西秦这样的政权统治下，战火不息，人民痛苦，生产遭到严重破坏，文化陷于停滞不前，对中国历史的发展带来了消极的影响。

事实真的如此吗？我们认为，这些看法是不够公允的。目前，我们所能见到的有关西秦的历史资料已经很少，而且都是出自汉族封建史家的手笔，对像乞伏鲜卑所建的西秦，他们看到的自然是黑暗多于光明，尽污蔑之能事。不过，透过这些言词，我们还是可以发现：乞伏鲜卑所建的西秦政权无论在对陇右地区经济和文化的发展上，在促进各民族的相互交流、相互融合上，还是在中西交通等方面，都起过积极的作用；西秦政权还在建设中国西北的陇西地区方面，也做出了巨大的贡献。下面我们从几个方面加以论述。

（一）西秦统一陇右地区，乞伏鲜卑的迅速封建化，有利于该地区生产的恢复和发展

马克思主义者认为，对具体的事物应作具体的分析，不能脱离当时具体的历史条件，用抽象的理论去探讨问题。西秦的建国是在五胡十六国分裂割据的时期，统治地区大致包括陇西及河湟地区（灭南凉后领有）。这里自前凉后期以来，先有前凉与后赵争夺陇右的战争，后有前秦苻登与后秦姚氏的战争、后秦与后凉的战争等。一系列的战争严重破坏了陇西地区的农业生产，人民流离失所。在这样的背景下，西秦崛起于陇西，建立一个较为统一的政权，使陇西地区获得了暂时的、相对的安定，有利于生产的恢复和发展。而西秦统治者虽然原是处于落后的原始社会末期的部落联盟的首领，但是他们能够较为迅速地汉化，与当地汉族豪门士族相结合，逐渐维护和发展了当地封建的生产关系。正因为乞伏氏与汉族

豪门的联合统治较为巩固，所以西秦亡国九年之后，能够重新复国，并日益强盛起来。这正如《晋书》撰者所说，炽磐即位后，"不盈数载，遂隆伪业"。同时，在西秦建弘七年以前，基本上没见史籍记载西秦国内各族人民的反抗斗争，说明西秦国内的阶级矛盾和民族矛盾曾经一度有所缓和，国内经济有所恢复和发展。这种情况，与拓跋鲜卑入主中原，满族入关建立清朝的初期是颇为相似的，只不过西秦统一的地域及建国的时间不如北魏、清朝长久，因而在促进社会经济发展等方面的功绩，远不及这两个政权罢了。至于在西秦统治下，战火不息、民不聊生，自然对其经济发展有很大的影响。但也应了解这是当时历史条件下必然的产物，在四周强邻的进攻之下，西秦如欲和平，岂可得乎？总之，那种认为在西秦统治下，陇西地区的生产遭到严重破坏的说法，是不符合事实的。

（二）西秦的建立有利于陇西各族人民的相互交流、相互融合

陇西地区自秦汉以来就是一个多民族聚居的地区。以乞伏氏为首的陇西鲜卑各部自曹魏末先后进入陇西各地，与各族杂处。乞伏氏建立西秦后，乞伏鲜卑成为陇西地区的统治民族，随着乞伏氏鲜卑的汉化，各族也不同程度地汉化了。他们使用统一的语言文字——汉语文，

风俗习惯也随之汉化。因此可以说，在西秦统治时期陇西各族的汉化趋势更为显著。这一趋势有利于各民族的相互接近、相互交流和相互融合；汉族的先进文化对各族的社会发展起了推动作用。特别值得一提的是，西秦掠迁了一部分僻远的羌族、吐谷浑、乙弗等入苑川、枹罕等地。这种掠迁本身对被掠迁的各族人民是一场灾难，许多人在迁徙过程中死亡，但是这种用武力强迫迁徙的结果，在客观上改变了陇西地区各族分布的格局，有利于民族融合。

（三）西秦统治者的汉化政策及佛教信仰，有利于陇西地区文化的发展

如前所述，西秦统治者设置"博士""太子太师""太子詹事"等职官，教育鲜卑贵族子弟，传播汉族文化。这些措施，对陇西地区先进的汉族文化的传播及各族文化的交流都起到一定的积极作用。另外，从仅存的炳灵寺石窟所展示出的西秦时的雕塑、绘画的艺术水平可以断言，在西秦统治之下，陇右地区并非文化陷于停滞不前的状况，而是有所发展。当然，由于西秦存在时间较短，文献记载缺乏，其文化建树自然不能与魏晋时相比。

（四）西秦在中西陆路交通上的作用

西秦统治的陇右地区正处于中国内地与西方（中

亚、欧洲、印度）的交通要道上，无论由河西走廊入西域、欧洲的道路，还是由青海经柴达木盆地至西域的道路，一般都要首先经过陇西地区。在西秦存在的四十七年时间里，西秦承担了这一时间中西交通陇西段的重任，发挥了一定的作用。如往来于陇西西秦的中外僧人，见于文献记载的就不少。如前述的法显等，就是从长安出发，"度陇呈乾归国夏坐。夏坐讫，前行至耨檀国"。又有释昙无竭，于宋永初元年（420），"招集同志沙门僧猛、昙朗之徒二十五人，共齎幡盖供养之具，发迹西土，远适西方。初至河南国，仍出海西郡，进入流沙，到高昌郡"[1]。内云"河南国"即指西秦。[2] 还有在后秦弘始六年（404）有释智猛等十五人从长安，"渡河跨谷三十六所，至凉州城，出自阳关，西入流沙……"[3] 一直到印度。其时西秦虽已亡于后秦，但乾归仍为后秦守陇西之地。总之，自法显至法勇（即释昙无竭）西行求法者无虑数十人[4]，其中大多经过陇西西秦领地，也有一小部分由凉州（今甘肃武威）启程的。而由西方或西域入内地弘法的僧人，经河西的北凉、陇西的西秦至内地者，人数更多，如著

1　《高僧传》卷三《释昙无竭传》。
2　考证见拙作《古青海路考》，载《西北大学学报》1982年第1期。
3　《高僧传》卷三《释智猛传》。
4　见汤用彤《汉魏两晋南北朝佛教史》，中华书局，1963，第380~387页。

名的鸠摩罗什、昙无毗等。以上仅是文献所载来往于中西方的佛教徒，至于一般商人往来贸易想必也很多，只是不见于文献记载罢了。

（五）西秦对陇西地区的开发和建设

西秦建国时间不长，但其对陇西地区的开发和建设功绩，还是不能磨灭的。现存史籍表明，西秦仅在陇西地区城镇的建设及交通道路的改良方面，就做出了不少的成绩。

西秦自建立后，于陇西之地先后建设了一些新的城镇，见于记载的有：

1. 勇士城

晋太元十年乞伏国仁建立政权，"筑勇士都城以居之"[1]。此城为西秦开国第一个国都。按，汉代于天水郡设勇士县，《水经注》卷二多次提到黄河过金城（今甘肃兰州西），"东过天水北界"，"又东北过天水勇士县北"。又说："苑川水出勇士县之子城南山"，又谓之"子城川"。1984年，作者沿苑川两岸做了一些调查。在今夏官营火车站西一里许、紧靠铁轨南有一古城遗址，城四周城墙犹存，城北即苑川河。城内已完全种上庄稼，内外发现许多魏晋以来的砖瓦、陶器碎片及北

---

1 《太平御览》卷一二七引《十六国春秋·西秦录》。

宋、元代的瓷片。城中有榆中县所立县文物保护标志，上云"勇士城遗址"（见图十）。此地当榆中县东北，亦即近现代地志著作中所记勇士城之位置。《水经注》既然说"苑川水出勇士县之子城南山"，苑川又云子城川，则勇士县之子城应在苑川（子城川），而汉代勇士县城亦当在子城附近。而所谓"子城"应即乞伏国仁所筑，并第一次作为国都的勇士城，也就是在今夏官营火车站西一里许的古城遗址。

图十　甘肃榆中西秦勇士城遗址（周伟洲摄）

2. 苑川城

苑川是乞伏鲜卑进入陇西后定居的地区，"为龙马之沃土"，汉马援曾请于此与当地田户中分（即对半分收获的农产品）以自给。有东、西二苑城，相去七十里，西城即乞伏所都也。[1] 按东、西二苑城当均在苑川，颇疑上云之勇士城（子城）即苑川东城。至于西城的遗址，作者在调查时，从夏官营沿苑川西行，在离上述古城二十里许，川水北岸有名为"上古城"之地，有两个不大的寨堡，当地人即指为"上古城"得名之由。观其寨堡墙垣及整个布局，似为明清以来修建的村堡之类的建筑，绝不会是十六国时苑川西城的遗址。按《水经注》的说法，东西二苑城相距七十里，那么从上述勇士城遗址向西沿苑川七十里，约当在今桑园峡一带，靠近苑川入黄河之处。但这一带早已辟为农田，找不到任何古城的遗迹了。

3. 度坚城

西秦更始三年（411）西秦曾迁降附的鲜卑仆浑部三千余户于此城，以敕勃为秦兴太守以镇之。则此城为西秦秦兴郡治所。地当在今甘肃靖远县西北的度坚山。

4. 叠兰城

西秦曾迁降羌句岂等部五千余户于此城，以兄子阿柴为兴国太守以镇之。则城为西秦兴国郡治，地在今甘肃临夏东南。

1　见《水经注》卷二《河水》。

5. 嶻嶭城

炽磐于东晋义熙四年（408），"招结诸部二万七千，筑城于嶻嶭山以据之"。后又以没奕于（干）为武威太守，镇嶻嶭城。此城当在今兰州东南之兴隆山一带。

6. 谭郊

据《资治通鉴》卷一一六，晋安帝义熙七年（411）十一月条记：乾归攻克后秦水洛城后，"徙民三千余户于谭郊。遣乞伏审虔帅众二万城谭郊"。此城曾一度作为西秦的国都，地当在今甘肃临夏西北。

7. 列浑城

西秦建弘三年（422），炽磐以乞伏是辰为西胡校尉，"筑列浑城于汁罗以镇之"。汁罗即罗川之地，在今青海湖东。

8. 南漒城

《资治通鉴》卷一二〇，宋文帝元嘉四年（427）十月条云："秦以骁骑将军吴汉为平南将军、梁州刺史，镇南漒。"此城在漒川之南，即今甘肃岷县南。

此外，在西秦后期地位日趋重要的定连（今甘肃临夏西北）及早期的麦田城（在麦田山），都有可能系西秦时所修筑或改筑的。

在改良境内交通道路方面，西秦政权也做出了成绩。可惜现有的文献保留得不多，我们仅从《水经注》卷二河水引《秦州记》知一鳞半爪。此书云：

> 枹罕有河夹岸，岸广四十丈。义熙中，乞佛于此河上作飞桥，桥高五十丈，三年乃就。

据此，知晋义熙中（405~418），乞佛（伏）氏的西秦曾在黄河上做飞桥。此桥的位置，据《水经注》说在枹罕东"河夹岸也"，则桥当架在今甘肃临夏东北大夏河和洮河入黄河河口之间。此云飞桥，且高达五十丈，必定是十分宏伟、壮观的。此处是由陇西临洮、临夏过黄河入河西或青海的交通要冲之一。故西秦于此做飞桥，以利行人。

总之，西秦是我国五胡十六国时期的政权之一，它的历史是中国历史的组成部分。我们伟大的祖国灿烂光辉的历史，是各族人民共同创造的，是各族人民共同缔造了我们伟大的祖国。乞伏鲜卑所建的西秦，在中国几千年的历史长河中，虽然十分渺小，但毕竟留下了它的历史功绩，有一定的历史地位。

附录篇

附录一

南凉秃发氏世系表[1]

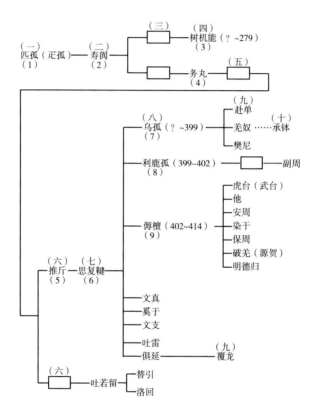

1 　此表根据《晋书》《资治通鉴》等资料制成。表内横线表示父子相承，竖线表示兄弟并列，关系不明确者用虚线表示。人名上括号数字，表示世代先后，下括号数字表示王位传承顺序，人名后括号表示在位年代，均采用公元纪年。

附录二

西秦乞伏氏世系表

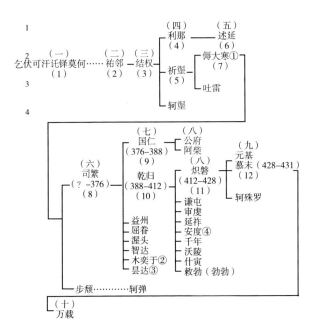

---

1 《晋书·乞伏国仁载记》云傉大寒为述延子，而《太平御览》引《十六国春秋·西秦录》记大寒为祁埿子，从《十六国春秋》。

2 《晋书》《册府元龟》均云昙达、没奕于（干）为乾归弟，《资治通鉴》以为炽磐弟，从《晋书》。

3 同上所引。

4 《魏书·乞伏国仁传》"安度"作"度"。

附录三

南凉大事年表

年代（公元）	南凉年号	有关各国年号	大事
219~256		东汉建安二十四年至魏甘露元年	拓跋鲜卑诘汾长子匹孤率部从塞北（漠南），迁徙到今甘肃、宁夏北部一带游牧。
256~263		魏甘露元年至景元四年	曹魏邓艾主陇右军事，迁鲜卑万余户（包括秃发鲜卑）于雍、凉间，与民杂处。
269		晋泰始五年	晋河西、陇右一带有水旱之灾，引起该地区羌、胡起事。晋置秦州，以胡烈为刺史，以镇压之。
270		晋泰始六年	六月，胡烈攻秃发树机能（匹孤曾孙）于万斛堆，兵败被杀，树机能又击败晋石鉴军。
271		晋泰始七年	四月，树机能与北地胡联合攻金城，晋泰始七年击杀晋凉州刺史牵弘于青山。
274		晋泰始十年	树机能又击败晋凉州刺史苏愉于金山。八月，攻金城诸郡，为晋汝阴王骏击败，树机能部帅乞文泥等被杀。
275		晋咸宁元年	二月，树机能见晋军云集，遂遣质子请降。
278		晋咸宁四年	六月，树机能党若罗拔能与晋凉州刺史杨欣激战于武威，欣兵败，死于甘岭。
279		晋咸宁五年	正月，树机能攻陷凉州，尽有晋凉州之地。晋遣马隆击树机能。十二月，马隆击杀树机能，凉州复为晋所有。
301		晋永宁初	张轨出任凉州刺史，击河西各地反晋的鲜卑，平之。
304~305		晋永兴中	原树机能党若罗拔能反晋，张轨遣司马宋配击杀拔能，俘十余万口。

年代（公元）	南凉年号	有关各国年号	大事
365		晋兴宁三年	秃发推斥死，子思复鞬领秃发部众，其中心在广武。
383		前秦建元十九年、晋太元八年	前秦苻坚淝水大败，原前凉张天锡子大豫奔还河西，投秃发思复鞬，思复鞬送之于魏安。
385		前秦太安元年、晋太元十年、西秦建义元年	乞伏鲜卑首领乞伏国仁建立政权，都勇士城。
386		前秦太初元年、晋太元十一年、后凉太安元年	氏族吕光据河西，建后凉政权。秃发思复鞬遣子奚于助张大豫攻后凉姑臧，吕光从城内出击，杀奚于等二万人，后大豫为吕光擒杀。同年，思复鞬死，子乌孤立。乌孤务农桑，修邻好，势力渐强。
394		后凉麟嘉六年、晋太元十九年	吕光遣使拜乌孤"河西鲜卑大都统、广武县侯"，乌孤接受封号，名义上臣属于后凉。
395		后凉麟嘉七年、晋太元二十年	乌孤击乙弗、折掘两部鲜卑，筑廉川堡以都之，又征服相邻各部。吕光遣使封乌孤为"广武郡公"。乌孤又破意云鲜卑部。
396		后凉龙飞元年、晋太元二十一年	吕光遣使拜乌孤"征南大将军、益州牧、左贤王"，乌孤不受。
397	太初元年	后凉龙飞二年、晋隆安元年、北凉神玺元年、西秦太初十年	正月，乌孤自称"大都督、大将军、大单于、西平王"，建立政权。又治兵广武，攻占金城，败后凉将窦苟。八月，后凉郭黁、杨轨反乱，向乌孤求援。乌孤遣弟利鹿孤救之，又遣使与北凉、西秦通好。
398	太初二年	后凉龙飞二年、北凉神玺二年、西秦太初十一年、晋隆安二年	六月，利鹿孤助杨轨攻后凉姑臧，为吕纂所败。后乌孤击败羌梁饥，取洪池岭南五郡之地，杨轨等降乌孤。年底，乌孤改称武威王。

年代（公元）	南凉年号	有关各国年号	大事
399	太初三年	后凉承康元年、北凉天玺元年、西秦太初十二年、晋隆安三年	正月，乌孤迁都乐都，遣子弟分镇各地；二月，乌孤遣弟利鹿孤援北凉，以抗吕光。六月，乌孤因酒醉坠马受伤死，立弟利鹿孤。八月，利鹿孤即武威王位，迁都西平。
400	建和元年	后凉咸宁二年、北凉天玺二年、西秦太初十三年、晋隆安四年	三月，后凉吕纂向南凉进攻，为傉檀所败。五月，后秦灭西秦，乾归父子奔南凉。六月，吕纂攻北凉，傉檀乘机攻姑臧，俘八千余户而还。年底，乾归又逃奔后秦。
401	建和二年	后凉神鼎元年、北凉永安元年、后秦弘始三年、晋隆安五年	正月，利鹿孤更称河西王，并以田玄冲、赵诞为博士祭酒，以教胄子。三月，南凉攻后凉，败吕隆，徙二千余户而归。七月，秦军围姑臧，南凉、北凉等遣使奉表入贡于后秦；九月，后凉吕隆出降后秦，势衰。北凉内乱，蒙逊遣子奚念为质于南凉，求援，利鹿孤不受，遣军攻临松，虏六千余户。后蒙逊遣质请和，利鹿孤还所掠，召军还。十二月，南凉攻围后凉姑臧，后又攻昌松郡。
402	建和三年、弘昌元年	后凉神鼎二年、北凉永安二年、后秦弘始四年、晋元兴元年	正月，南凉军攻拔昌松，执后凉太守孟祎。二月，北凉攻围姑臧，吕隆向南凉救援，傉檀率军救之，北凉退兵。傉檀遂徙凉泽段冢五百户而还。后，南凉又取魏安。三月，利鹿孤卒，弟傉檀立，更号为凉王，迁都乐都。十月，傉檀攻后凉姑臧。十二月，后秦拜傉檀为车骑将军、广武公。傉檀大城乐都。
403	弘昌二年	后凉神鼎三年、北凉永安三年、后秦弘始五年、晋元兴二年	八月，后秦灭后凉，以王尚为凉州刺史，镇姑臧，王尚遣使与南凉通好。

年代（公元）	南凉年号	有关各国年号	大事
404	弘昌三年（三月去年号，臣属后秦）	北凉永安四年、后秦弘始六年、晋元兴三年	三月，傉檀密图姑臧，去年号，臣属后秦；后遣弟文支击破南羌、西虏，上表求凉州，姚兴不许，加傉檀散骑常侍，增邑二千户。
406		北凉永安六年、后秦弘始八年、晋义熙二年	六月，傉檀击北凉，次于氐池，蒙逊固守，退兵。后傉檀向后秦献马三千匹、羊三万头，姚兴遂封之为凉州刺史，镇姑臧，召王尚返长安；既而悔之，为时已晚，傉檀据姑臧。八月，傉檀返乐都，以弟文真守姑臧。十一月，迁都姑臧。
407		北凉永安七年、后秦弘始九年、晋义熙三年	八月，傉檀向北凉进攻，双方激战于均石，大败而还。蒙逊夺取南凉西郡，太守杨统降。十月，后秦河州刺史彭奚念降南凉。十一月，南凉为夏赫连勃勃大败于阳武下峡，损失惨重。接着，姑臧城内民变，又发生"边、梁之乱"。南凉从此由盛转衰。
408	嘉平元年	北凉永安八年、后秦弘始十年、晋义熙四年	六月至七月，后秦军击南凉，为傉檀所败，双方约和。十一月，傉檀复称凉王，改元嘉平，置百官。
409	嘉平二年	北凉永安九年、后秦弘始十一年、晋义熙五年	七月，乾归复国，号秦王。年底，傉檀遣军击北凉，掠临松千余户而还。蒙逊大怒，又率军至显美方亭，破车盖鲜卑，掠数千户而去。
410	嘉平三年	北凉永安十年、后秦弘始十二年、西秦更始二年、晋义熙六年	一月，傉檀遣军击蒙逊，大败而还。三月，傉檀率军击北凉，大战于穷泉，大败奔还。蒙逊围姑臧。附近鲜卑各部降北凉。傉檀送质请和，蒙逊退兵。接着，南凉右卫将军折掘奇镇反于石驴山，傉檀从姑臧迁还乐都。

续表

年代（公元）	南凉年号	有关各国年号	大事
411	嘉平四年	北凉永安十一年、后秦弘始十三年、西秦更始三年、晋义熙七年	一月，蒙逊取姑臧，二月进攻南凉，围乐都，三旬不克。傉檀遣子安周为质，蒙逊退兵。吐谷浑树洛于（干）大败南凉太子武台，取浇河之地。六月，傉檀伐北凉，俘获甚众，途中为蒙逊击败，蒙逊遂围乐都，傉檀遣子为质，北凉退兵。七月，西秦炽磐败武台于岭南，掠牛马十余万而返。
412	嘉平五年	北凉玄始元年、西秦永康元年、晋义熙八年	四月，西秦攻拔南凉三河郡，以乞伏出累为太守。
413	嘉平六年	北凉玄始二年、西秦永康二年、晋义熙九年	一月，傉檀遣军至北凉，蒙逊率军至西平，掠牛马而还。四月，傉檀率军攻北凉，兵败，乐都被围。南凉湟河太守文支以郡降北凉。傉檀送质于北凉，蒙逊退兵。
414	嘉平七年	北凉玄始三年、西秦永康三年、晋义熙十年	四月，南凉连年不收，上下饥弊，傉檀率军西击乙弗，留太子武台守乐都。西秦炽磐乘机袭取乐都，俘武台等，迁其及百姓万余户于枹罕。傉檀降西秦，年底被毒杀，南凉亡。

附录四

西秦大事年表

年代（公元）	西秦年号	有关各国年号	大事
265		晋泰始初	以乞伏氏为首的部落联盟由漠北南迁出大阴山后，首领祐邻于此时率户五千迁于夏。又击并鲜卑鹿结部，因居高平川。
约307～317		西晋末至十六国初	祐邻死后，乞伏等四部先后又由高平川迁至牵屯，最后居于苑川。沿途击并鲜卑各部，众十余万。
328		晋咸和三年	后赵灭前赵，以乞伏氏为首的部落联盟首领傉大寒惧而迁于麦田旡孤山。
351～354		前秦皇始中	傉大寒子司繁迁于度坚山。
371		前秦建元七年、晋咸安元年	苻坚将王统击司繁，司繁降，苻坚以其为南单于，留于长安，以其叔吐雷为勇士护军，抚其部众。
373		前秦建元九年、晋宁康元年	苻坚以司繁为镇西将军，击陇右鲜卑勃寒，勃寒降；苻坚令司繁回镇勇士川。
376		前秦建元十二年、晋太元元年	前秦灭前凉，领有河陇之地。是岁，司繁卒，子国仁立。
383		前秦建元十九年、晋太元八年	前秦击东晋，征国仁为前将军从行。国仁叔步颓反于陇西，坚令国仁返讨。苻坚淝水大败后，国仁招集诸部，众至十余万。
385	建义元年	前秦太安元年、晋太元十年	九月，国仁自称大都督、大将军、大单于，领秦、河二州刺史，建元建义，都勇士城。时有鲜卑匹兰部降国仁。
386	建义二年	前秦太初元年、后秦建初元年、后凉太安元年、晋太元十一年	一月，南安豪族秘宜率羌胡五万攻西秦，为国仁击败。七月，苻登攻拔南安，秘宜、莫侯悌眷等三万余户降西秦，国仁以宜为东秦州刺史，莫侯悌眷为梁州刺史。

年代（公元）	西秦年号	有关各国年号	大事
387	建义三年	前秦太初二年、后秦建初二年、后凉太安二年、晋太元十二年	三月，苻登遣使拜国仁为"大将军、大单于、苑川王"。国仁击六泉密贵、裕苟、提伦三部鲜卑，降之。
388	建义四年、太初元年	前秦太初三年、后秦建初三年、后凉太安三年、晋太元十三年	一月，西秦建威将军叱卢乌孤跋反于牟屯山，为国仁击破，复降；四月，国仁击平襄越质鲜卑部，俘诘归等五千余人而还；六月，国仁卒，弟乾归立，改元太初，称河南王，迁都金城。
389	太初二年	前秦太初四年、后秦建初四年、后凉麟嘉元年、晋太元十四年	元月，苻登封乾归为大将军、大单于、金城王。有南羌独如等七千降乾归。五月，乾归击降牟屯一带休官阿敦、侯年二部，于是陇右鲜卑、羌、胡多附西秦。十一月，枹罕羌彭奚念降，乾归以其为北河州刺史。
390	太初三年	前秦太初五年、后秦建初五年、后凉麟嘉二年、晋太元十五年	四月，吐谷浑视连遣使入贡，乾归封之为沙州牧、白兰王。十月，视连卒，子视罴立，乾归复封之，视罴不受。年底，西秦陇西太守越质诘归叛。
391	太初四年	后秦建初六年、后凉麟嘉三年、晋太元十六年	元月，乾归击败诘归，诘归复降。七月，乾归与高平没奕于合军攻安阳鲜卑大兜国，收其部众而还。八月，乾归击败没奕于。后凉吕光趁虚袭西秦，乾归还军，吕光退走。
392	太初五年	后秦建初七年、后凉麟嘉四年、晋太元十七年	八月，吕光攻西秦金城、枹罕，为乾归所败，吕光亲自领军克枹罕后，还军。年底，休官权千成据显亲，自称秦州牧。
393	太初六年	后秦建初八年、后凉麟嘉五年、前秦太初八年、晋太元十八年	元月，权千成为前秦苻登所逼，降西秦，乾归以其为东秦州刺史、休官大都统。

年代（公元）	西秦年号	有关各国年号	大事
394	太初七年	前秦延初元年、后凉麟嘉六年、后秦皇初元年、晋太元十九年	元月，苻登遣使拜乾归河南王，加九锡之礼。四月，登为姚兴所败。六月，登遣子为质于西秦，进乾归为梁王，乾归遣军救苻登。七月，登为姚兴所杀，子崇奔湟中即帝位，改元延初。十月，乾归逐苻崇，崇奔仇池氐王杨定，共率军击西秦。乾归遣军击之，先败后胜，杀杨定、苻崇，尽有陇西之地。十二月，乾归称"秦王"。
395	太初八年	后秦皇初二年、后凉麟嘉七年、晋太元二十年	四月，乾归遣乞伏益州攻上邽姜乳，益州败还。六月，乾归由金城迁至苑川西城；有河西秃发如苟率户二万降西秦。七月，后凉率众十万将击西秦，乾归惧，称藩于后凉，既而悔之，杀劝降后凉大臣密贵周、莫者羖羝。
396	太初九年	后秦皇初三年、后凉龙飞元年、晋太元二十一年	元月，休官权万世率众降西秦。十月，乾归从弟轲弹因与益州不和，投后凉。接着，越质诘归又叛降后秦，姚兴处之于成纪，又遣军击上邽姜乳、略阳权千成，皆降之。后秦势力西进至陇西。
397	太初十年	后秦皇初四年、后凉龙飞二年、南凉太初元年、晋隆安元年	元月，后凉遣军三万攻西秦金城，乾归纵反间计，先败后胜，吕光退兵。年底，后秦长水校尉姚珍降西秦，乾归妻以宗女。
398	太初十一年	后秦皇初五年、后凉龙飞三年、南凉太初二年、晋隆安二年	元月，乾归攻取后凉支阳、允吾、鹯武，虏万余人而去。六月，后凉郭廆、杨轨反乱失败后，廆奔西秦，乾归以其为散骑常侍。乾归又遣军击吐谷浑视罴，视罴降，以宗女妻之。

年代（公元）	西秦年号	有关各国年号	大事
399	太初十二年	后秦弘始元年、后凉咸宁元年、北凉天玺元年、南凉太初三年、晋隆安三年	四月，有鲜卑叠掘河内自魏降西秦，乾归以其为叠掘都统。六月，西秦丞相出连乞都卒，以辛静为右丞相。
400	太初十三年	后秦弘始二年、南凉建和元年、晋隆安四年	正月，乾归迁还苑川。五月，后秦军五万击西秦，乾归兵溃，父子走投南凉，西秦亡。十一月，乾归又由南凉奔长安，降后秦，姚兴以其为河州刺史，复以部众配之。
401		后秦弘始三年、晋隆安五年	姚兴遣乾归还镇苑川。五月，乾归从后秦军击后凉。
402		后秦弘始四年、南凉弘昌元年、晋元兴二年	乾归子炽磐从南凉逃奔其父，后秦以炽磐为兴晋太守，镇枹罕，又加乾归散骑常侍、左贤王。
403		后秦弘始五年、南凉弘昌二年、晋元兴二年	五月，乾归随后秦齐难等至姑臧，迎后凉吕隆至长安。又讨羌党龙头于兹川，攻氐王杨盛将苻帛于皮氏堡。
404		后秦弘始六年、晋元兴三年	八月，乾归随后秦姚硕德伐仇池氐王杨盛，战于竹岭，为盛所败。
405		后秦弘始七年、晋义熙元年	正月，乾归击吐谷浑乌纥提（视罴弟），大破之，乌纥提走保南凉而卒。乾归至长安。九月，乾归攻仇池杨盛，为盛所败。
406		后秦弘始八年、晋义熙二年	五月，苑川地震。十一月，乾归朝于长安。
407		后秦弘始九年、晋义熙三年	正月，姚兴因乾归入朝，留为主客尚书，以炽磐监抚其众。十月，以炽磐为河州刺史。

续表

年代（公元）	西秦年号	有关各国年号	大事
408		后秦弘始十年、南凉嘉平元年、晋义熙四年	十月，炽磐招结诸部，筑嵻崀城以自固。十二月，炽磐攻枹罕彭奚念，为奚念所败。
409	更始元年	后秦弘始十一年、南凉嘉平二年、晋义熙五年	二月，炽磐击走彭奚念，据有枹罕，遣人告乾归，乾归遂逃回苑川。四月，乾归至枹罕。时有鲜卑悦大坚部自龙马苑降乾归。乾归收众三万迁于度坚山。七月，乾归复国，称秦王，改元更始，置百官，公卿以下皆复本位。
410	更始二年	后秦弘始十二年、南凉嘉平三年、晋义熙六年	三月，乾归遣炽磐击薄地延于烦于，破之，以薄地延为尚书。又遣羌昌何攻后秦金城，克之，以乞伏务和为东金城太守。七月，击降鲜卑越质部，迁其部众于苑川。八月，乾归复都苑川，又攻后秦略阳、南安、陇西诸郡，徙民二万五千于苑川、枹罕，又有鲜卑仆浑、羌句岂等降乾归。
411	更始三年	后秦弘始十三年、南凉嘉平四年、晋义熙七年	正月，乾归还其所掠守宰，向后秦谢罪，姚兴拜乾归为河州牧、河南王，炽磐为左贤王、平昌公。二月，乾归迁仆浑部于度坚城，迁羌句岂等部于叠兰城。七月，炽磐攻南凉，败武台于岭南。十月，又攻后秦柏阳堡、水洛城，徙户七千于苑川、谭郊。十二月，彭利发据枹罕。
412	更始四年、永康元年	后秦弘始十四年、南凉嘉平五年、晋义熙八年	正月，乾归击杀彭利发，复取枹罕。二月，乾归迁都谭郊，率骑二万击败吐谷浑别统阿若干于赤水，以其为赤水都护；又攻夺南凉三河郡，以乞伏出累为太守。六月，乾归为兄子公府所刺杀，子炽磐迁都枹罕。七月，炽磐遣军击杀公府。八月，炽磐即位，改元永康，称河南王。

年代（公元）	西秦年号	有关各国年号	大事
413	永康二年	后秦弘始十五年、南凉嘉平六年、晋义熙九年	正月，炽磐遣军击吐谷浑树洛干于浇河，获三千余户而还。又遣军东破休官于白石川，于是陇右休官悉降。时后秦镇守陇西的太尉索棱以郡降西秦。四月，西秦先后击吐谷浑别部，俘虏甚众。十月，吐谷浑别统掘达降西秦。
414	永康三年	后秦弘始十六年、南凉嘉平七年、晋义熙十年	五月，炽磐闻傉檀西征乙弗，遂袭取南凉乐都，南凉亡。十月，炽磐复称秦王。
415	永康四年	后秦弘始十七年、北凉玄始四年、晋义熙十一年	二月，北凉攻取西秦广武郡，炽磐遣将击之于浩亹，兵败；又遣军击之，复为蒙逊所击败。炽磐遂率众三万攻北凉湟河郡，拔之。又西击乙弗窟乾，降其众三千余户而归。年底，炽磐又击南羌弥姐康薄于赤水，降之。
416	永康五年	后秦永和元年、北凉玄始五年、晋义熙十二年	正月，炽磐攻漒川羌彭利和，蒙逊乘机攻石泉以救之。炽磐还军，于二月遣将救石泉，北凉退兵。以后，双方和亲。四月，炽磐遣军东攻后秦上邽姚艾，进破黄石、大羌二戍，徙五千余户于枹罕。十月，东晋刘裕攻占后秦略阳。十一月，炽磐遣使东晋，裕拜其为平西将军、河南公。
417	永康六年	后秦永和二年、北凉玄始六年、晋义熙十三年	正月，西秦击败吐谷浑树洛干，树洛干走保白兰，发疾而死。九月，刘裕入长安，后秦亡。十月，炽磐乘机攻上邽姚艾，艾降，以其为征东大将军、秦州牧。
418	永康七年	北凉玄始七年、夏昌武元年、晋义熙十四年	正月，西秦置沙州，以没奕于为刺史，镇乐都。二月，乙弗部首领降西秦。十月，姚艾叛投北凉，其叔傉率众降西秦，炽磐以其为侍中、中书监，封陇西公。十一月，炽磐东巡，徙户五千于枹罕。

年代（公元）	西秦年号	有关各国年号	大事
419	永康八年	北凉玄始八年、夏真兴元年、晋元熙元年	四月，炽磐遣军击降吐谷浑觅地，以其为弱水护军。九月，西秦又击羌彭利和于漒川，利和奔仇池，徙羌豪三千于枹罕。
420	建弘元年	北凉玄始九年、夏真兴二年、宋永初元年	正月，炽磐以二子慕末为太子，改元建弘。七月，刘宋遣使拜炽磐为安西大将军。九月，炽磐乘北凉攻西凉之机，遣军袭胡园戍，俘二千余人而归。
421	建弘二年	北凉玄始十年、夏真兴三年、宋永初二年	正月，炽磐攻上邽，遇霖雨而还。五月，吐谷浑阿柴入贡于西秦，炽磐以其为安州牧、白兰王。七月，北凉击西秦，战败而还。十二月，炽磐率军袭契汗秃真于罗川。
422	建弘三年	北凉玄始十一年、夏真兴四年、宋永初三年	正月，西秦破契汗秃真，其部树奚等五千降。又遣军击北凉姑臧，见有备，退军。四月置列浑城于罗川。十月，擒北凉沮渠成都。
423	建弘四年	北凉玄始十二年、夏真兴五年、北魏泰常八年、宋景平元年	四月，西秦向魏纳贡称臣。十月，炽磐王后秃发氏与武台谋杀炽磐，事泄被杀。
424	建弘五年	北凉玄始十三年、夏真兴六年、北魏始光元年、宋景平二年	四月，炽磐遣吉毗南击白苟诸羌，降之。七月，又遣军击北凉白草岭、临松郡，徙民二万余口而还。
425	建弘六年	北凉玄始十四年、夏承光元年、北魏始光二年、宋元嘉二年	四月，西秦攻北凉临松，掠民五千余户而还。七月，吉毗击降黑水羌，炽磐以乙伏信帝为平羌校尉以镇之。

续表

年代（公元）	西秦年号	有关各国年号	大事
426	建弘七年	北凉玄始十五年、夏承光二年、北魏始光三年、宋元嘉三年	正月，炽磐遣使北魏，请出兵击夏。八月，炽磐率大军击北凉，分攻西安、番禾两郡。北凉说夏国出兵，赫连昌遣将分两路攻入西秦境内，连下上邽、苑川，围枹罕、西平，后大掠而去。其间原降西秦的吐谷浑掘达率众二万，还吐谷浑。年底，驻南漒的吉毗，为城民所逐。西秦由盛转衰。
427	建弘八年	北凉玄始十六年、夏承光三年、北魏始光四年、宋元嘉四年	正月，武始、洮阳山羌反抗西秦统治，执左丞相昙达送与夏，逐吉毗还枹罕。六月，炽磐迁还枹罕。八月质子及使者至北魏。九月，仇池氐王杨玄遣苻白作攻围西秦赤水，民执守将降。十二月，西秦梁州刺史吴汉为羌逐出南漒。
428	建弘九年、永弘元年	北凉承玄元年、夏胜光元年、魏神䴥元年、宋元嘉五年	正月，西秦商州刺史、领浇河太守姚潜叛走北凉，炽磐以焦嵩代为浇河太守，旋为吐谷浑所执。五月，炽磐卒，子慕末即位，改元永弘。北凉乘机攻西平、乐都，慕末送还沮渠成都，蒙逊退兵。七月，慕末遣使至北凉报聘。十月，西秦凉州牧乞伏千年降北凉。十一月，北凉攻西秦西平。
429	永弘二年	北凉承玄二年、夏胜光二年、北魏神䴥二年、宋元嘉六年	正月，蒙逊攻拔西平。二月，慕末以万载为太子。三月，慕末杀尚书辛进五族二十七人。五月，北凉攻西秦，慕末迁保定连，其下多有叛北凉者。六月，慕末在治城败北凉军，擒世子沮渠兴国。北凉与吐谷浑合军击西秦，为西秦辅国大将军段晖击走。十月，慕末杀其叔什寅。

年代（公元）	西秦年号	有关各国年号	大事
430	永弘三年	北凉承玄三年、夏胜光三年、北魏神䴥三年、宋元嘉七年	三月，慕末又杀什寅母弟白养、去列。六月，吐谷浑慕利延击定连，为段晖击走。十月，慕末遣使北魏，请归魏，北魏许以平凉、安定封之。慕末从定连，东入上邽，为夏赫连定拒之，慕末退保南安。时南安羌族发生变乱，慕末求助于氐王杨难当，击溃诸羌。
431	永弘四年	北凉义和元年、夏胜光四年、北魏神䴥四年、宋元嘉八年	正月，赫连定遣军围南安，西秦多有叛夏者，慕末只好出降，不久被杀，西秦亡。

附录五

乞伏令和夫妇墓志证补

　　2006 年 8 月至 10 月，四川大学考古学系及河南新乡县文物局、卫辉市文物局等发掘了位于卫辉市唐庄镇大司马村北的隋代乞伏（也作"乞扶"）令和夫妻墓。2015 年由四川大学考古学系及河南省文物局南水北调文物保护办公室署名的发掘简报《河南卫辉市大司马村隋唐乞伏令和夫妇墓》（以下简称《简报》），正式在《考古》杂志 2015 年第 2 期上发表。其间，已见有多篇关于乞伏令和墓出土墓志及文物的研究论文发表，如 2009 年付兵兵撰《唐乞伏令和墓志铭考释》（以下简称《付文》）及党志豪撰《唐乞伏令和夫妇合葬墓出土小五铢考》等。[1] 以上《简报》及《付文》对出土的乞伏令和夫妇墓墓志均作了较为详细的考释，多有新见，但仍然有一些问题值得进一步探讨，故撰此文，以期引起学界对墓志的兴趣及研究的深入。

　　（一）乞伏令和的族属及家世再探

　　关于乞伏令和夫妇合葬墓发掘情况、墓室结构、出

1　两文均刊于中国国家博物馆主办《中国历史文物》2009 年第 4 期。

土文物及墓志等，上引《简报》记述甚详。为讨论方便，对《简报》所记两志基本情况，兹引如下："郁久闾氏墓志出土时盖、石分离，志盖出自墓室中部偏北处，志石出自墓室南部……志石保存较完整。青石质……边长69、厚11厘米。志文阴刻楷书29行，满行28字，共804字。""乞伏令和墓志出自甬道西北端，已断为两截。青石质，打磨较平整。方形，边缘素面无纹。边长57、厚14厘米。志文阴刻楷书20行，满行25字，共470字。"[1]（见图一）可见，此墓已经盗扰。

如上述诸文所指出，墓主乞伏令和在《隋书》卷五五、《北史》卷七三有专传（《乞伏慧传》），另有《北齐书》卷一九《张保洛传》、同书卷一一《广宁王孝珩传》中也提到乞伏令和。乞伏令和志文中，虽仅提及"其先出自夏后"，但《隋书》《北史》两专传中均云："乞伏慧，字令和，马邑鲜卑人也"。事实上，关于乞伏令和及鲜卑乞伏氏的族属及迁徙诸问题，前辈学者如姚薇元、马长寿、唐长孺等先生，早有论述。

诸前辈学者及《付文》，在探究鲜卑乞伏氏（包括乞

1　四川大学考古学系、河南省文物局南水北调文物保护办公室：《河南卫辉市大司马村隋唐乞伏令和夫妇墓》，《考古》2015年第2期。

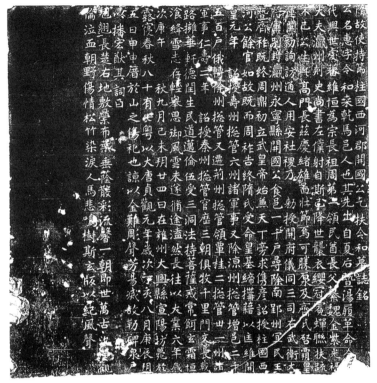

图一　乞伏令和墓志拓片

（摘自《考古》2015 年第 2 期第 68 页图七八）

伏令和）的来源时，均引证《晋书》卷一二五《乞伏国
仁载记》开首一段：

> 乞伏国仁，陇西鲜卑人也。在昔有如弗（与）斯
> （引）、出连、叱卢三（四）部，自漢北南出大阴山，
> 遇一巨虫于路……俄而不见，乃有一小儿在焉。时又

> 有乞伏部有老父无子者，请养为子，众咸许之……年十岁，骁勇善骑射，弯弓五百斤。四部服其雄武，推为统主，号之曰乞伏可汗讬铎莫何。讬铎者，言非神非人之称也。

这是乞伏鲜卑来源最详细的记载，虽然带有一些传说的色彩，但从中仍可窥其来源。值得注意的是，上引括号内的"与""引"二字，原书无，此据1974年中华书局出版的标点本《晋书》卷一二五校勘记〔一〕改补。校勘记考述精确，原《晋书》脱二字。据上引文可知，原漠北有四个部落：如弗（乞伏）、斯引、出连、叱卢，从漠北南出大阴山（今内蒙古阴山山脉），乞伏部一老人收留一个小儿，后为乞伏鲜卑部之首领。

马长寿先生引《北史》卷八四《乞伏保传》记"乞伏保，高车部人也"等史籍，以为乞伏部原为高车部，在迁徙过程中，将一鲜卑小儿收养，此子遂以乞伏为氏。"此鲜卑中的乞伏氏，论其原始当是高车和鲜卑二族在养父养子关系中的产物。"[1]《付文》引《晋书》上文后，对马先生的论点提出质疑。他引用姚薇元先生《北朝胡姓

1　马长寿:《乌桓与鲜卑》，广西师范大学出版社重版本，2006，第29页（原书系1962年上海人民出版社出版）。

考》所论，乞伏保，非姓乞伏，而姓乞，为高车乞袁氏[1]，而认为马先生所论难以成立。此说可信。但是，马先生所论后之乞伏部杂有或融入了部分高车部（如迁徙过程中四部中的"叱卢"部即高车部）则应是正确的。[2]

《付文》还引姚薇元先生《北朝胡姓考》[3]认为，"'乞扶'之名称则可能是源于河套地区保静县的乞伏山（今甘肃银川一带）"。此说不妥，云乞伏等四部迁徙中，在此山居留过，故名"乞伏山"可，说以乞伏部名源于此山则欠妥，此早为学者所指出。[4]又乞伏山系在今宁夏银川西，而云在"今甘肃银川一带"则有误，可能系笔误也。

唐长孺先生对鲜卑乞伏部的来源，还有一种推测，认为乞伏鲜卑，"这样一个包含高车或丁零及鲜卑、羌族的部落（或部族），我以为可能是赀虏"[5]。此说问题很多：第一，《十六国春秋·西秦录》（《太平御览》卷一二七

1　姚薇元：《北朝胡姓考》（修订本），中华书局，2007，第327~328页。

2　详细考证见拙著《南凉与西秦》，广西师范大学出版社重版本，2006，第95页（原书1987年陕西人民出版社出版）。

3　上引《北朝胡姓考》（修订本），第116页。

4　见王俊杰《西秦史钩沉》，《甘肃师大学报》1981年第3期；上引拙著《南凉与西秦》，第97~98页。

5　见唐长孺《魏晋南北朝史论丛》，生活·读书·新知三联书店，1978，第438~439页。

引）、《晋书》等记乞伏部鲜卑来源，均未有一字提及其源于匈奴的奴婢"赀"。第二，赀虏的组成首先是"大胡"。大胡，有学者认为是指匈奴[1]，有学者认为是"西域胡"（羯胡）。据《晋书》卷一○三《刘曜载记》记，曜指石勒为大胡；勒为羯胡，故后一说较确。此外，还有丁零（高车）与羌。而乞伏部鲜卑内主要有鲜卑和高车，无大胡，羌也是乞伏氏迁到陇西之后，统治该地羌族始有。因此，赀虏与乞伏氏内族的构成并不相同。第三，东汉建武时（25~56）匈奴衰弱，漠北一部分匈奴奴婢（赀）逃到今甘肃兰州、武威、酒泉北，河套以西之地，内有大胡、丁零，还杂有羌，当时人称这部分人为"赀虏"。而由漠北南出大阴山的乞伏氏等四部迁徙及活动地域，与赀虏并不完全相同。因为乞伏等四部由阴山南下，一直活动在陇西，并未达凉州、酒泉以北地区。同时，"赀虏"一名，到了西晋十六国时，又变成了对河西地区杂夷部落的贱称，如吐谷浑，《晋书》等就称之为"阿赀虏"或"赀虏"。[2]第四，不能因《魏略·西戎传》云赀虏"不与东部鲜卑同也"一句，就判定赀虏为鲜卑。赀虏成分里，可能杂有鲜卑，但文中并没有一言提及，何

1　松田寿男：《吐谷浑遣使考上》，《史学杂志》第 48 编 11 号。
2　见拙作《关于吐谷浑的来源、迁徙和名称诸问题》，《西北史地》1983年第 3 期。

况迁入河陇的鲜卑部落众多，见于记载的不少[1]，但文献均未提及他们原是赀虏，或与赀虏有什么关系。总之，说乞伏氏所建西秦统治下有原来匈奴奴婢赀虏则可，云乞伏氏就是赀虏，是难以成立的。[2]

作为西迁至陇西、十六国时曾建西秦政权的"陇西鲜卑"乞伏部，又如何到北魏时作官为吏？如乞伏令和祖、父等。《付文》引马长寿先生《乌桓与鲜卑》关于马邑鲜卑来历的论述："按《十六国春秋·西秦录》永弘四年（431），夏国赫连定遣将'攻南安（治今甘肃陇西），城内大饥，人相食。传侍中乞伏延祚、吏部尚书乞伏跋跋逾城奔代（北魏），（暮）末乃衔壁出降'……此为西秦乞伏氏入魏之始。《魏书·高宗纪》并州刺史有乞佛成龙。马邑之乞伏慧当系其后裔。"[3] 马先生首先注意到较早投北魏的原西秦乞伏氏，证明他们与马邑鲜卑的乞伏令和的关系。

事实上，西秦永弘四年夏赫连定灭西秦后，乞伏氏流散的情况十分复杂。[4] 但过了八年，即北魏太延五年

1　见拙作《魏晋十六国时期鲜卑族向西北地区的迁徙及其分布》，《民族研究》1983 年第 5 期。

2　见拙著《南凉与西秦》，广西师范大学出版社重版本，2006，第 95 页（原书 1987 年陕西人民出版社出版）。

3　上引马长寿《乌桓与鲜卑》，第 30 页。

4　见上引拙著《南凉与西秦》，第 154~155 页。

（439），北魏灭河西北凉，统治了陇西、河西之后，又有一批乞伏氏贵族入魏，在北朝做官为吏，文献及墓志记载颇多。[1] 其中有魏《乞伏宝墓志》，内云其为"金城郡榆中县（今甘肃兰州榆中，有苑川西秦勇士城遗址）人也"；北齐《乞伏保达墓志》，内云其为"金城（今甘肃兰州西固）人也"；又云其"祖风，耻居关外，率众来王，魏朝嘉之，授金城伯"。[2] 为何同为乞伏氏，入魏后，籍贯有所不同？金城及金城榆中均为西秦都城苑川所在地；而马邑（今山西朔县）鲜卑则是北魏统辖郡县。这种差别只能用作为马邑鲜卑的乞伏令和祖、父系较早投归北魏的陇西鲜卑乞伏氏，是在西秦灭亡时，或在此之前，因居马邑，故名；而乞伏宝、乞伏保达系在西秦亡后投魏，故籍贯作金城。

据乞伏令和传、志记，其祖周、父纂均曾为北魏第一领民酉长[3]，父曾任"魏金紫光禄大夫、瀛州刺史、尚书左仆射"，即其祖、父均曾任职于北魏。然而，《简报》却云"其祖父乞伏周在西魏时曾为银青光禄大

1　上引《北朝胡姓考》（修订本），第 117 页；上引拙著《南凉与西秦》，第 115~116 页。

2　此两志过去著录甚多，此据赵超《汉魏南北朝墓志汇编》，天津古籍出版社，1992，第 304~305、450 页。

3　传、志记载稍异。关于北魏领民酉长，《付文》有考释，不赘述。

夫，其父乞伏纂曾任金紫光禄大夫，并为第一领民酋长"。显然"西魏"为"北魏"之笔误。令和卒于隋大业六年（610），年八十七，则其生于北魏正光五年（524），其父必任职于北魏；但过了十年（534），北魏分裂为东魏和西魏。因此，需要补充的是，其父纂后还任职于东魏，后北齐取代东魏，令和才能"世袭衣缨，冠冕蝉联"，"生此高门，长兹庆绪"，任北齐武卫大将军，"别封瀛州永宁县开国公"（志文），此爵名之"瀛州"（治今河北河间），显然与其父曾任瀛州刺史有关。

（二）乞伏令和墓志与传的相互证补

关于乞伏令和志、传的相互证补及令和生平、任职官名的考释等，《简报》及《付文》均有精到之论述。但是，仍有一些问题值得进一步探讨。

首先，《简报》引乞伏令和传与志相比较，发现志漏记或错记之处甚多，如乞伏令和在隋初的任职漏记"齐州刺史"等四个官名及一些具体的事绩，且志记其任寿州总管年代有误等。这说明传所记大致可信，而志所记则多有阙误。此中原因，除《付文》所论志与传"行文特色"及体例不同之外，最主要的原因还是乞伏令和墓志系其卒后十三年，于唐贞观元年祔葬时所镌刻，且令和在隋大业五年征吐谷浑，因过"除名为民"，于次年

"卒于家"（传文）。因此，志文之规格及志文之疏漏、错讹则在所难免；甚至按一般墓志的程式，漏记其籍贯"马邑鲜卑人"。

其次，除《简报》《付文》所论传文记令和籍贯、官职的补证，对志文云其"受三洞法，持菩萨戒；常饵玄霜，恒餐绛雪"的考释之外，志、传相互证补之处尚多。如传文记令和有兄贵和，且云北齐时，"其兄贵和，又以军功为王，一门二王，称为贵显"。《北齐书》卷一九《张保洛传》记有："贵和及令和兄弟，武平末，并开府仪同三司"；又《北史》卷五三《綦连猛传》《独孤永业传》均提到乞伏贵和。传文较为具体地记载了令和在北周杨坚为丞相时，先后征尉迟惇、尉迟迥的事绩，遂进爵西河公。传文还记述了令和任荆州刺史，又领潭、桂二州总管三十一州诸军事时，"其俗轻剽，慧躬特朴素以矫之，风化大洽。曾见人以篾捕鱼者，出绢买之而放之，其仁心如此。百姓美之，号其处曰西河公篾"。而志文仅用"德闰（润）生民，道迈伦伍"而概括之。此外，传文记述了大业五年令和隋炀帝西巡，征吐谷浑，"坐为道不整，献食疏薄，帝大怒，命左右斩之。见其无发，乃释，除名为民。卒于家"。这在志中，是为死者讳的内容，故不记。

志文则补述了令和卒于隋大业六年九月二十四日，

"在雍州大兴县宣阳坊薨于露寝（寝室之外），春秋八十有七"，以及在唐贞观元年八月五日祔葬夫人墓的史实。关于令和卒地"雍州大兴县宣阳坊"，据《隋书》卷二九《地理志上》记，隋开皇三年（583）置雍州，始置大兴等二十二县，大业三年（607）改雍州为京兆郡，令和卒于大业六年，不应出现雍州之名，考虑到此志撰于唐贞观元年，时又改隋京兆郡为雍州，大兴县改万年县，故志仍用雍州。隋大兴县（即今西安市区东）理所即宣阳坊，在隋唐长安城东市之西南，今西安市兴庆公园西南。已除名为民的令和即卒于此。

至于令和为何卒后十三年才远祔葬于夫人墓地的问题，笔者认为，并非与其夫人原为鲜卑、柔然的北方的游牧民族的习俗有关，而是属于个别的特殊情况所致。笔者发现，令和及夫人墓志及传文，均未记其有子嗣，且令和卒时，已获罪为民；其卒时已八十七岁，其兄贵和想已早卒。在这种情况下，其卒后十三年，才为人（不是朝廷官方，可能是不愿透露姓名之亲朋好友）祔葬于唯一亲人，即早逝的夫人墓地。当然，这也是一种推测。

（三）乞伏令和夫人郁久闾氏墓志释证

《简报》及《付文》涉及令和夫人郁久闾氏墓志不多，据《魏书》卷一〇三《蠕蠕传》记："蠕蠕（柔然），东胡之苗裔也，姓郁久闾氏"。可知令和夫人郁久闾氏族属是漠北游牧民族柔然。柔然自北魏天兴五年（402）正式建国，至西魏恭帝二年（555）为突厥所灭，一百多年间与北魏及东魏、西魏、北齐诸政权关系密切，有战争，也有和平交往及和亲。其间，柔然王族郁久闾氏投归北朝的人也甚多，见于史传及出土墓志。[1] 正如北魏时崔浩所说："蠕蠕子弟来降，贵者尚公主，贱者将军大夫，居满朝列。"[2] 总之，柔然郁久闾氏在北朝可算是名门著姓，乞伏令和能娶郁久闾氏，有高攀之意味。

《魏书》卷一一三《官氏志》记太和改姓中无"郁久闾氏"，但确已有改为"闾氏"者，如《魏书》卷八三《闾毗传》所记；但也有未改单姓或东、西魏时复旧姓的情况，令和夫人志即一例。郁久闾夫人墓志（见图二）的规格，显然比其夫令和祔葬墓志要高，且整个墓葬及出土文物也皆为郁久闾氏葬时所设置，故志撰写时间大致在其卒后安葬的隋开皇九年（589），时乞伏令和任隋齐州（治今山东济南）刺史。志文多为对墓主人高贵品格、严守妇德、相助夫君之溢美、华丽词藻。但也有一些具体的内容，如记墓主郁久闾氏"讳募满，字

1　参见上引拙著《敕勒与柔然》，第 148~155 页。

2　《魏书》卷三五《崔浩传》。

图二　郁久闾氏墓志拓片

（摘自《考古》2015 年第 2 期第 67 页图七七）

思盈，其先夏后之苗裔"；记其祖远、父伏真之名（无考），而未记他们具体任职官名，也未记其何时下嫁于乞伏令和。

志文还记，北齐后主高纬"天统五年（569），授幽州范阳郡君。武平七年（576），又授宜民王妃"。郡君、王妃，均为命妇封号，一般随夫或子封爵而定。天统五年乞伏令和时封"瀛州永宁县开国公",正二品[1],按魏晋时惯例(时未有定制),其夫人封"郡君";武平七年,令和已封"宜民王",正一品,按例封"王妃"。由此也可补传、志记令和封上述两职官的时间。志文后又记,隋"开皇元年……授柱国、西河国夫人",时其夫令和爵为柱国、西河郡开国公。隋柱国,正二品;西河国公,从一品,依相近之唐制,"武官一品及国公母妻为国夫人"之例[2],封郁久闾氏为"西河国夫人"。此为夫人最后之名号,故其墓志盖上阳刻篆书"大隋西河国夫人墓铭"九字。

志文后还记其卒葬时间及地点:"以开皇八年(588)二月薨于卫州汲县兴让里,时年五十二……以开皇九年岁次己酉十月辛酉朔十三日癸酉窆于汲县西北廿里开村北壹伯(百)步。"据此,知夫人生于东魏天平四年(537),而其夫生于北魏正光五年(524),年龄相差十三岁。夫人卒于"卫州汲县兴让里",据唐《元和郡县图志》卷一六《卫州》条记,"周武帝改义州为卫州,隋大业三年改为汲郡","隋开皇六年改伍城县为汲县,大业三年改属汲郡"。[3]志云夫人卒于开皇八年,此时伍城

1　见《通典》卷三八《职官二十》。
2　同上书,卷三四《职官十六》。
3　参见《隋书》卷三〇《地理志中》汲县条。

县已改汲县，故志记正确。此地应即在今河南卫辉市。夫人葬地"汲县西北廿里開村北"，当即发掘墓地之处，也即令和祔葬之处，此地在太行山余脉谷驼岭南麓，故令和志云"厝于山之伤（阴）"也。

最后，正如《简报》及《付文》所提及：从墓葬形制、出土文物，特别是出土的两方墓志看，原为乞伏鲜卑、柔然的乞伏令和夫妇，其原民族的属性，经过北朝数百年与内地汉族的杂居、交往已逐渐汉化。两志开始记其先世出自"夏后"，即华夏族祖黄帝之苗裔；说明到北朝、隋初入居内地的鲜卑、柔然等族已基本完成了汉化的过程，认同于汉族了。

（原载于周伟洲主编《西北民族论丛》第十三辑，社会科学文献出版社，2016）

附录六

周伟洲著《南凉与西秦》评介 [1]

[日] 关尾史郎撰，王含章译 [2]

一

该书如其书名所示，是以"五胡十六国"时期的南凉与西秦两个政权及其建立者鲜卑族的发展动向为中心，对两政权的社会、经济、文化、历史地位等方面展开概述的一部学术研究著作。[3] 南凉与西秦主要统治着当时西北边境地区（即今甘肃、青海一带），基本的史料对其记载并不丰富，因为诸如此类的理由，直至今日，无论中国还是日本，有关南凉与西秦的专门性研究都是屈指可数的。由此可见，像该书这样的学术专著能够作为"西北历史丛书"的其中一册正式出版，其意义可以说极其重大。

该书的作者周伟洲先生，隶属于西北大学历史系西北历史研究室。[4] 此前他已出版《敕勒与柔然》（上海 上

1　此文原载于日本《东洋学报》，第 72 卷 3·4 号，1991 年 3 月。

2　作者关尾史郎，现为新潟大学教授；译者王含章，陕西师范大学中国西部边疆研究院讲师，博士。

3　译者注：周伟洲著《南凉与西秦》，陕西人民出版社，1987，第 263 页。以下注释均为译者所加，不再说明。

4　现所属单位为陕西师范大学中国西部边疆研究院。

海人民出版社，1983 年）、《吐谷浑史》（银川 宁夏人民
出版社，1985 年）及《吐谷浑史入门》（西宁 青海人民
出版社，中国民族史入门丛书，1988 年。关于本书，可
参考荒川正晴氏发表在《吐鲁番出土文物研究会会报》
第 13 号上的书评文章）等著作。此外，他还在其所属单
位编辑发行的《西北历史资料》《西北历史研究》等各类
期刊上发表了许多研究成果。周伟洲先生在古代西北地
区，特别是西北少数民族史研究方面，应该可以称得上
是中国第一人。因此，毫不为过地说，除了南凉、西秦
及其建立者鲜卑族的动向之外，本书关于两政权对整个
西北地区发展所起作用的论述也极其深刻。

　　该书虽然并非所谓的内部发行，但公开发行的数量
确实不能算多，因此据说日本国内很难获得此书。有鉴
于此，作为"五胡十六国"研究的兴趣者之一，我将在
此介绍该书的内容，并陈述一些个人的看法。

　　二

　　该书在开篇《序言》中指出了以南凉、西秦为代表
的"五胡十六国"研究的必要性与可能性，同时交代了
史料上需要注意的地方和该书的论述范围。之后的正文
中，第一编（全五章）为南凉、第二编（全六章）为西
秦，卷末以两政权的王室系谱和年表作为附录。以下简

要概括该书的大致内容。

南凉政权从公元 397 年河西鲜卑秃发乌孤于廉川堡自称大都督、大将军、大单于、西平王开始，到公元 414 年乌孤之弟、三代首领秃发傉檀被西秦所俘为止，共历 18 年，主要势力范围集中在青海省湟水流域。

著者认为，南凉政权的创建者鲜卑族秃发部（秃发氏）与北魏拓跋部乃是同族。秃发乌孤的八世祖匹孤是鲜卑首领拓跋诘汾的长子，也是后继首领拓跋力微的兄长。与鲜卑慕容部慕容庞和吐谷浑的旧例一样，乌孤与其弟（拓跋力微）因牧场纠纷日渐对立，遂放弃故地率部西迁，约于 3 世纪中期的魏末将河西作为其据点。因此，有关南凉的"霸史"，记录为《托跋凉录》便是当然之事，而魏收的《魏书》编纂之时，为了将南凉与北魏这两个政权进行明确区分而有意识地采用了"秃发"这一名称。另外，"秃发"（拓跋）的原意是指鲜卑族父亲与胡族（匈奴系）母亲所生之子（顺带一提，胡父与鲜卑母所生之子则称之为"铁弗"）。

公元 270 年，在秃发树机能[1]与西晋的对立斗争中，秃发部之外的鲜卑族自不必说，西北边境的诸少数民族也都被集结起来共同反晋，严重打击了西晋在西北地区

1　秃发乌孤为秃发树机能的玄孙。

的统治。后因树机能的败北，鲜卑各部开始分散于河西各地。这一集结与分散的过程，对于促进鲜卑与汉族及其他少数民族的交流具有重大意义。公元4世纪，秃发部等分布于河西各地的鲜卑族开始被统称为"河西鲜卑"。

此后，秃发部联合前凉的残余势力抵抗前秦，乌孤成为部落首领后又从后凉处授封官爵，同时有意识地推动秃发部内的农业生产并逐渐固定化。公元397年南凉自立后，虽然在后秦势力之下迅速实现了对凉州中心姑臧的占领，但终究也仅作为青海一带的局部地方政权而终结。

有关南凉的权力结构，从官制方面看是继承了汉魏以来的形式，自立当初自称的大单于名号在政权后期也不再见到。不过，考察其就职官员后发现，南凉政权虽然也采用了不少汉族人士，但将军的名号却只授予以秃发氏为首的少数民族，军事权仅仅掌握在秃发氏一族手中。此外，出身汉族或已汉化的氐羌族的就职官员皆是河西、陇西两地区的那些被称为豪族或名流的人士，其中大部分都曾归属于后凉政权。这些人在地方社会拥有很大的势力，不过南凉第三代首领秃发傉檀并不信任他们，这导致南凉政权失去了汉族的支持，也成为南凉在仅仅18年后便致灭亡的间接原因。

从社会构造方面看，南凉政权对"国人"（以秃发部为中心的河西鲜卑，主要担任军事要员）和"晋人"（汉族、氐羌族、匈奴族及其他鲜卑族，主要负责农业生产）进行了严格区分，后者等同于农奴一般的存在。而与北凉、西秦及后秦等诸政权之间的复杂关系又造成了长期的战乱状态。在这种状态下，对应的军需生产无法实现平衡，社会体制的矛盾便一涌而出，这一点作为南凉政权灭亡的根本原因也值得注意。

此外，著者认为，南凉政权灭亡后，傉檀的后代投于北魏，在此后历代王朝的统治之下日趋走向汉化（这是符合史实的）。但"秃发部对吐蕃和党项的形成亦有贡献"这种说法则难以成立。

另一方面，西秦政权从公元385年陇西鲜卑乞伏国仁在勇士城自称大都督、大将军、大单于、领秦河二州牧等名号开始，经历400年到409年二代首领乞伏乾归一度舍弃名号臣服后秦，终至公元431年四代首领乞伏暮末为大夏所捕而灭国，主要活动范围集中在甘肃省黄河的河湾地带。

著者认为，乞伏部（乞伏氏）迁入陇西的时间比秃发部以河西为据点的时间稍迟，约在西晋初期。不过，在此之前，乞伏鲜卑业已与高车族的叱卢部等鲜卑族以外的少数民族结成了联盟关系。公元4世纪以来，以鲜卑族为首的这一部落联盟开始了对周边少数民族的征服。

陇西鲜卑虽然是对这个部落联盟的统称，其中必然包含了鲜卑族之外的族群，但应当不包含胡族或羌族，因此将之与所谓"赀虏"同等视之是不可取的。

陇西地区自古以来就是连接关中与河西的战略要地，长期的战乱造成汉族人口日趋减少，这对乞伏部的强大起到了促进作用。前秦政权在关中建立之后，授予与之毗连的陇西地区的乞伏司繁（国仁之父）以官爵。不过这种关系仅仅持续到前秦大败于淝水之战后、乞伏国仁自立为止。这主要是由于西秦政权位于关中政权与河西走廊的政权两相胁迫的狭窄空间中。也正因为这样，西秦在击败前秦残党自称秦王之后，在非常短的时间内就不得不降于后秦；而在迫使南凉灭亡之后不久的公元420年，便面临被直接对峙的北凉和进出关中的夏国所夹击的局面。为了摆脱这种局面，西秦尝试与夏背后的北魏结盟，但这一战略并未奏效，更为讽刺的是，被北魏从故地驱逐出去的夏反过来进攻了西秦，导致其政权命脉的断绝。

从权力结构的角度来看，官制方面能够确认的如中央官制在三省六卿中有太子府，军事官职中有四征将军等。这表明，即使未能达到前秦、后秦、后凉等氐羌系政权的程度，但比起南凉来，西秦政权确实更具体系地承袭了汉魏以来的形式。从就职官员的身份来看也是如此。获封将军号的官员以乞伏氏一族为首的少数民族出身者居多，军事权无疑也是被乞伏氏一族所掌控，除此之外的官职则有许多以豪族和名士阶层为主的汉族人担任，这一点比起南凉更为突出，三省长官和各州刺史中也不乏汉人官员。也就是说，西秦并不是仅仅像南凉那样网罗汉族的豪族或名士，而且能够适当地重用他们。特别是乞伏乾归复兴西秦之后，这种倾向又一度得到强化。此外，侨置州郡县[1]用以安置多数被征服的民众也是西秦政权的特征之一。中原地区的五胡十六国诸政权[2]设置单于台用以统治境内的少数民族，但西秦政权却没有这样的迹象。著者指出，西秦的权力结构呈现出上述特征的背景在于：乞伏鲜卑所处的陇西地区比之秃发鲜卑占据的湟水流域，自古以来便是汉族人口居多的地区。因此，乞伏鲜卑有更多机会与此发达文化接触而受其影响。

有关西秦统治下的社会构造，引人注目的是，后汉末期以来，地主阶级的坞堡经济开始在陇西地区盛行。这些豪强地主包括汉族和一些早已汉化的匈奴族，他们在经营大片庄园的同时还领有名为部曲的私兵。西秦政

---

1 关尾史郎在文中作"州郡县"，而周伟洲原书仅说"西秦设置的地方一级州、郡较多，且有侨置的情况"，至于是否设置有县一级行政机构目前还难于判断。

2 这里主要是指前赵、后赵等五胡十六国早期在中原地区建立的政权。

权的地方官员主要就是由上述这样的人士所占据，乞伏鲜卑自身也受到他们的影响，其生计模式由游牧逐步向农耕转变。此外，西秦以周边的诸势力为对象，断然施行了 20 次以上的徙民措施，其目的也是为了扩充开发所需的劳动力和兵力。

关于西秦的文化状况，可以说它受到汉族很大的影响。例如，炳灵寺石窟及其壁画中所描绘的乞伏氏王族身着的服装已经完全是汉族式的。这表明，在汉族和匈奴族等已汉化的少数民族的影响之下，乞伏氏一族的汉化也得到了彻底实行。

综合考虑以上诸方面，西秦政权借助在陇西地区的政治统一，不仅恢复了这一地区的农业生产；而且建设了以勇士城、苑川城为首的新城镇，对陇西地区的开发做出了贡献；更促进了多民族之间的交流，普及了佛教，保护了交通要道。

以上便是这本书的内容梗概。

三

该书的最大贡献，可以说是对以往关注较少的南凉、西秦两政权及其建立者鲜卑族的相关史实进行了阐明，并加以证实。因此，此处想对该书所采用的基于史料的实证方法以及从所介绍的史实中归纳出上述两政权的特性两方面进行审视。

与五胡十六国研究相关的基本史料是《晋书·载记》、《魏书》和《资治通鉴》等,这已无须再进行说明。但要指出的是,该书并非是对上述史料中相关记述的简单照搬,而是对诸如《资治通鉴》胡三省注等史料进行逐次批判,并指出其中的错误(如 140 页、146 页等处)[1],这一点值得特别提出。不过,最应当得到高度评价的是,该书著者对崔鸿所撰《十六国春秋》的佚文也加以重视。有关这一点,正如《序言》中所述的那样,考虑到现行本《十六国春秋》均为明代编纂,史料价值较低,著者的方法是从以《太平御览》为首的类书中引用原本《十六国春秋》的佚文。与这种方法正好形成对照的是,同为《西北历史丛书》所收录的齐陈骏、陆庆夫、郭锋的《五凉史略》(兰州 甘肃人民出版社,1988 年。关于本书,可参考《吐鲁番出土文物研究会会报》第 36

1 　原书 140 页,著者指出,《资治通鉴》卷一〇七胡注云:"乞伏鲜卑置东秦州于南安",但按当时南安在苻登控制之下,西秦所设东秦州不过是名义上的侨治州而已。原书 146 页,著者指出,《晋书·乞伏乾归载记》所载乞伏乾归复国后大赦境内、授封百官之事系"太元十七年"有误,考《资治通鉴》卷一〇八《西秦录》此事应在太元十九年底至二十年初。同 146 页载,公元 395 年,乞伏乾归封务和为司马,辅助乞伏益州出征上邽,《资治通鉴》卷一〇八胡注认为此"务和"之"务"为"姓也,古有务光",但著者指出,"务和"应为《晋书·乞伏乾归载记》后记之"乞伏务和",非务氏,胡误。

号上的书评文章），所依据的主要是清代的《十六国春秋
辑补》。具体来说，著者逐次标注了《晋书》以下的记
述与《十六国春秋》的佚文之间的异同。此外，还对诸
如秃发利鹿孤的老人政策[1]、乞伏炽磐对北凉的袭击[2]等仅
见于《十六国春秋》佚文的记载进行了介绍。除此之外，
虽然数量不算多，但著者还积极援引了包括炳灵寺石窟
在内的许多考古学的挖掘和调查成果，这一点更加提高
了该书的价值。

　　著者之所以将南凉与西秦两个政权的历史合起来撰
写，据《序言》所说，首要的理由是二者之间有许多类
似之处。这种类似性不仅表现在二者存在的历史时段和
地理位置相近；而且两者都是由鲜卑族建立的政权，且
都是在魏晋交替期前后迁入此地的鲜卑部族（在此过程
中也与鲜卑族以外的少数民族发生了交往和融合）；因
此，二者更是在权力结构、社会构造乃至意识形态方面
都具有一定的相似性。以上诸点无一例外都深化了著述
中的论点，下面再加以详细说明。

1　原书41页，据《太平御览》卷一二六引《十六国春秋·南凉录》作
"公元400年正月，秃发利鹿孤大赦，改元建和，'延耆老，访政治'"。
2　原书173页，据《太平御览》卷八七七引《十六国春秋·西秦录》作
"公元422年乞伏炽磐遣骑七千袭北凉姑臧，因沮渠蒙逊屯兵东苑，炽磐见
有备，引还。"

　　秃发部、乞伏部都是在不断迁移之后陆续定居河西地区和陇西地区的鲜卑族，不过从那时开始到其政权成立，之间仅仅经过了不到一个世纪的时间。这一史实表明，他们虽然同属鲜卑族，但与慕容部、拓跋部等各部还是存在差异；与中原王朝在政治上的交涉又尚乏经验；而且未能完全克服此前的游牧生计模式。另外，如果着眼于其所处的地理位置则可以看到，此处位于关中地区与河西走廊之间，很难说汉族已经对这里进行了充分的开发；而且，五胡十六国时期，处在这个位置又特别容易被关中地区的政权与河西走廊的政权夹击。关于这一点，正如著者所述，南凉的灭亡正是受到西秦和北凉这两个邻近政权的压迫所致，而西秦的灭亡则无疑是卷入了北凉、夏乃至北魏之间的复杂纷争的结果。一般来说，对于极其局部的政权，对外政策或军事行动的微小过失也有可能左右其存亡，南凉和西秦两政权的情况正是这样的例子。

　　另外，有关地区开发的问题，从另一个角度来讲，也就是郡县设置状况的问题。当然，在这两个地区设置郡县可以追溯到公元前，但在作为南凉政权据点的河西地区的湟水流域，大量郡县得以设置则是公元4世纪以后，也就是南凉政权即将建立之前的事；而西秦据有的陇西地区所建立的武都、陇西及天水等郡，其人口数据著者所说是一直在不断减少的。除此之外，秃发、乞伏两个部族都没有能够完全脱离原有的游牧生产方式（也未必完全熟习了农业的生产方式），这成为他们不得不采取频繁的徙民措施的最主要原因。正如著者所指出的那样，即使在五胡十六国的所有政权当中，南凉与西秦两个政权徙民措施的频繁程度都是同等突出的，不仅如此，南凉政权还有意识地将"徙户"作为其军事行动的目的。这些徙民措施原则上讲无疑是为了获得和补充城镇开发及农业生产所需的劳动力。

如此，南凉和西秦所处的历史时段和地理位置限定了这两个政权的政策、发展轨迹，乃至其特性。著者在《序言》中所述的意图可以说在正文中完成得非常精彩。

四

对著者来说，主张南凉、西秦两个政权具有类似性本非其论述的目的，而是立足于此，对其相异之处加以充分考虑。不过，有关作者对官制及其任职官员等相关问题的理解，我有如下疑问。确实诚如著者所论证的那样，南凉的官制缺乏体系性，对汉族的录用在民族比例上要低于西秦。但或许应该考虑，这到底是政权自身的意图还是河西地区本土社会现实的局限所造成的？或许有必要注意到，从后凉时代开始就位于湟水流域的侨置郡县大多数都得到了南凉的继承，而从政权成立初期开始，南凉就积极录用汉族，特别是被称作"中州之才令""中州之令族"的人才。不难想象，这些人士必定是从中原迁入的流民集团中选拔出来的。如作者已经阐明的那样，秃发氏部族长的权力并未大大超出其出身部族的范围，考虑到这一事实，对这些汉族的流民集团或其统帅者的依赖程度就不得不高于西秦，不如说，他们在南凉所发挥的作用甚至有可能超过了西秦，这样的考虑也未必就是不合理的。

著者在该书中呈现了丰富的史料，评论者本人并没有比此更多的史料依据，只是对于如何将编纂史料的片段性记述进行整合且体系化地解释这一问题，我认为在著者所提出的方法之外，或许还存在其他的可能性。立足于该书所取得的成果，期待今后会有更多的研究进一步去讨论南凉与西秦两政权在古代西北地区、鲜卑族在其少数民族史的发展过程中所扮演的角色，以及与兴亡于中原的诸政权存在明显差异的这两个政权，在五胡十六国史上所占据的地位。

索　引

南凉与西秦

后　记

　　此书完稿于 1984 年 5 月，1987 年列入"西北历史"丛书，由陕西人民出版社出版，鉴于当时形势，只印了 2000 册，发行不广。然而，却引起了日本学者的兴趣，日本新潟大学关尾史郎教授特撰文介绍此书，文载日本《东洋学报》第 72 卷（1991 年）3·4 号"批评与介绍"栏（第 265-271 页）。至 2006 年 5 月，此书又列入"中国古代北方民族史"丛书，由广西师范大学出版社出版。

　　现今由笔者发起、主编之"十六国史新编"丛书，此书忝列其中。此次再版，除了改正一些字句错讹，增加几幅图版之外，基本保持原书的观点和内容，按丛书要求，增加了索引，并将本人在 2016 年发表在《西北民族论丛》第十三辑的《乞伏令和夫妇墓志证补》一文及上述关尾史郎教授的书评（汉译文），作为附录。

周伟洲

2019 年 12 月于陕西师范大学

图书在版编目（CIP）数据

南凉与西秦 / 周伟洲著. -- 北京：社会科学文献
出版社，2021.9（2025.8重印）
（十六国史新编）
ISBN 978-7-5201-8676-6

Ⅰ. ①南… Ⅱ. ①周… Ⅲ. ①中国历史-南凉②中国
历史-西秦 Ⅳ. ①K238

中国版本图书馆CIP数据核字（2021）第136141号

·十六国史新编·

南凉与西秦

著　　者 / 周伟洲

出 版 人 / 冀祥德
责任编辑 / 高振华
责任印制 / 岳　阳

出　　版 / 社会科学文献出版社（010）59367143
　　　　　　地址：北京市北三环中路甲29号院华龙大厦　邮编：100029
　　　　　　网址：www.ssap.com.cn
发　　行 / 社会科学文献出版社（010）59367028
印　　装 / 三河市东方印刷有限公司

规　　格 / 开　本：889mm×1194mm 1/32
　　　　　　印　张：11.625　字　数：203千字
版　　次 / 2021年9月第1版　2025年8月第3次印刷
书　　号 / ISBN 978-7-5201-8676-6
定　　价 / 78.00元

读者服务电话：4008918866